COLLECTION
Entreprise

BTS
2e année

Culture Économique Juridique et Managériale

NOUVELLE ÉDITION ACTUALISÉE
+ PRÉPA BTS

W0282314

Sous la direction de Christophe Ciavaldini
IA-IPR d'économie-gestion, Académie d'Orléans-Tours

Véronique Deltombe
Professeure d'économie-gestion
Lycée général et technologique Gabriel Fauré, Annecy

Bruno Foray
Professeur d'économie-gestion
Lycée général et technologique Gabriel Fauré, Annecy

Élizabeth Gonzalez
Professeure d'économie-gestion
Lycée général et technologique Sainte Marguerite, Chambray-lès-Tours

Damien Haury
Professeur d'économie-gestion
Lycée général et technologique Fulbert, Chartres

Françoise Mubalegh
Professeure d'économie-gestion
Lycée général et technologique Philibert Dessaignes, Blois

Luc Verdier
Professeur d'économie-gestion
Lycée général et technologique Paul-Louis Courier, Tours

DELAGRAVE

PROGRAMME

THÈME 4 : L'IMPACT DU NUMÉRIQUE SUR LA VIE DE L'ENTREPRISE

Le numérique, issu de la convergence des sciences et technologies de l'information et de la communication, affecte la vie et le fonctionnement de l'entreprise de différentes manières :

– en facilitant l'accès des agents à l'information par la mise en place de réseaux d'agents économiques ou de modèles spécifiques de fixation des prix ;
– en confrontant l'entreprise à des situations juridiques nouvelles et spécifiques liées au principe de la preuve, de la protection des données ou encore au suivi de l'identité numérique ;
– en modifiant les modalités de coordination entre les différents acteurs, de partage de l'information, d'organisation des processus de l'entreprise en installant des possibilités d'organisations collaboratives.

Autant d'éléments qui influencent directement le mode de management.

Questions	Compétences	Savoirs associés
Comment le numérique transforme-t-il l'environnement des entreprises ?	– Identifier les conséquences du numérique sur les modes de production et de consommation de biens et services de l'entreprise – Analyser les conséquences du numérique dans les relations d'échange de l'entreprise	– La place de marché – Les relations d'échange : *B to B, B to C, C to C, B to G* – Les externalités de réseau – L'évolution des modèles économiques : relations marchandes, non marchandes, économie collaborative, propriété et usages – Les normes et les standards
Dans quelle mesure le droit répond-il aux questions posées par le développement du numérique ?	– Identifier pour l'entreprise les modalités juridiques de protection des actifs immatériels – Caractériser les conséquences juridiques des choix opérés par l'entreprise sur la protection des personnes, des données – Qualifier et analyser les clauses de contrats relatives à une vente ou à une prestation de service numérique	– Le rôle de la CNIL – La protection des actifs immatériels : droit d'auteur et droits d'utilisation des services et des applications – La protection de la personne : les données à caractère personnel, l'identité numérique, l'usage du numérique dans l'activité de travail – La preuve électronique – Le contrat de vente électronique – Le contrat de prestations de service numérique
Quelle est l'incidence du numérique sur le management ?	– Repérer le rôle du système d'information dans le fonctionnement de l'entreprise – Identifier les conséquences du déploiement du numérique sur le management et les processus décisionnels de l'entreprise	– Spécialisation, intégration, action collective – Mode de coordination, flexibilité, modalités d'organisation du travail – Composantes et rôles du système d'information, opportunités et risques liés au système d'information

THÈME 5 : LES MUTATIONS DU TRAVAIL

Prendre la mesure des mutations du travail nécessite de pouvoir appréhender la situation du marché du travail. Plusieurs facteurs affectent le marché du travail et le font évoluer : contenu des emplois, évolutions rapides des métiers, numérisation et automatisation du travail, évolution des dispositifs législatifs et réglementaires en matière de droit du travail. L'analyse globale et contingente du cadre législatif et conventionnel de l'entreprise, complétée par l'étude des relations de travail contractuelles, permet de comprendre le cadre juridique au sein duquel l'activité se réalise. Pour répondre aux évolutions qualitatives et quantitatives des besoins en personnel, les entreprises doivent porter une attention soutenue au recrutement et à la formation. Les attentes des entreprises sont fortes en termes de flexibilité et d'adaptation aux métiers, tant pour aujourd'hui que pour demain. Le management doit ici être en mesure de faire constamment évoluer l'organisation du travail en fonction « de ce qui est possible et de ce qui est permis ».

Questions	Compétences	Savoirs associés
Quelles sont les principales évolutions du marché du travail ?	– Décrire les principales tendances du marché du travail – Caractériser l'action des pouvoirs publics pour accompagner les transformations du marché du travail	– L'offre et la demande de travail – La segmentation du marché du travail – Les déséquilibres du marché du travail et la politique de l'emploi
Comment le droit prend-il en considération les besoins des entreprises et des salariés ?	– Analyser un contrat de travail et justifier les clauses de ce contrat au regard des besoins de l'entreprise et des salariés – Caractériser les obligations de l'employeur en matière de protection des salariés – Identifier les dispositifs de formation au sein de l'entreprise – Identifier le rôle du droit négocié – Identifier le rôle des partenaires sociaux dans l'entreprise – Qualifier une modification ou une rupture du rapport d'emploi et en déduire les conséquences juridiques	– Les différentes sources du droit du travail – Les régimes juridiques du salarié et du travailleur indépendant – Les contrats de travail – Les principes de la protection du salarié – Les modifications du rapport d'emploi – Les modes de rupture du rapport d'emploi – Le droit négocié et le rôle des partenaires sociaux
Quel est l'impact des mutations du travail sur l'emploi et les conditions de travail ?	– Proposer des actions appropriées dans le cadre d'une gestion des emplois et des compétences – Identifier les leviers de motivation conciliant l'objectif de l'entreprise et les attentes de l'individu	– Le dispositif de gestion prévisionnelle des emplois et des compétences – Les facteurs de la motivation et de la satisfaction au travail – Les conditions de travail et leurs évolutions

THÈME 6 : LES CHOIX STRATÉGIQUES DE L'ENTREPRISE

Un environnement complexe et dynamique nécessite de la part des entreprises la mise en place d'une démarche d'analyse stratégique rigoureuse. La démarche de diagnostic interne et externe de l'entreprise constitue une étape préalable indispensable à toute décision et conditionne ses choix stratégiques. Les résultats du diagnostic, après l'étude des différentes alternatives, tant au niveau global qu'au niveau de chaque domaine d'activité, conduisent à la définition d'orientations stratégiques. Quelle que soit l'orientation stratégique choisie, l'entreprise doit trouver des voies de développement pertinentes. Pour cela, elle peut privilégier une croissance organique ou une croissance externe ou faire appel à des partenaires (croissance conjointe). Chaque scénario de développement implique que l'entreprise intervienne sur son environnement concurrentiel par des choix cohérents et réalistes.

Questions	Compétences	Savoirs associés
Comment le diagnostic éclaire-t-il les choix stratégiques de l'entreprise ?	– Identifier les différentes étapes d'une démarche d'analyse stratégique – Présenter les principaux éléments d'un diagnostic interne et/ou externe de l'entreprise	– Le diagnostic externe et l'analyse de l'environnement – Le diagnostic interne et les ressources stratégiques de l'entreprise
Quels sont les choix stratégiques opérés par l'entreprise ?	– Présenter les étapes de la décision stratégiques – Identifier et analyser les choix stratégiques de l'entreprise – Analyser la pertinence de choix stratégiques de l'entreprise	– Les domaines d'activités stratégiques – Les options stratégiques globales et par domaines d'activité – Les modalités de croissance des entreprises

PRÉSENTATION DE VOTRE OUVRAGE

OUVERTURE DE THÈME

Une entreprise réelle, filée sur tout le thème, pour une approche transversale des trois champs disciplinaires.

De nombreuses vidéos directement accessibles par lien mini ou par QR-code.

Une découverte visuelle et synthétique de l'entreprise.

PROBLÉMATIQUE DU THÈME

Le plan du thème en un coup d'œil.

Une présentation de l'entreprise sous ses 3 dimensions (managériale, juridique et économique) pour montrer leur complémentarité.

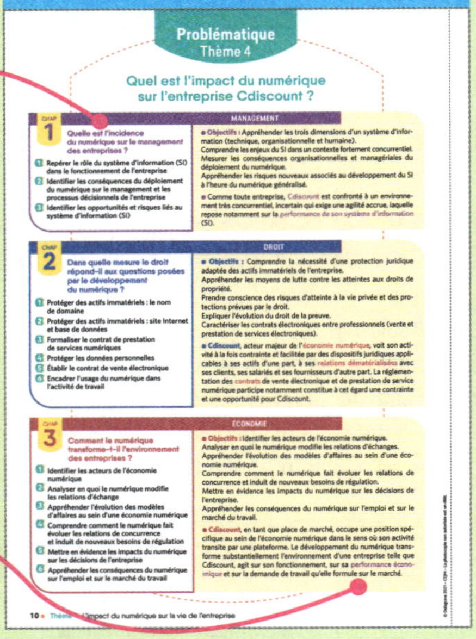

OUVERTURE DE CHAPITRE

1 question du programme = 1 chapitre de l'ouvrage.

Une situation place l'étudiant au cœur de l'entreprise.

Les compétences du programme traduites en objectifs pour faciliter les apprentissages.

Éditions Delagrave – 5 allée de la 2e D.B. – 75015 Paris
www.editions-delagrave.fr
ISBN : 978-2-206-30920-0

COMPÉTENCES ET SAVOIRS

Un **objectif** par double page, associé aux savoirs du programme.

Des **missions** pour mettre l'étudiant en activité. Les termes soulignés correspondants aux savoirs associés sont à définir préalablement.

Une **base documentaire** sur l'entreprise étudiée.

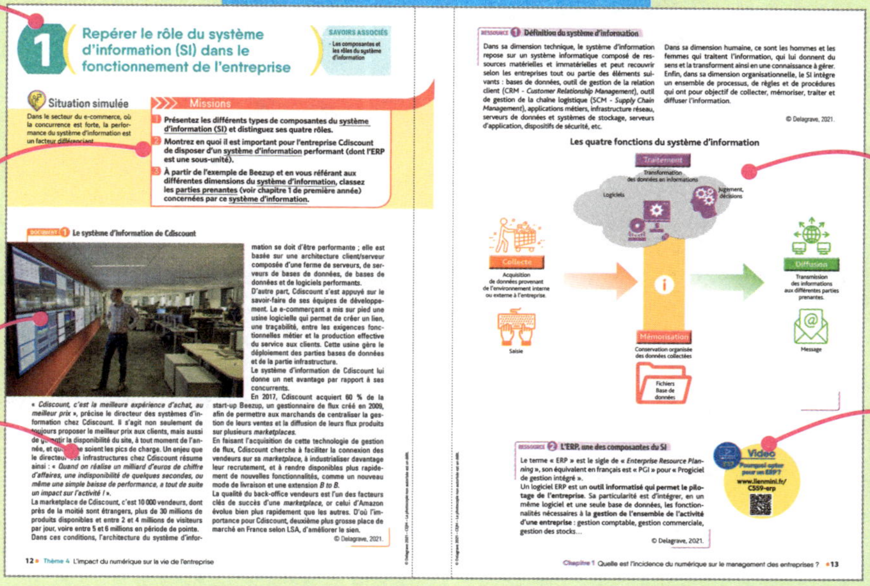

Des **ressources** apportent les connaissances nécessaires.

Des **vidéos** sont présentes tout au long du chapitre.

APPLICATION

Une **application** permet de réinvestir les compétences dans un contexte authentique différent.

FAIRE LE POINT

Un **sketchnote** en vidéo (synthèse dessinée et commentée) permet de mémoriser le cours.

Un **schéma** met en relation les principales notions du chapitre.

Un **lexique** apporte les définitions à connaître.

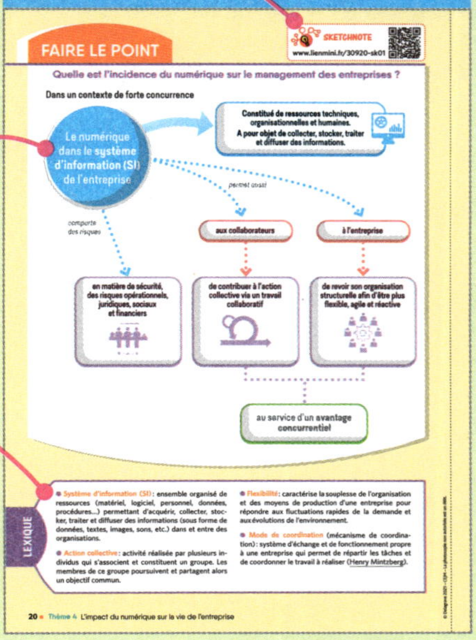

BILAN DE FIN DE THÈME

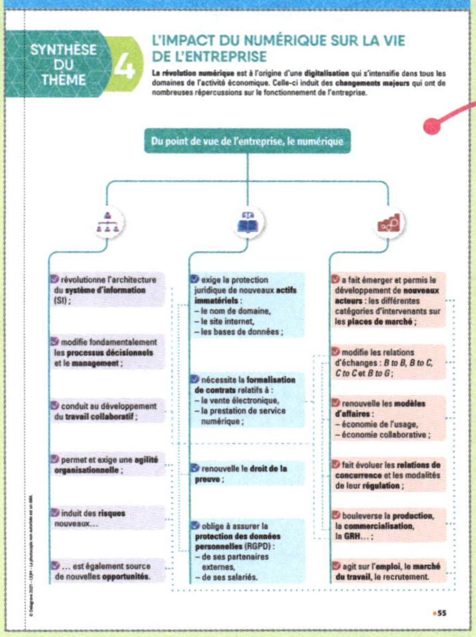

À la fin des thèmes :
- un **schéma de synthèse** met en évidence la complémentarité entre les trois champs disciplinaires ;
- un **sujet** permet de s'entraîner dans l'esprit de la nouvelle épreuve.

SOMMAIRE

Sommaire des vidéos

L'IMPACT DU NUMÉRIQUE SUR LA VIE DE L'ENTREPRISE

CONTEXTE PROFESSIONNEL

Cdiscount

Vidéo 7'52
Toujours plus de produits et de services
www.lienmini.fr/C559-cdiscount

PRÉSENTATION

Acteur majeur de l'e-commerce en France, Cdiscount voit le jour en 1998 à Bordeaux, sous l'impulsion des frères Hervé, Christophe et Nicolas Charle. C'est alors un site marchand dédié aux produits culturels. En 2000, l'enseigne se lance dans le high-tech, avant d'élargir son offre vers le prêt-à-porter en 2002, le vin et le gros électroménager en 2004 puis l'automobile et le voyage en 2007.
Cdiscount s'est forgé une grande notoriété, grâce notamment à ses prix agressifs, à sa stratégie gagnante des réductions et promotions mais aussi à sa politique d'approvisionnement bien pensée, renforcée par une logistique intégrée forte d'une surface de stockage de 100 000 m^2. L'enseigne est devenue un acteur incontournable du commerce électronique en France avec une offre produits de plus de 100 000 références, issues de plus de 40 univers.
Après s'être introduit au capital de Cdiscount au début des années 2000, le groupe Casino devient actionnaire majoritaire de l'enseigne en 2008, avant d'en prendre le contrôle total en 2011.
Depuis 2014, Cdiscount fait partie de Cnova, le pôle e-commerce du groupe Casino, qui regroupe les sites Cdiscount en France, en Colombie, en Équateur, en Thaïlande, au Vietnam, en Côte d'Ivoire, au Sénégal, au Cameroun, en Belgique et au Brésil.
Cdiscount compte deux magasins physiques : le premier, basé au Bouscat, a ouvert en 2006 et le deuxième, inauguré en 2011, est situé dans le 7e arrondissement de Paris.
En matière d'audience, Cdiscount.com revendique 240 millions de visites durant les trois premiers mois de l'année 2018, dont 60 % sur mobile. Ce canal représente désormais 41 % du volume d'affaires (+ 5 points en un an). Pour la première fois, le nombre de visiteurs uniques moyen atteint la barre des 20 millions.
L'e-commerçant, qui affiche fin mars 2018 8,6 millions de clients actifs, voit le nombre d'abonnés à son programme de fidélité Cdiscount à Volonté (CDAV) progresser de +33 % en un an. Ses membres apportent au site 34 % de son volume d'affaires (+5,75 points). Initialement conçu comme un abonnement annuel à des livraisons illimitées, CDAV s'étoffe peu à peu – comme son modèle Amazon Prime – de nouveaux avantages, notamment une offre de presse en illimité.
Par ailleurs, Cdiscount continue d'annoncer des initiatives en matière de services. Son offre d'installation et de montage Cinstallé couvre maintenant quasiment 90 000 références, son offre Coup de Pouce a accordé 21 000 crédits au premier trimestre 2018, et Cdiscount Énergie poursuit son décollage. Le site vient enfin de lancer une offre de location longue durée sur 800 références en téléphonie, télévision et électroménager, ainsi qu'une rubrique de déstockage de mode avec pour premier partenaire l'enseigne Camaïeu, dont les références sont toutes commercialisées à – 40 %.

D'après www.lsa-conso.fr

THÈME 4

Siège social de Cdiscount sur les quais de la Garonne à Bordeaux.

FICHE D'IDENTITÉ

- Date de création : **1998**
- Fondateurs : **Hervé, Christophe et Nicolas Charle**
- Dirigeant : **Emmanuel Grenier**
- Effectif : **1581**
- Siège social : **Bordeaux**
- Champ d'action géographique : **Mondial**
- Chiffre d'affaires (2019) : **2,2 milliards d'euros**

LES DATES CLÉS DE CDISCOUNT

- **1998** Création de l'entreprise par les frères Charle
- **2000** Accès de Casino au statut d'actionnaire majoritaire
- **2006** Ouverture du premier magasin physique au Bouscat
- **2011** Cession par les fondateurs de leurs dernières parts au groupe Casino
- **2011** Création de la place de marché Cdiscount Marketplace
- **2014** Cdiscount est intégré à Cnova, pôle e-commerce international du groupe Casino
- **2017** Ouverture du premier corner de 300 m^2 dans un hypermarché Géant Casino suivie de plusieurs autres
- **2017** Création de Cdiscount Énergie, proposant une offre d'électricité moins chère

Problématique
Thème 4

Quel est l'impact du numérique sur l'entreprise Cdiscount ?

CHAP 1 — MANAGEMENT

Quelle est l'incidence du numérique sur le management des entreprises ?

1. Repérer le rôle du système d'information (SI) dans le fonctionnement de l'entreprise
2. Identifier les conséquences du déploiement du numérique sur le management et les processus décisionnels de l'entreprise
3. Identifier les opportunités et risques liés au système d'information (SI)

- **Objectifs :** Appréhender les trois dimensions d'un système d'information (technique, organisationnelle et humaine).
Comprendre les enjeux du SI dans un contexte fortement concurrentiel.
Mesurer les conséquences organisationnelles et managériales du déploiement du numérique.
Appréhender les risques nouveaux associés au développement du SI à l'heure du numérique généralisé.
- Comme toute entreprise, Cdiscount est confronté à un environnement très concurrentiel, incertain qui exige une agilité accrue, laquelle repose notamment sur la performance de son système d'information (SI).

CHAP 2 — DROIT

Dans quelle mesure le droit répond-il aux questions posées par le développement du numérique ?

1. Protéger des actifs immatériels : le nom de domaine
2. Protéger des actifs immatériels : site Internet et base de données
3. Formaliser le contrat de prestation de services numériques
4. Protéger les données personnelles
5. Établir le contrat de vente électronique
6. Encadrer l'usage du numérique dans l'activité de travail

- **Objectifs :** Comprendre la nécessité d'une protection juridique adaptée des actifs immatériels de l'entreprise.
Appréhender les moyens de lutte contre les atteintes aux droits de propriété.
Prendre conscience des risques d'atteinte à la vie privée et des protections prévues par le droit.
Expliquer l'évolution du droit de la preuve.
Caractériser les contrats électroniques entre professionnels (vente et prestation de services électroniques).
- **Cdiscount**, acteur majeur de l'économie numérique, voit son activité à la fois contrainte et facilitée par des dispositifs juridiques applicables à ses actifs d'une part, à ses relations dématérialisées avec ses clients, ses salariés et ses fournisseurs d'autre part. La réglementation des contrats de vente électronique et de prestation de service numérique participe notamment constitue à cet égard une contrainte et une opportunité pour Cdiscount.

CHAP 3 — ÉCONOMIE

Comment le numérique transforme-t-il l'environnement des entreprises ?

1. Identifier les acteurs de l'économie numérique
2. Analyser en quoi le numérique modifie les relations d'échange
3. Appréhender l'évolution des modèles d'affaires au sein d'une économie numérique
4. Comprendre comment le numérique fait évoluer les relations de concurrence et induit de nouveaux besoins de régulation
5. Mettre en évidence les impacts du numérique sur les décisions de l'entreprise
6. Appréhender les conséquences du numérique sur l'emploi et sur le marché du travail

- **Objectifs :** Identifier les acteurs de l'économie numérique.
Analyser en quoi le numérique modifie les relations d'échanges.
Appréhender l'évolution des modèles d'affaires au sein d'une économie numérique.
Comprendre comment le numérique fait évoluer les relations de concurrence et induit de nouveaux besoins de régulation.
Mettre en évidence les impacts du numérique sur les décisions de l'entreprise.
Appréhender les conséquences du numérique sur l'emploi et sur le marché du travail.
- **Cdiscount**, en tant que place de marché, occupe une position spécifique au sein de l'économie numérique dans le sens où son activité transite par une plateforme. Le développement du numérique transforme substantiellement l'environnement d'une entreprise telle que Cdiscount, agit sur son fonctionnement, sur sa performance économique et sur la demande de travail qu'elle formule sur le marché.

CHAPITRE 1

Quelle est l'incidence du numérique sur le management des entreprises ?

Situation simulée

Cdiscount, l'entreprise bordelaise qui a fêté ses 20 ans en 2018, est l'un des leaders français du commerce en ligne et occupe une solide deuxième place derrière le géant américain Amazon.
Conscient que le succès d'une entreprise du e-commerce repose en grande partie sur son système d'information (SI), Cdiscount investit constamment pour le rendre toujours plus performant.
L'étude du rôle du SI permet de comprendre en quoi il est essentiel dans la restitution d'une information exploitable tant du point de vue de la coordination que de la prise de décision au sein de l'entreprise.

Vous êtes stagiaire auprès de M. Broussard, directeur du système d'information de Cdiscount, qui vous demande, après avoir étudié le système d'information de l'entreprise, de montrer en quoi les innovations numériques, qui viennent modifier les modalités d'organisation du travail, représentent non seulement des opportunités pour Cdiscount, mais sont aussi porteuses de risques.

Compétences

- Repérer le rôle du système d'information dans le fonctionnement de l'entreprise (Objectif 1)
- Identifier les conséquences du déploiement du numérique sur le management et les processus décisionnels de l'entreprise (Objectifs 2 et 3)

1 Repérer le rôle du système d'information (SI) dans le fonctionnement de l'entreprise

SAVOIRS ASSOCIÉS

- Les composantes et les rôles du système d'information

Situation simulée

Dans le secteur du e-commerce, où la concurrence est forte, la performance du système d'information est un facteur différenciant.

Missions

1. **Présentez les différents types de composantes du système d'information (SI) et distinguez ses quatre rôles.**
2. **Montrez en quoi il est important pour l'entreprise Cdiscount de disposer d'un système d'information performant (dont l'ERP est une sous-unité).**
3. **À partir de l'exemple de Beezup et en vous référant aux différentes dimensions du système d'information, classez les parties prenantes (voir chapitre 1 de première année) concernées par ce système d'information.**

DOCUMENT 1 Le système d'information de Cdiscount

« *Cdiscount, c'est la meilleure expérience d'achat, au meilleur prix* », précise le directeur des systèmes d'information chez Cdiscount. Il s'agit non seulement de toujours proposer le meilleur prix aux clients, mais aussi de garantir la disponibilité du site, à tout moment de l'année, et quels que soient les pics de charge. Un enjeu que le directeur des infrastructures chez Cdiscount résume ainsi : « *Quand on réalise un milliard d'euros de chiffre d'affaires, une indisponibilité de quelques secondes, ou même une simple baisse de performance, a tout de suite un impact sur l'activité !* ».

La marketplace de Cdiscount, c'est 10 000 vendeurs, dont près de la moitié sont étrangers, plus de 30 millions de produits disponibles et entre 2 et 4 millions de visiteurs par jour, voire entre 5 et 6 millions en période de pointe.

Dans ces conditions, l'architecture du système d'information se doit d'être performante ; elle est basée sur une architecture client/serveur composée d'une ferme de serveurs, de serveurs de bases de données, de bases de données et de logiciels performants.

D'autre part, Cdiscount s'est appuyé sur le savoir-faire de ses équipes de développement. Le e-commerçant a mis sur pied une usine logicielle qui permet de créer un lien, une traçabilité, entre les exigences fonctionnelles métier et la production effective du service aux clients. Cette usine gère le déploiement des parties bases de données et de la partie infrastructure.

Le système d'information de Cdiscount lui donne un net avantage par rapport à ses concurrents.

En 2017, Cdiscount acquiert 60 % de la start-up Beezup, un gestionnaire de flux créé en 2009, afin de permettre aux marchands de centraliser la gestion de leurs ventes et la diffusion de leurs flux produits sur plusieurs *marketplaces*.

En faisant l'acquisition de cette technologie de gestion de flux, Cdiscount cherche à faciliter la connexion des vendeurs sur sa *marketplace*, à industrialiser davantage leur recrutement, et à rendre disponibles plus rapidement de nouvelles fonctionnalités, comme un nouveau mode de livraison et une extension *B to B*.

La qualité du back-office vendeurs est l'un des facteurs clés de succès d'une *marketplace*, or celui d'Amazon évolue bien plus rapidement que les autres. D'où l'importance pour Cdiscount, deuxième plus grosse place de marché en France selon LSA, d'améliorer le sien.

© Delagrave, 2021.

RESSOURCE 1 Définition du système d'information

Dans sa dimension technique, le système d'information repose sur un système informatique composé de ressources matérielles et immatérielles et peut recouvrir selon les entreprises tout ou partie des éléments suivants : bases de données, outil de gestion de la relation client (CRM - *Customer Relationship Management*), outil de gestion de la chaîne logistique (SCM - *Supply Chain Management*), applications métiers, infrastructure réseau, serveurs de données et systèmes de stockage, serveurs d'application, dispositifs de sécurité, etc.

Dans sa dimension humaine, ce sont les hommes et les femmes qui traitent l'information, qui lui donnent du sens et la transforment ainsi en une connaissance à gérer. Enfin, dans sa dimension organisationnelle, le SI intègre un ensemble de processus, de règles et de procédures qui ont pour objectif de collecter, mémoriser, traiter et diffuser l'information.

© Delagrave, 2021.

Les quatre fonctions du système d'information

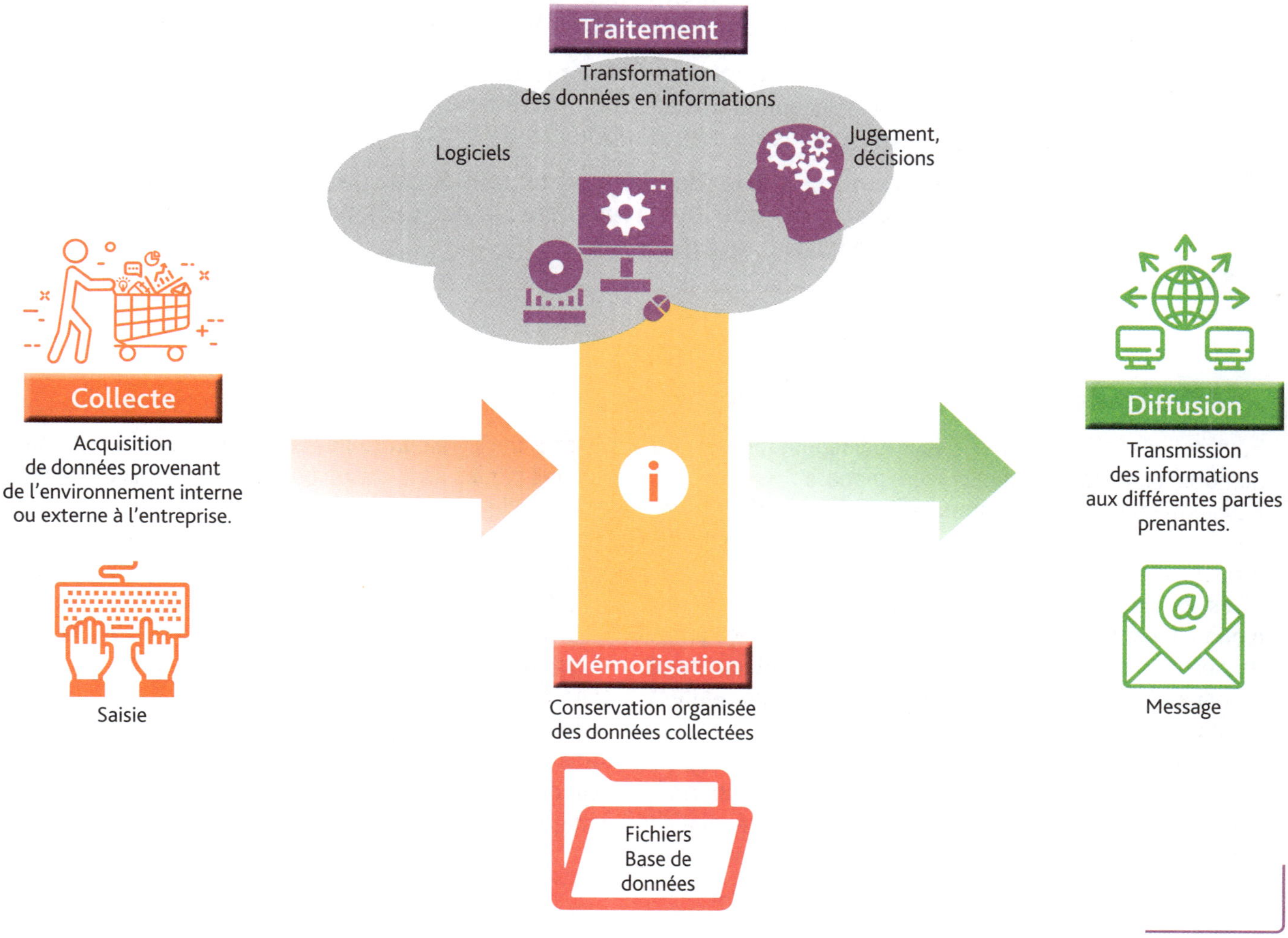

RESSOURCE 2 L'ERP, une des composantes du SI

Le terme « ERP » est le sigle de « *Enterprise Resource Planning* », son équivalent en français est « PGI » pour « Progiciel de gestion intégré ».

Un logiciel ERP est un **outil informatisé qui permet le pilotage de l'entreprise**. Sa particularité est d'intégrer, en un même logiciel et une seule base de données, les fonctionnalités nécessaires à la **gestion de l'ensemble de l'activité d'une entreprise** : gestion comptable, gestion commerciale, gestion des stocks...

© Delagrave, 2021.

Vidéo
3'17
Pourquoi opter pour un ERP ?
www.lienmini.fr/C559-erp

2 Identifier les conséquences du déploiement du numérique sur le management et les processus décisionnels de l'entreprise

SAVOIRS ASSOCIÉS
- Spécialisation, intégration
- Flexibilité
- Action collective
- Modes de coordination
- Modalités d'organisation du travail

Missions

1. **Expliquez pourquoi le déploiement du numérique aboutit à l'intégration au sein de la chaîne logistique (*supply chain*) de plusieurs entités spécialisées de Cdiscount.**
2. **Analysez les conséquences de la modernisation de l'infrastructure de Cdiscount sur ses modalités d'organisation du travail.**
3. **Précisez en quoi les travaux menés dans le cadre de la structure The Warehouse relèvent d'un principe d'action collective, influant sur le mode de coordination.**
4. **Montrez que le déploiement du numérique de la chaîne logistique de Cdiscount contribue à améliorer la performance de l'entreprise et à la faire gagner en flexibilité.**

DOCUMENT 1 Cdiscount, le déploiement du numérique au service de l'expérience client

Pour optimiser l'expérience client, Cdiscount mobilise de nombreux spécialistes dans divers métiers :
- Des spécialistes des achats (acheteurs, chefs de produit, marketeurs...) chargés de négocier les meilleurs produits aux meilleurs prix pour les clients ;
- Des spécialistes de l'informatique et du système d'information qui ont une importance capitale pour l'entreprise. Ils sont au cœur de la conception, du développement technique et de la performance du site et permettent d'accompagner le développement de l'entreprise ;
- Des spécialistes de la *supply chain* (chaîne logistique) : agents logistiques, coordinateurs transports, approvisionneurs, directeurs de sites logistiques... La chaîne logistique constitue le cœur du « réacteur » de Cdiscount, elle participe pleinement à la réussite de l'expérience client : une livraison toujours plus fiable et rapide ainsi que des modes de livraison qui s'adaptent aux besoins de chaque client ;
- Des spécialistes liés au développement commercial, qui ont la charge du développement de la *marketplace*, monétisent le trafic et commercialisent des espaces publicitaires pour d'autres grands acteurs du Web ;
- Des spécialistes du service client avec ses chargés de clientèle, responsables process...

À partir de 2017, Cdiscount a mis en œuvre une gestion transversale d'activités stratégiques en regroupant, au sein de la direction en charge de la *supply chain*, l'informatique et les achats.

© Delagrave, 2021.

DOCUMENT 2 Cdiscount modernise son infrastructure pour accompagner la croissance de l'entreprise

Afin de continuer à briller dans le secteur très concurrentiel du e-commerce, Cdiscount s'est imposé deux objectifs : moderniser son infrastructure pour prendre en charge la croissance de son activité ; dédier son ingénierie interne aux projets à forte valeur ajoutée. Pour répondre à ce défi, Cdiscount a alors considéré deux options : tout déplacer dans le *cloud* ou continuer de gérer son infrastructure en interne, tout en s'alignant sur le niveau de service d'un fournisseur *cloud*. C'est la seconde option que la direction des systèmes d'information (DSI) de Cdiscount a choisi d'explorer en s'appuyant sur ses talents internes. Le projet de modernisation de l'infrastructure repose sur la centralisation et le regroupement de l'ensemble des data centers, ce qui permet de capitaliser sur une technologie unique et de décompliquer les processus et d'optimiser les gains en matière de coûts et de gestion. Une gestion dont la simplification permet de maintenir sous contrôle la croissance opérationnelle par une équipe dont le dimensionnement a été revu.

© Delagrave, 2021.

DOCUMENT 3 Cdiscount, créateur d'un incubateur de start-ups

Lors de l'édition 2019 du Salon sur l'innovation transport et logistique, Cdiscount a présenté ses différentes initiatives de transformation digitale appliquées à la logistique. Cette digitalisation de la *supply chain* se fait en collaboration avec 11 start-ups dans le cadre du programme « The Warehouse ». Créé en 2017, « The Warehouse » est un incubateur de start-ups dédié à l'innovation logistique, installé dans une espace de coworking.

Ce programme permet aux start-ups de valider leur *business model*, d'expérimenter leur innovation en conditions réelles et d'accélérer leur accès au marché en collaboration avec les équipes métiers *supply chain* de Cdiscount et ses partenaires. Les sujets d'accélération portent sur : l'amélioration de l'expérience client, le déploiement d'une démarche écoresponsable, la réduction de la pénibilité du travail et l'optimisation de la performance.

© Delagrave, 2021.

RESSOURCE 1 Transformation digitale et gestion de l'entreprise

La transformation digitale, qui induit un changement organisationnel de l'entreprise afin d'améliorer sa performance, touche tout particulièrement sa chaîne de valeur. Cette transformation digitale, tout en s'imposant à l'entreprise, est source d'avantages concurrentiels.

En effet, les clients, toujours mieux informés, recherchent des prix plus attractifs, des niveaux de qualité plus élevés et de meilleurs services. Les entreprises doivent donc constamment améliorer leurs offres pour satisfaire des besoins toujours plus sophistiqués. En outre, de nouveaux concurrents proposant des offres très compétitives apparaissent et bouleversent ainsi tout un secteur (Amazon, Google).

Dans une optique « active », l'entreprise innove en exploitant les possibilités offertes par les nouvelles technologies. En effet, celles-ci émergent continuellement et peuvent procurer un avantage compétitif important si elles sont adoptées et intégrées rapidement.

La structure organisationnelle fait partie des éléments touchés par la digitalisation, qui conduit à réorganiser le travail, à intégrer la nouvelle façon de communiquer entre les employés et à revoir la façon dont sont prises les décisions.

La difficulté d'organiser la fonction digitale réside dans le fait qu'elle n'est pas exclusivement réservée à un département spécialisé ; elle sert de support à toutes les divisions de l'entreprise.

La digitalisation met à rude épreuve les structures traditionnelles de l'entreprise, qui ne sont pas faites pour des modes de collaboration non hiérarchiques entre départements. Elle requiert de nouvelles pratiques de communication et de collaboration qui bouleversent les modèles établis.

D'après www.mbdconsulting.ch

RESSOURCE 2 Spécialisation/intégration

Afin de s'adapter rapidement aux évolutions de leur environnement, les entreprises ont dû modifier leurs modalités de coordination autour de deux principes : spécialisation et intégration. Ces deux principes font directement référence aux travaux de Lawrence et Lorsch. Plus l'entreprise évolue dans un environnement complexe, plus une différenciation des services internes s'impose (spécialisation). Parallèlement, afin d'assurer une cohérence d'ensemble, l'entreprise doit mettre en place des procédures d'ajustements interservices pour intégrer l'ensemble et coordonner les actions (intégration).

RESSOURCE 3 Le concept de *reengineering*/réingénierie ou de *Business Process Reengineering* (BPR)/réingénierie des processus métiers

Il s'agit d'une démarche qui consiste à analyser les processus opérationnels afin d'identifier les processus clés, créateurs de valeur pour le client, et de les restructurer dans le but d'améliorer la performance de l'entreprise en matière de coûts, qualité, services et rapidité (concept développé par Michael Hammer et James Champy).

© Delagrave, 2021.

RESSOURCE 4 L'action individuelle et l'action collective

De nombreuses actions sont individuelles dès lors que l'individu s'engage dans une démarche personnelle et poursuit un objectif individuel (un navigateur qui effectue une traversée de l'Atlantique en solitaire, un artisan qui réalise seul des travaux de plomberie…).

Toutefois, pour la réalisation de certaines activités, il devient nécessaire de s'associer avec d'autres et de former un groupe. On parle, dans ce cas, d'action collective. L'action collective n'existe que dans la mesure où l'objectif est commun, c'est-à-dire partagé par tous les membres du groupe (gagner une compétition pour une équipe sportive, construire une maison…).

© Delagrave, 2021.

RESSOURCE 5 Les mécanismes de coordination selon Mintzberg

Ajustement mutuel (coordination des activités par contact direct)
≠ **Supervision directe** (coordination par la hiérarchie)
Standardisation des procédés (coordination par la formalisation des procédés de travail)
Standardisation des résultats (coordination par la définition de résultats à atteindre)
Standardisation des qualifications (coordination par la définition de compétences individuelles nécessaires).

© Delagrave, 2021.

3 Identifier les opportunités et risques liés au système d'information (SI)

SAVOIRS ASSOCIÉS

- Opportunités et risques liés au système d'information

Missions

1. **Expliquez en quoi l'amélioration du système d'information de Cdiscount est source d'opportunités.**
2. **Classez les risques potentiels induits par le système d'information.**
3. **Montrez en quoi les changements structurels, générés par le système d'information, peuvent engendrer des difficultés.**

DOCUMENT 1 Question à M. Numen, directeur du système d'information (DSI) de Montracteur.com, site de vente de matériel agricole sur Internet en pleine expansion

À quel type de risques avez-vous été confronté suite à la mise en place de votre SI au cours de la dernière année ?

« Nous avons eu une année difficile car nous n'avons pas anticipé tous les risques liés au développement de notre activité en ligne et à la mise en place du SI qui l'a accompagné. Nous avons été victimes du piratage de nos fichiers qui a donné lieu à des plaintes de nos clients dont les données bancaires ont été exploitées. Au mois de juillet, nos serveurs sont tombés en panne alors que c'est notre pleine période d'activité. Cela a occasionné des problèmes dans la prise en compte des commandes de matériel au moment des moissons.

Enfin, nous nous sommes aperçus qu'il était très difficile pour certains de nos salariés de prendre en main ces nouveaux outils numériques et nous avons entrepris de les former en urgence. »

© Delagrave, 2021.

DOCUMENT 2 Pourquoi utiliser un système d'information pour une entreprise de e-commerce ?

L'information est au cœur de la gestion de la chaîne logistique. Le système d'information est à la base d'une *supply chain* performante. Plus de 80 % des informations du système d'information sont utilisées par la *supply chain*, faisant de cette fonction la première utilisatrice de l'informatique dans l'entreprise.

Le développement spectaculaire des technologies digitales, des échanges de données, du temps réel, des puissances de calcul… représente pour la logistique une possibilité extraordinaire d'accroître ses interactions avec les clients, la visibilité de bout en bout de la chaîne et le pilotage des flux en temps réel.

www.supplychain-masters.fr

Vidéo 4'52
Conduire le changement et manager à l'ère digitale
www.lienmini.fr/C559-digital

RESSOURCE 1 Les principaux déterminants du changement structurel

Plusieurs facteurs peuvent être à l'origine d'une évolution de la structure :

- **La croissance de l'entreprise** (en variations de l'effectif et/ou en variations du chiffre d'affaires).
- **L'élargissement du marché**, avec de nouveaux moyens (sites de production, de distribution…), qui peut conduire à une décentralisation de la prise de décision pour permettre la réactivité et l'adaptation aux spécificités locales.
- **Le développement de TIC** (réseaux informatiques, télétravail, intranet…) ; les TIC permettent de diminuer les niveaux hiérarchiques car le volume et la circulation des informations favorisent des contacts plus rapides.
- **Les réorientations stratégiques** ; comme l'affirme Alfred Chandler, la structure suit la stratégie pour garantir la performance. Lorsqu'une entreprise opte pour une nouvelle stratégie, sa structure est souvent modifiée.

© Delagrave, 2021.

RESSOURCE 2 Les risques liés à l'usage du SI

- Risques en matière de sécurité (cyberattaques, vol, piratage, destruction, perte…)
- Risques opérationnels (obsolescence ou panne du matériel, défaut de maintenance, mauvaise gestion des licences logicielles…)
- Risques juridiques (contrats de prestations informatiques, respect de la réglementation en matière de protection des données…)
- Risques sociaux (utilisation privée des moyens informatiques professionnels par les salariés, intrusion dans la vie privée des salariés, résistance au changement, compétences et qualifications des salariés face aux évolutions du SI…)
- Risques financiers (coût d'acquisition et de maintenance du matériel, des licences logicielles, de l'intégration et du paramétrage du PGI, formation des utilisateurs…)

© Delagrave, 2021.

RESSOURCE 3 Les difficultés liées au changement de structure

Le sociologue **Michel Crozier** (1922-2013) a analysé le comportement des parties prenantes internes dans l'organisation et a montré que leur résistance au changement est normale en raison de leur divergence d'intérêts. Chacune cherche à maintenir ses zones de pouvoir au sein de l'organisation. La poursuite de leurs intérêts individuels induit un comportement qui ne va pas forcément dans le sens du changement. Des résistances apparaissent qui peuvent entraîner l'échec du changement.

Larry Greiner (1933-) montre que les organisations suivent un cycle de vie qui évolue par périodes successives de développement. Les hommes, les structures qui paraissent adaptés lorsque l'entreprise avait une certaine taille ou un certain âge ne le sont plus lorsque l'entreprise mûrit ou grandit. Toute entreprise connaît donc des phases de relative stabilité et des phases de crises. La crise puis sa résolution sont le moyen de faire passer une entreprise d'un stade d'organisation à un autre.

© Delagrave, 2021.

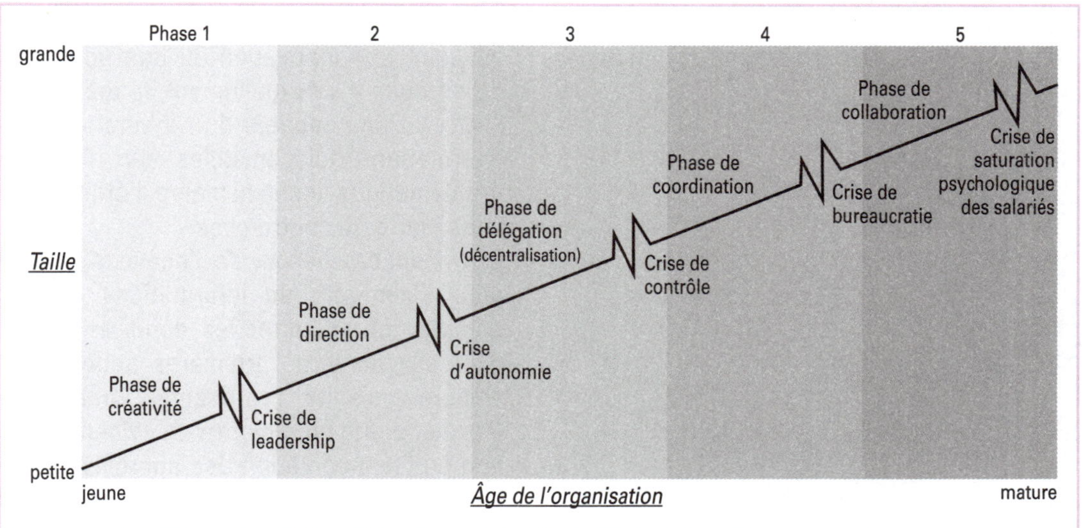

Source : L. E. Greiner [1972], « Evolution and Revolution as Organizations Grow », *Harvard Business Review*, mai-juin 1998.

APPLICATION

Situation simulée

La parfumerie Antoinette, créée en 1920 dans les environs de Grasse dans les Alpes-Maritimes, a l'ambition de pouvoir un jour rivaliser avec les trois célèbres et incontournables maisons de parfumeurs que sont : Fragonard, Molinard et Galimard. Madame Lirose, directrice de la maison Antoinette, qui a eu connaissance du projet d'IBM de développer une machine dotée d'une intelligence artificielle (IA) lui permettant de créer de nouvelles fragrances, se demande s'il n'est pas opportun de s'intéresser à cette technologie pour pouvoir enfin rivaliser avec les plus grands.
Depuis que Mme Lirose a annoncé son intérêt pour le projet d'IBM, c'est l'effervescence au sein du centre de création de la maison Antoinette. Le parfumeur-créateur (le « nez ») et ses quatre assistants en développement de produits s'inquiètent quant à la pérennité de leur emploi.

PARFUMERIE ANTOINETTE

1. Montrez en quoi la technologie de l'intelligence artificielle satisfait les quatre rôles d'un système d'information.
2. Expliquez en quoi le numérique peut modifier l'organisation du travail au sein du centre de création de la parfumerie Antoinette, modification opérée dans le sens d'une plus grande flexibilité.
3. Identifiez les opportunités, pour la maison Antoinette, d'un recours à la technologie de l'intelligence artificielle, puis présentez les risques que son adoption entraîne pour le parfumeur.

DOCUMENT 1 L'intelligence artificielle (IA) au service de l'innovation

Les métiers de la veille au sens large (chargé de veille, analyste, expert…) pourraient tirer beaucoup de valeur de la capacité de l'intelligence artificielle (IA) à les aider à identifier des relations au sein d'un corpus documentaire important (big data).
Actuellement, cependant, la technologie de l'IA n'a pas encore la capacité d'effectuer de façon autonome toutes les investigations indispensables pour établir les relations indirectes entre des informations. Prenons, par exemple, l'information suivante : « La société A construit une nouvelle unité de production ». La question que l'on peut se poser, en tant que concurrent est : « Qu'est-ce qui sera expérimenté ou fabriqué dans cette unité ? Est-elle destinée à de la production "standard" ou à expérimenter et mettre au point une innovation ou une nouvelle ligne de produits ? » Actuellement, la technologie de l'IA n'est pas capable de rechercher seule les informations indispensables pour répondre à la problématique posée ni même d'établir des relations indirectes entre elles.
L'IA a encore besoin de l'analyste « humain » pour l'alimenter en informations pertinentes, comme, ici, collecter les données correspondant aux matières premières achetées par la société, puis les représenter dans le temps. Cette enquête peut mettre en évidence l'apparition ou l'augmentation des approvisionnements d'un composant à une date coïncidant avec la création de la nouvelle unité. L'analyste examinera ensuite son système de connaissance

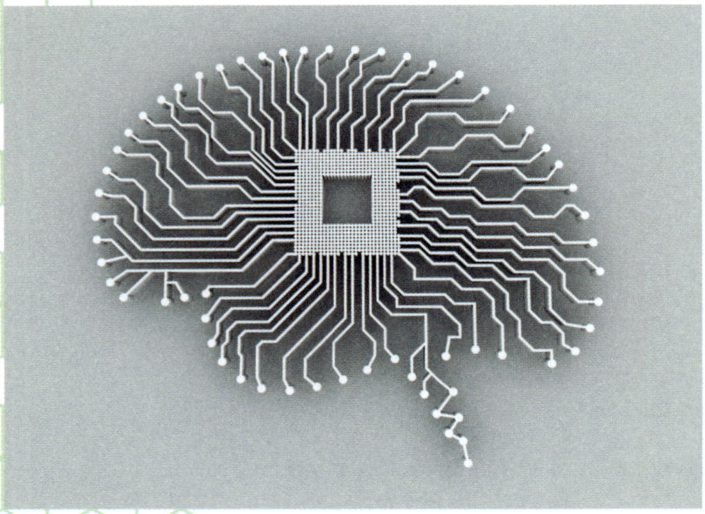

interne et identifiera les procédés mettant en œuvre ce matériau, pour arriver à une « short list » des procédés employés dans la nouvelle ligne de production.
En revanche, la technologie de l'IA est en capacité d'établir des relations « simples » entre plusieurs informations : « La société A recrute M. B », « M. B est spécialiste de la technologie X », l'IA peut en déduire que « la société A travaille sur la technologie X ».
Si, dans les domaines économique ou stratégique, l'IA est source d'avantage compétitif, mais dans la sphère privée, son développement met en évidence les enjeux des lois informatique et liberté. Les entreprises pourront peut-être prochainement vivre un remake du film *Minority Report* et anticiper la stratégie de leur concurrent avant même que celui-ci ne l'ait établie, mais est-ce souhaitable à l'échelle individuelle ?

DOCUMENT 2 Le parfum, prochain objectif de l'intelligence artificielle

IBM s'est mis en relation avec une parfumerie pour que l'une de ses machines crée de nouvelles fragrances.

La composition d'un parfum est une activité très complexe. Les parfumeurs et parfumeuses, les « nez », doivent parvenir à mixer différentes senteurs afin de créer une fragrance qui plaira au public. C'est une tâche difficile qui requiert de solides connaissances en chimie, en biologie et des années d'expérience pour maîtriser suffisamment toutes les techniques nécessaires.
Malgré cela, des machines pourraient bientôt faire ce travail à leur place. C'est en tout cas ce qu'espère IBM, puisque l'entreprise d'électronique veut pouvoir produire des parfums à l'aide d'une intelligence artificielle. Elle s'est alliée avec Symrise, une société allemande de parfumerie, de cosmétiques et d'arômes, qui compte parmi ses clients Estée Lauder par exemple, pour étudier comment l'apprentissage automatique, ou « machine learning », pourrait s'appliquer à l'industrie du parfum.
IBM a développé un algorithme appelé Philyra, qui analyse les données de Symrise pour ensuite recréer de nouvelles fragrances. Deux d'entre elles ont déjà été vendues à O Boticario, une marque brésilienne de produits de beauté. Elles seront disponibles l'année prochaine dans les 4 000 boutiques de la chaîne.
Depuis sa création, Symrise a produit 1,7 million de compositions, qui sont ensuite vendues comme parfum mais aussi ajoutées à une myriade de produits [...]. Toutes ces formules sont ajoutées dans la database de l'algorithme d'IBM, ainsi que les chiffres de vente qui leur sont associés et les profils de la clientèle : âge, situation géographique, genre... Philyra peut ensuite créer des parfums spécifiquement pour une cible très précise en se basant sur ce qui a déjà fonctionné.
« *Ce système se comporte comme un apprenti. De la même manière qu'un humain apprendrait d'un maître quelles combinaisons d'ingrédients marchent bien, par exemple, qu'est-ce qui fait un bon substitut pour de l'huile d'orange ou quand mettre de la rose à la place du citron, la machine apprend à créer en se basant sur les formules qui marchent le mieux* », détaille Richard Goodwin, l'un des chercheurs d'IBM qui travaille sur l'IA. La créativité en moins donc, puisque l'algorithme ne se base que sur des réussites passées.
Toutefois, l'intelligence artificielle n'est pas encore assez performante pour être entièrement autonome. Si les deux parfums brésiliens ont très bien marché sur les groupes test, ils ont nécessité un « nez » humain pour les modifier et les peaufiner avant qu'ils ne soient mis sur le marché. « *Comme un apprenti qui ferait un travail préparatoire assez bon pour que son maître puisse travailler sur sa base !* » Mais tout le but d'un apprentissage est de remplacer un jour son tuteur...

Barthélemy Dont, www.slate.fr, 25 octobre 2018.

FAIRE LE POINT

SKETCHNOTE
www.lienmini.fr/30920-sk01

Quelle est l'incidence du numérique sur le management des entreprises ?

Dans un contexte de forte concurrence

Le numérique dans le système d'information (SI) de l'entreprise

→ **Constitué de ressources** techniques, organisationnelles et humaines.
A pour objet de collecter, stocker, traiter et diffuser des informations.

comporte des risques → en matière de sécurité, des risques opérationnels, juridiques, sociaux et financiers

permet aussi

- aux collaborateurs → de contribuer à l'action collective via un travail collaboratif
- à l'entreprise → de revoir son organisation structurelle afin d'être plus flexible, agile et réactive

→ au service d'un **avantage concurrentiel**

LEXIQUE

Système d'information (SI) : ensemble organisé de ressources (matériel, logiciel, personnel, données, procédures…) permettant d'acquérir, collecter, stocker, traiter et diffuser des informations (sous forme de données, textes, images, sons, etc.) dans et entre des organisations.

Action collective : activité réalisée par plusieurs individus qui s'associent et constituent un groupe. Les membres de ce groupe poursuivent et partagent alors un objectif commun.

Flexibilité : caractérise la souplesse de l'organisation et des moyens de production d'une entreprise pour répondre aux fluctuations rapides de la demande et aux évolutions de l'environnement.

Mode de coordination (mécanisme de coordination) : système d'échange et de fonctionnement propre à une entreprise qui permet de répartir les tâches et de coordonner le travail à réaliser (Henry Mintzberg).

CHAPITRE 2

Dans quelle mesure le droit répond-il aux questions posées par le développement du numérique ?

Situation simulée

Pour Cdiscount, comme pour la quasi-totalité des entreprises, la problématique du numérique et de son développement se pose. De nombreuses questions sont au centre de cette réflexion :

- Comment protéger son patrimoine immatériel (site Internet, bases de données…) ?
- Comment protéger les données collectées, qu'elles soient relatives aux consommateurs ou aux salariés ?
- Faut-il avoir recours aux services de prestataires informatiques extérieurs ?
- Comment adapter les contrats à la dématérialisation des échanges ?
- Etc.

Vous êtes stagiaire au service juridique de la société Cdiscount. Votre maître de stage vous confie le travail préparatoire de six dossiers liés au numérique.

Compétences

- Identifier pour l'entreprise les modalités juridiques de protection des actifs immatériels **(Objectifs 1 et 2)**
- Caractériser les conséquences juridiques des choix opérés par l'entreprise sur la protection des personnes, des données **(Objectifs 4 et 6)**
- Qualifier et analyser les clauses de contrat relatives à une vente ou à une prestation de service numérique **(Objectifs 3 et 5)**

1 Protéger des actifs immatériels : le nom de domaine

SAVOIRS ASSOCIÉS

- La protection des actifs immatériels : droit d'auteur et droits d'utilisation des services et des applications

Situation simulée

Le site Cdiscount.com regroupe aujourd'hui l'ensemble des produits proposés dans des univers très différents (produits culturels, voyages, produits informatiques, jouets, etc.). Afin de valoriser l'offre Jouets, présentée actuellement sur le site général, et développer les ventes, le comité de direction de Cdiscount a décidé de créer un site Internet dédié. Après mûre réflexion, le nom de domaine du site a été choisi : « jouetsdiscount.com ».

Missions

1. **Identifiez et présentez les modalités de protection du nom de domaine.**
2. **Vérifiez quels sont les risques juridiques si le nom de domaine « jouetsdiscount.com » est déjà utilisé par un concurrent.**

DOCUMENT 1 Note de Maître Jakis, avocat de Cdiscount

Bonjour,

Voici quelques informations concernant la protection juridique du nom de domaine.

Le nom de domaine, qui prend la forme suivante : www.nomdedomainechoisi.fr (.com, .org, .net, etc.), est le moyen de communiquer sur son activité, de rallier sa clientèle et d'élargir une réputation commerciale déjà existante. C'est un moyen technique de localisation et d'accès aux pages Web. Il est différent de la notion de marque car ce n'est pas un titre de propriété industrielle. Il est aussi différent du nom commercial de l'entreprise. Toutefois, au même titre que la marque ou le nom d'une entreprise, le nom de domaine a acquis une valeur commerciale évidente et son utilisation représente, très souvent, un enjeu stratégique majeur. Le nom de domaine peut être réservé auprès d'organismes spécialisés. Mais attention, il profite au premier qui en demande la réservation. C'est donc la règle du « premier arrivé, premier servi » qui s'applique. Si vous êtes victime de l'utilisation de votre nom de domaine, vous pouvez déposer une action en concurrence déloyale. Il est aussi recommandé d'enregistrer votre nom de domaine sous la forme d'une marque. Comme il n'existe pas de catégorie « noms de domaine », il faut effectuer ce dépôt dans la catégorie des produits ou services que vous comptez présenter sur votre site.

Je me tiens à votre disposition pour toute information complémentaire.

Maître Jakis

© Delagrave, 2021.

DOCUMENT 2 Extrait du Code de la propriété intellectuelle

Article L. 711-1 - La marque de fabrique, de commerce ou de service est un signe susceptible de représentation graphique servant à distinguer les produits ou services d'une personne physique ou morale. Peuvent notamment constituer un tel signe :

a) Les dénominations sous toutes les formes telles que : mots, assemblages de mots, noms patronymiques et géographiques, pseudonymes, lettres, chiffres, sigles ;

b) Les signes sonores tels que : sons, phrases musicales ;

c) Les signes figuratifs tels que : dessins, étiquettes, cachets, lisières, reliefs, hologrammes, logos, images de synthèse ; les formes, notamment celles du produit ou de son conditionnement ou celles caractérisant un service ; les dispositions, combinaisons ou nuances de couleurs.

DOCUMENT 3 Cour de cassation, chambre commerciale, 13 décembre 2005

Attendu [...] que la société Le Tourisme moderne, compagnie parisienne du tourisme (Le Tourisme moderne), qui a pour activité l'organisation et la vente de voyages et séjours, est titulaire des marques suivantes régulièrement renouvelées, la marque « Locatour », déposée le 30 septembre 1981 [...] ; qu'elle est en outre titulaire d'un site Internet à l'adresse « locatour.fr » ; que la société Soficar, spécialisée dans l'acquisition, gestion, contrôle, cession de portefeuille de participation, prise de participation dans toutes sociétés, a enregistré, le 10 septembre 1999, le nom de domaine « locatour.com » ; qu'après constat et mise en demeure, la société Le Tourisme moderne a fait assigner la société Soficar en contrefaçon de marque et en concurrence déloyale [...].

Mais sur le premier moyen du pourvoi principal :

Vu les articles L. 713-1, L. 713-2 et L. 713-3 du Code de la propriété intellectuelle ;

Attendu qu'un nom de domaine ne peut contrefaire par reproduction ou par imitation une marque antérieure, [...] que si les produits et services offerts sur ce site sont soit identiques, soit similaires à ceux visés dans l'enregistrement de la marque et de nature à entraîner un risque de confusion dans l'esprit du public ; [...]

Attendu qu'en se déterminant ainsi, sans rechercher si les produits et services que pouvait offrir sur le site Internet la société Soficar étaient identiques ou similaires à ceux visés dans le dépôt de la marque n° 92415962, la cour d'appel n'a pas donné de base légale à sa décision ;

Et sur le second moyen du même pourvoi :

Vu l'article 1382* du Code civil ;

Attendu que pour dire que la société Soficar, en déposant le nom de domaine « locatour.com » a porté atteinte au nom de domaine « locatour.fr » déposé par la société Le Tourisme moderne, l'arrêt retient que le simple enregistrement en « .com » d'un nom de domaine préalablement enregistré en « .fr » constitue une atteinte aux droits du titulaire sur ce nom de domaine ;

Attendu qu'en se déterminant ainsi, sans rechercher si les sociétés en litige exerçaient des activités identiques ou concurrentes et s'il en résultait un risque de confusion, la cour d'appel n'a pas donné de base légale à sa décision ;

PAR CES MOTIFS : CASSE ET ANNULE [...] l'arrêt rendu le 29 octobre 2003, entre les parties, par la cour d'appel de Paris ; [...]

*Nouvelle codification article 1240 du Code civil.

www.courdecassation.fr

RESSOURCE 1 La marque

La marque est un bien précieux, un élément indispensable de votre stratégie industrielle et commerciale. Si vous ne la protégez pas, vous offrez à vos concurrents la possibilité de s'en emparer et de bénéficier de vos efforts à bon compte. Au sens de la propriété industrielle, la marque est un « signe » servant à distinguer précisément vos produits ou services de ceux de vos concurrents. En déposant votre marque à l'INPI, vous obtenez un **monopole d'exploitation** sur le territoire français pour 10 ans, renouvelable indéfiniment. Vous êtes ainsi le seul à pouvoir l'utiliser, ce qui permet de mieux commercialiser et promouvoir vos produits et services. Vous pouvez vous défendre en poursuivant en justice [pour action en contrefaçon] toute personne qui, notamment, imiterait ou utiliserait aussi votre marque.

www.inpi.fr

RESSOURCE 2 L'action en contrefaçon

L'action en contrefaçon est ouverte à celui qui est titulaire d'un droit privatif sur un signe ou une création (marque, brevet, dessin), auquel il a été porté atteinte. Cette action régie par les dispositions du Code de la propriété intellectuelle peut entraîner des sanctions pénales et civiles (dédommagement du préjudice subi).

Lorsqu'il est saisi, le juge vérifie que le droit dont se prévaut le plaignant est valablement protégé, et il statue sur l'atteinte portée à ce droit protégé. La contrefaçon existe du seul fait de l'atteinte au droit privatif, indépendamment de toute faute ou préjudice.

© Delagrave, 2021.

RESSOURCE 3 L'action en concurrence déloyale

L'action en concurrence déloyale, qui repose sur l'article 1240 du Code civil (responsabilité extracontractuelle), peut être engagée par un professionnel victime d'agissements déloyaux d'un concurrent. Elle a pour but de demander aux tribunaux d'accorder à la victime des dommages et intérêts (pour réparer le préjudice et la cessation rapide du trouble causé).

© Delagrave, 2021.

2 Protéger des actifs immatériels : site Internet et base de données

SAVOIRS ASSOCIÉS

- La protection des actifs immatériels : droit d'auteur et droits d'utilisation des services et des applications

Situation simulée

Le comité de direction demande, dans un premier temps, au service informatique de lui proposer une maquette du site Internet dédié aux jouets. Le site sera couplé avec une base de données. Cette dernière devra permettre de faciliter la recherche des jouets (classification par âge, par thème, etc.). La question de la protection juridique des actifs immatériels se pose.

Missions

1. **Présentez au comité de direction les modes de protection du nouveau site Internet de Cdiscount et les modalités de mise en œuvre de la protection.**
2. **Vérifiez les recours dont disposerait Cdiscount si sa base de données était reproduite ou réexploitée illicitement.**

DOCUMENT 1 Note de Maître Jakis, avocat de Cdiscount

Bonjour,

Suite à votre demande, voici quelques éléments concernant la protection de votre site. Il existe deux manières de protéger un site Internet :

- La protection du site Internet dans son ensemble par le droit d'auteur. Pour cela, il faut que le site soit original. L'originalité d'un site Internet, selon la jurisprudence, suppose de démontrer que l'éditeur a réalisé un effort créatif dans la combinaison des éléments qui le composent (rubriques, couleurs, bandeaux, images, texte, etc.) afin de lui conférer « une physionomie propre » et un « parti pris esthétique » portant l'empreinte de la personnalité de l'auteur.
- La protection de chaque élément du site : les créations graphiques et plastiques peuvent faire l'objet d'un dépôt de dessins et modèles ; les textes et autres contenus éditoriaux peuvent, s'ils sont originaux, être protégés par le droit d'auteur, etc.

Je me tiens à votre disposition pour toute information complémentaire.

Maître Jakis

© Delagrave, 2021.

DOCUMENT 2 Le Code de la propriété intellectuelle

Article L. 111-1 - L'auteur d'une œuvre de l'esprit jouit sur cette œuvre, du seul fait de sa création, d'un droit de propriété incorporelle exclusif et opposable à tous. Ce droit comporte des attributs d'ordre intellectuel et moral ainsi que des attributs d'ordre patrimonial [...].

Article L. 111-2 - L'œuvre est réputée créée, indépendamment de toute divulgation publique, du seul fait de la réalisation, même inachevée, de la conception de l'auteur.

Article L. 341-1 - Le producteur d'une base de données, entendu comme la personne qui prend l'initiative et le risque des investissements correspondants, bénéficie d'une protection du contenu de la base lorsque la constitution, la vérification ou la présentation de celui-ci atteste d'un investissement financier, matériel ou humain substantiel. [...]

Article L. 511-1 - Peut être protégée à titre de dessin ou modèle l'apparence d'un produit, ou d'une partie de produit, caractérisée en particulier par ses lignes, ses contours, ses couleurs, sa forme, sa texture ou ses matériaux. Ces caractéristiques peuvent être celles du produit lui-même ou de son ornementation. [...]

RESSOURCE 1 La protection des bases de données

[…] La notion de « base de données » est définie par l'article L. 112-3 du Code de la propriété intellectuelle (CPI) comme « un recueil d'œuvres, de données ou d'autres éléments indépendants, disposés de manière systématique ou méthodique, et individuellement accessibles par des moyens électroniques ou tout autre moyen ». Un site Internet est ainsi composé d'une ou plusieurs bases de données. […]

Il arrive que des bases de données puissent être qualifiées d'originales au sens du **droit d'auteur**. Il s'agit ici d'architectures spécifiques ayant notamment demandé des développements logiciels particuliers. Dans ce cas, toute reproduction illicite de cette architecture pourra donner lieu à une **action en contrefaçon**. Mais, en tant que producteur de bases de données, l'entreprise dispose également d'une protection spécifique, énoncée aux articles L. 341-1 et suivants du CPI le protégeant contre toute extraction ou réutilisation d'une partie substantielle de ses données. Ce **droit *sui generis*** trouve à s'appliquer même lorsque la base de données en cause n'est pas éligible à la protection générale du droit d'auteur et concerne donc l'ensemble des bases de données. Ainsi, dans tous les cas, l'entreprise peut envisager de protéger et de valoriser sa base de données par le droit *sui generis* en revendiquant la qualité de producteur de la base. […]

Sébastien Astier, www.haas-avocats.com, 23 janvier 2013.

RESSOURCE 2 Le droit d'auteur

[Le droit d'auteur est composé de deux types de droits : les droits patrimoniaux et les droits moraux.]

Le droit d'auteur, qui porte sur les **œuvres de l'esprit** (écrits, photos, partitions, logiciels, etc.), confère à l'auteur un droit de propriété exclusif sur sa création […]. Si le droit d'auteur s'applique dès la naissance de l'œuvre, la protection qu'il apporte suppose d'en prouver l'existence.

Droits patrimoniaux

L'auteur dispose du droit exclusif d'exploiter son œuvre sous quelque forme que ce soit et d'en tirer un profit pécuniaire. […] Les droits patrimoniaux s'appliquent tout au long de la vie de l'auteur. À son décès, ils sont transmis à ses ayants droit, qui en bénéficient ensuite pendant 70 ans. […]

Les droits de représentation et de reproduction peuvent être cédés à un tiers, autorisé à vendre ou exploiter commercialement l'œuvre. […]

Droits moraux

Un artiste conserve un droit de propriété immatérielle (droit moral), même s'il peut autoriser un tiers à vendre ou exploiter commercialement son œuvre (droit patrimonial). Le cessionnaire des droits sur une œuvre est ainsi propriétaire du droit patrimonial, mais pas titulaire du droit moral.

Le droit moral comporte 4 types de prérogatives :

- le droit de divulgation permet à l'auteur de décider du moment et des conditions selon lesquelles il communique son œuvre au public ;
- le droit à la paternité permet à l'auteur d'exiger et de revendiquer à tout moment la mention de son nom et de ses qualités sur tout mode de publication de son œuvre. […]
- le droit au respect permet à l'auteur de s'opposer à toute modification susceptible de dénaturer son œuvre. […]
- le droit de repentir ou de retrait permet à l'auteur, même en cas de cession de ses droits d'exploitation, de faire cesser l'exploitation de son œuvre ou des droits cédés, à condition d'indemniser son cocontractant du préjudice causé. […]

Comment protéger le droit d'auteur ?

En cas d'atteintes au droit d'auteur, de reproduction, représentation ou de diffusion sans l'accord de l'auteur, celui-ci peut intenter **une action en contrefaçon** au civil [et/] ou au pénal. […]

www.service-public.fr

Vidéo 2'54
Qu'est-ce que le droit moral ?
www.lienmini.fr/C559-droitmoral

3 Formaliser le contrat de prestation de services numériques

SAVOIRS ASSOCIÉS

- Le contrat de prestation de services numériques

Situation simulée

Le comité de direction souhaite que la création et la gestion du site Internet soient confiées à un partenaire extérieur, la société Webentreprise. Un projet de contrat de prestation, élaboré par le prestataire, a été envoyé. Le responsable du service juridique, M. Jansen, vous demande d'en faire une première analyse en vous appuyant sur la note envoyée par Maître Grison, avocat spécialisé.

Missions

1. **Distinguez les clauses générales et les clauses particulières du projet de contrat.**
2. **Rappelez les moyens juridiques de protection d'un site Internet.**
3. **Vérifiez que le projet de contrat de prestation de services numériques est conforme aux conseils fournis par Maître Grison.**
4. **À partir de votre analyse précédente, expliquez les conséquences de la non-conformité du contrat aux attentes de Maître Grison.**

DOCUMENT 1 Le projet de contrat

Entre les soussignés :

La société Webentreprise, sise 4 rue Charlebois 59000 Lille, immatriculée au registre du commerce et des sociétés sous le numéro d'immatriculation xxx, représentée par Sélim Fondet, directeur général, ci-après désigné comme « le Concepteur », et

La société Cdiscount, sise 120-126 Quai de Bacalan 33000 Bordeaux, immatriculée au RCS Bordeaux n° B 424 059 822, représentée par M. Emmanuel Grenier, en qualité de Président-Directeur Général, ci-après désigné comme « le Client ».

Les parties conviennent ce qui suit :

Article 1 : Objet du contrat

Le Concepteur créera pour le compte de Cdiscount un site Internet conformément aux conditions définies par le présent contrat moyennant rémunération. Le site Internet devra être conçu en conformité avec le cahier des charges annexé au présent contrat.

Article 2 : Missions du concepteur

Le Concepteur aura pour mission de :

- concevoir la structure du site ; concevoir le graphisme des pages Web du site [...]
- prendre en charge la gestion du site [...]
- se charger de la maintenance [...].

Article 3 : Prix

- Le Client s'acquitte du paiement à la création définitive du site Internet, soit au plus tard le 10 janvier 202x
- Le Client s'acquittera, chaque année, d'une licence d'exploitation du site Internet d'un montant de xxxx,xx €
- Le Client s'acquittera, chaque année, d'un forfait d'une somme de xxxx,xx €, contrepartie financière de la gestion du site et sa maintenance.

Article 4 : Modalités de paiement [...]

Article 5 : Durée

La création du site Internet devra être achevée au plus tard dans les 4 mois à compter de la signature du contrat. Le Client constatera l'achèvement du site Internet par écrit. Le Client ne pourra pas opposer de refus quant à la constatation de l'achèvement du site Internet, sauf si le cahier des charges n'est pas respecté. Le site Internet fera l'objet d'une réactualisation [...].

Article 6 : Obligations du Concepteur

Le Concepteur s'engage à créer un site Internet en conformité avec le cahier des charges annexé au présent contrat. Le Concepteur s'assure de l'obtention d'éventuelles autorisations relatives au droit d'auteur, de la mise en ligne du site Internet, de sa gestion et de sa maintenance.

Article 7 : Obligations du Client

Le Client s'engage à payer le prix des prestations définies (création du site, mise en ligne, gestion, maintenance) avec le Concepteur. Le Client s'oblige à transmettre au Concepteur toutes les informations et tous les documents nécessaires quant à la réalisation du site Internet.

Article 8 : Responsabilité

L'obligation contractuelle du Concepteur est une obligation de moyens. Il s'engage à mettre en œuvre tous les moyens nécessaires pour atteindre les objectifs stipulés dans le présent contrat. Le Concepteur ne garantit pas au Client un résultat. Si l'objectif n'est pas atteint, le Concepteur ne saurait voir sa responsabilité engagée sur ce fondement. Pour engager la responsabilité du Concepteur, le Client devra démontrer son manque de diligence dans sa tentative d'exécution de l'obligation. [...]

Article 9 : Propriété intellectuelle
Par le présent contrat, le Concepteur acquiert la propriété de la création réalisée. Cela implique qu'il peut modifier, reproduire à sa guise le site Internet (l'ensemble des pages, des fichiers, programmes et composantes du site Internet).
Article 10 : Garantie de jouissance paisible [...]
Article 11 : Confidentialité
Les parties sont tenues à un devoir de confidentialité concernant les documents, les systèmes, les logiciels et savoir-faire émanant de l'autre cocontractant. La confidentialité prend effet pendant toute la durée du contrat et postérieurement à son expiration.
Article 12 : Résiliation
En cas d'inexécution ou de mauvaise exécution des obligations stipulées dans le présent contrat par l'une des parties, il sera procédé à l'envoi d'une mise en demeure par courrier recommandé avec accusé de réception notifiant le manquement. Si dans un délai de 15 jours à compter de la réception de la mise en demeure aucune solution n'est trouvée par les parties, il sera procédé à la résiliation du présent contrat. Si c'est le Concepteur qui a failli à son engagement, la résiliation aura pour effet la remise au Client de tous les documents relatifs aux travaux réalisés. Le solde des sommes dues sera établi au prorata de la prestation exécutée.
Article 14 : Annexe
Le cahier des charges cité plus haut et placé en annexe fait partie intégrante du présent contrat.
Article 15 : Litige et juridiction compétente
Le droit applicable au présent contrat est le droit français. En cas de différend, les parties conviennent de rechercher une solution amiable. Si la démarche échoue, le litige sera tranché par le tribunal de grande instance de Lille.

DOCUMENT 2 Note de Maître Grison

Bonjour,
La rédaction du contrat de prestation de service numérique s'appuie sur le droit des contrats en général (et des contrats de prestation en particulier). Les mentions habituelles des contrats doivent figurer, à savoir l'identification des parties (le nom, la forme juridique, l'immatriculation, adresse, nom du représentant légal...) ; l'objet du contrat avec une description précise des prestations à réaliser ; le prix, le règlement et ses modalités ; les modalités d'exécution de la prestation, les intervenants ; la durée du contrat ; les obligations des parties (prestataire et client) ; les modalités de rupture du contrat ; les modalités de résiliation ; les sanctions en cas de défaut ; la gestion des litiges... Les clauses spécifiques ont un caractère essentiel surtout s'il est question d'infogérance (création et gestion du site par le partenaire extérieur) :

- La clause de confidentialité est essentielle. En effet, un prestataire informatique a accès à de nombreuses informations confidentielles. Dans le cadre d'une clause de confidentialité, il s'engage à respecter le secret de l'information, à ne pas la diffuser, à la sécuriser.
- Les clauses de propriété et de transfert de propriété : qui est le propriétaire du site ?... Il est important que vous deveniez propriétaire de la création car sinon vous devrez payer une licence d'exploitation pour l'utiliser.
- La clause de résultat ou la clause de moyens : la clause de résultat engage le prestataire à fournir un résultat déterminé, alors que la clause de moyens permet au prestataire de s'engager à mettre tous les moyens en œuvre pour y parvenir sans garantir le résultat. Je vous conseille d'opter pour que le prestataire s'engage sur une clause de résultat. Cela vous permettra d'engager la responsabilité du concepteur si ce dernier ne réalise la prestation conformément au cahier des charges.
- Les clauses d'assistance définissent les conditions d'une assistance téléphonique, les tarifs spécifiques applicables, les délais de dépannage...
- Une clause de veille technologique peut être précisée : le prestataire s'engage à rester au courant de l'évolution des solutions informatiques les plus adaptées aux problématiques de vos clients, et à vous en faire part.

RESSOURCE 1 L'exploitation du site Internet et la gestion des droits

Lors de la conclusion d'un contrat de prestation numérique portant sur un site Internet, une question majeure se pose : qui du client ou du prestataire est le propriétaire du site ?
La question de la propriété intellectuelle du site est essentielle. En effet, un site Internet, sous réserve d'être original, est protégé par les droits d'auteur (droits patrimoniaux et droits moraux). En règle générale, la propriété d'un site Internet appartient à celui qui l'a développé (article L. 111-1 al.3 du Code de la propriété intellectuelle). Le prestataire est donc le propriétaire du site, le client n'ayant qu'un droit d'utilisation. Il dispose d'un monopole d'exploitation, sa création ne pouvant être utilisée par des tiers qu'avec son accord. Toute atteinte aux droits d'auteur peut être qualifiée de contrefaçon. Conformément à l'article L. 131-3 al.1 du Code de la propriété intellectuelle, qui dispose que « *La transmission des droits de l'auteur est subordonnée à la condition que chacun des droits cédés fasse l'objet d'une mention distincte dans l'acte de cession et que le domaine d'exploitation des droits cédés soit délimité quant à son étendue et à sa destination, quant au lieu et quant à la durée* [...] », si le client souhaite devenir « propriétaire » du site Internet, la cession des droits de propriété intellectuelle devra être indiquée dans le contrat.

4 Protéger les données personnelles

SAVOIRS ASSOCIÉS
- La protection de la personne : les données à caractère personnel, l'identité numérique
- Le rôle de la CNIL

Situation simulée

Le comité de direction de Cdiscount a décidé de confier la création du site Internet jouetsdiscount.com à la société Webentreprise, mais souhaite en conserver la gestion. Afin de commander, les clients devront se créer un espace client. Le responsable du service juridique, M. Jansen, vous remet un formulaire trouvé sur Internet qui pourrait servir de base pour réaliser le formulaire « nouveau compte » des clients de jouetsdiscount.com. Ce formulaire permettra de collecter différentes données personnelles : nom, prénom, sexe, date de naissance, coordonnées postale et électronique... Le Règlement général à la protection des données (RGPD), nouvelle réglementation européenne, entrée en vigueur le 25 mai 2018, renforce la protection des données personnelles. Le comité de direction et M. Jansen se posent de nombreuses questions sur la légalité de la collecte et du traitement de données personnelles. Ils vous confient les travaux préparatoires de ce dossier.

Missions

1. **Rédigez une synthèse destinée à M. Jansen sur les règles à respecter en matière de collecte et de protection (sécurité) des données personnelles.**
2. **Vérifiez si le formulaire « nouveau compte client » respecte le nouveau cadre légal.**

DOCUMENT 1 Formulaire « nouveau compte client »

Créer votre compte

Nom* : Prénom* :

Adresse* :

Code postal* : Ville* :

Téléphone* : Courriel* :

Situation familiale : Divorcé(e) Revenu annuel* : €

Nombre d'enfant(s) : Âge enfant 1 :

Âge enfant 2 :

Les informations à caractère obligatoire sont suivies d'un astérisque. Sans ces informations, nous ne pourrons donner suite à votre inscription. La collecte de ces données obligatoires a pour objectif de répondre au mieux et de manière plus personnalisée à vos besoins et attentes.

Identité et coordonnées du responsable du traitement ▼

Politique de transmission des données ▼

ENVOYER

RESSOURCE 1 Obligations en matière de protection des données personnelles

La création et le traitement de données personnelles (numéro d'identifiant, nom, adresse, numéro de téléphone, photo, adresse IP, etc.) sont soumis à des obligations destinées à protéger la vie privée et les libertés individuelles. [...]

Qu'est-ce qu'une donnée personnelle ?

Il s'agit de toutes informations se rapportant à une personne physique identifiée ou identifiable, directement ou non, grâce à un identifiant ou à un ou plusieurs éléments propres à son identité. Il peut s'agir par exemple d'un nom, d'un prénom, d'une adresse électronique, d'une localisation, d'un numéro de carte d'identité, d'une adresse IP, d'une photo, d'un profil social ou culturel. Les règles s'appliquent lorsqu'elles sont utilisées, conservées ou collectées numériquement ou sur papier.

Qui est concerné ?

[...] En pratique, le règlement s'applique donc à chaque fois qu'un résident européen, quelle que soit sa nationalité, est directement visé par un traitement de données, y compris par internet ou par le biais d'objets connectés (appareils domotiques, les objets mesurant l'activité physique, etc.).

Obligations des entreprises, administrations, collectivités, associations

Obligation générale de sécurité et de confidentialité

Le responsable du traitement des données doit mettre en œuvre les mesures de sécurité des locaux et des systèmes d'information pour empêcher que les fichiers soient déformés, endommagés ou que des tiers non autorisés y aient accès. Il doit prendre toutes les mesures nécessaires au respect de la protection des données personnelles dès la conception du produit ou du service. Ainsi, il est tenu de limiter la quantité de données traitées dès le départ (principe dit de « minimisation ») et doit démontrer cette conformité à tout moment.

L'accès aux données est réservé uniquement aux personnes désignées ou à des tiers qui détiennent une autorisation spéciale et ponctuelle (service des impôts, par exemple).

Le responsable des données doit fixer une durée raisonnable de conservation des informations personnelles. [...]

Obligation d'information (article 13 du RGPD)

L'entreprise qui détient des données personnelles doit informer la personne concernée de : l'identité du responsable du fichier ; la finalité du traitement des données ; le caractère obligatoire ou facultatif des réponses ; les droits d'accès, de rectification, d'interrogation et d'opposition ; les transmissions des données.

L'exploitant de données personnelles (un commerçant en ligne, par exemple) doit respecter certaines obligations et notamment : recueillir l'accord des clients ; informer les clients de leur droit d'accès, de modification et de suppression des informations collectées ; veiller à la sécurité des systèmes d'information ; assurer la confidentialité des données ; indiquer une durée de conservation des données.

L'objectif de la collecte d'informations doit être précis et les données en accord avec cette finalité. [...]

En cas de violation du règlement, la CNIL peut prononcer des amendes administratives qui peuvent atteindre, selon la catégorie du manquement, 2 % à 4 % du chiffre d'affaires annuel mondial de l'exercice précédent.

www.service-public.fr

RESSOURCE 2 La CNIL et ses missions

La CNIL est une autorité administrative indépendante, créée par la loi n° 78-17 du 6 janvier 1978 modifiée dite « Informatique et libertés ». Elle est en charge de veiller à la protection des données personnelles. Elle a pour mission de veiller à ce que le développement des nouvelles technologies ne porte atteinte ni à l'identité humaine, ni aux droits de l'homme, ni à la vie privée, ni aux libertés individuelles ou publiques.

Ses missions :

- informer : la CNIL est investie d'une mission générale d'information des personnes et des organisations sur leurs droits et leurs obligations ;
- protéger : la CNIL veille à ce que les citoyens puissent accéder aux données les concernant ;
- contrôler : la CNIL contrôle *a posteriori* les fichiers et vérifie que les responsables de traitement des données personnelles de fichier respectent les règles juridiques applicables ;
- sanctionner : la CNIL peut infliger des sanctions financières aux responsables de traitements qui ne respectent pas la loi.

© Delagrave, 2021.

Vidéo 3'48
La CNIL, histoire et missions
www.lienmini.fr/C559-cnil

5 Établir le contrat de vente électronique

SAVOIRS ASSOCIÉS
- Le contrat de vente électronique
- La preuve électronique

Situation simulée

Le nouveau site Internet dédié à la vente de jouets (jouetsdiscount.com) vient d'être soumis au comité de direction de Cdiscount par le prestataire Webentreprise. Selim Fondet, directeur général de Webentreprise, propose un projet de contrat à destination des clients du site. Le responsable du service juridique, M. Jansen, vous demande d'en faire une première analyse.

Missions

1. **Expliquez dans quelle mesure le projet de contrat proposé par le prestataire Webentreprise présente les caractéristiques d'un contrat électronique.**
2. **Analysez la validité des clauses de ce contrat.**
3. **Expliquez si, dans le cas où un consommateur conteste le contrat conclu, Cdiscount peut utiliser ce dernier comme preuve électronique.**

DOCUMENT 1 Le projet de contrat (extrait des conditions générales de vente)

Conditions générales de vente

Les présentes conditions sont conclues : entre, d'une part, la société Cdiscount, société anonyme au capital social de 6 403 294,38 €, immatriculée au RCS Bordeaux n° B 424 059 822, dont le siège social se situe au 120-126 Quai de Bacalan - 33000 Bordeaux, représentée par M. Emmanuel Grenier, en qualité de Président-Directeur Général et, d'autre part, les personnes souhaitant effectuer un achat *via* le site Internet jouetsdiscount.com, ci-après dénommées « l'utilisateur ».

Article 1 : Champ d'application

Les présentes conditions générales de vente (ci-après « CGV ») s'appliquent à toute commande passée à distance par une personne physique disposant de la capacité juridique et agissant à titre personnel en qualité de consommateur auprès de www.jouetsdiscount.com.

Article 2 : Information sur les prix

Les produits ou services que vous commandez vous seront facturés sur la base du prix en vigueur sur le site au moment de la validation de la commande.

Article 3 : Commandes

3.1 Disponibilité des produits et services

Nos offres de produits et de services sont valables dans la limite des stocks disponibles. La disponibilité des produits et services est indiquée sur chaque fiche produit. [...]

3.2 Modalités de passation des commandes

[...] Lors de la passation de votre commande sur notre site, vous devez confirmer celle-ci par la technique dite du « double-clic » : après avoir sélectionné et ajouté des produits et/ou services à votre panier, vous devez : contrôler votre panier et éventuellement corriger le contenu de celui-ci ; valider votre panier ; accepter les CGV et votre obligation de paiement de la commande. [...]

3.3 Enregistrement des commandes

Une fois votre commande passée conformément à l'article 3.2, jouetsdiscount.com en accusera réception en vous adressant un email de confirmation de commande comprenant : le récapitulatif de votre commande, son numéro, les présentes CGV.

Article 4 : Modalités de paiement [...]

Article 5 : Expédition et livraison

Les conditions, frais et délais de livraison diffèrent en fonction du mode de livraison choisi par le client. Vous serez informé, au moment de la passation de votre commande, du (des) modes de livraison disponibles ainsi que du (des) délais et tarifs applicables. [...]

En cas de retard dans la livraison, vous en serez informé dans les meilleurs délais. Toutefois, la livraison sera reportée et ce, sans que le client puisse annuler sa commande.

Article 6 : Rétractation

Conformément aux articles L. 221-18 et suivants du Code de la consommation, vous disposez d'un délai de douze (12) jours ouvrés courant à compter du lendemain de la réception du dernier produit de votre commande pour exercer votre droit de rétractation sans avoir à justifier de motifs ni à payer de pénalités. [...]

© Delagrave, 2021.

DOCUMENT 2 Extraits du Code de la consommation

Article L. 111-1 - Avant que le consommateur ne soit lié par un contrat de vente de biens ou de fourniture de services, le professionnel communique au consommateur, de manière lisible et compréhensible, les informations suivantes : 1° Les caractéristiques essentielles du bien ou du service [...] ; 2° Le prix du bien ou du service [...] ; 3° En l'absence d'exécution immédiate du contrat, la date ou le délai auquel le professionnel s'engage à livrer le bien ou à exécuter le service ; 4° Les informations relatives à son identité, à ses coordonnées postales, téléphoniques et électroniques et à ses activités, pour autant qu'elles ne ressortent pas du contexte ; [...]

Article L. 216-1 - Le professionnel livre le bien ou fournit le service à la date ou dans le délai indiqué au consommateur [...]. À défaut d'indication ou d'accord quant à la date de livraison ou d'exécution, le professionnel livre le bien ou exécute la prestation sans retard injustifié et au plus tard trente jours après la conclusion du contrat.

Article L. 216-2 - En cas de manquement du professionnel à son obligation de livraison du bien ou de fourniture du service à la date ou à l'expiration du délai prévu au premier alinéa de l'article L. 216-1 ou, à défaut, au plus tard trente jours après la conclusion du contrat, le consommateur peut résoudre le contrat, par lettre recommandée avec demande d'avis de réception ou par un écrit sur un autre support durable, si, après avoir enjoint, selon les mêmes modalités, le professionnel d'effectuer la livraison ou de fournir le service dans un délai supplémentaire raisonnable, ce dernier ne s'est pas exécuté dans ce délai. [...]

Article L. 221-18 - Le consommateur dispose d'un délai de quatorze jours pour exercer son droit de rétractation d'un contrat conclu à distance, à la suite d'un démarchage téléphonique ou hors établissement, sans avoir à motiver sa décision [...]

DOCUMENT 3 Extrait du Code civil

Article 1366 - L'écrit électronique a la même force probante que l'écrit sur support papier, sous réserve que puisse être dûment identifiée la personne dont il émane et qu'il soit établi et conservé dans des conditions de nature à en garantir l'intégrité.

RESSOURCE 1 Les obligations supplémentaires du cybervendeur

Le cybercommerçant doit appliquer deux types de règles juridiques :
Les règles applicables à toute vente : l'obligation générale d'information définit, par les articles L. 111-1 et L. 111-2 du Code de la consommation, les informations sur les prix et les conditions de vente (articles L. 112-1 du même code) ainsi que la date ou le délai à laquelle/auquel il s'engage à livrer le bien ou à exécuter la prestation de service.
Les règles propres à la vente à distance : le cybercommerçant se voit imposer par les articles L. 221-5 et suivant du Code de la consommation l'obligation de fournir des informations supplémentaires (coordonnées de l'entreprise, caractéristiques essentielles des biens ou des services, prix, identité, durée du contrat et droit de rétractation).
L'offre proposée par voie électronique doit, en vertu de l'article L. 1127-1 du Code civil, énoncer :
1° les différentes étapes à suivre pour conclure le contrat par voie électronique ;
2° les moyens techniques permettant au destinataire de l'offre, avant la conclusion du contrat, d'identifier d'éventuelles erreurs commises dans la saisie des données et de les corriger ;
3° les langues proposées pour la conclusion du contrat au nombre desquelles doit figurer la langue française ;
4° le cas échéant, les modalités d'archivage du contrat par l'auteur de l'offre et les conditions d'accès au contrat archivé (tout contrat électronique d'une valeur supérieure à 120 euros doit être conservé par le cybervendeur pendant un délai de 10 ans) ;
5° les moyens de consulter par voie électronique les règles professionnelles et commerciales auxquelles l'auteur de l'offre entend, le cas échéant, se soumettre.

© Delagrave, 2021.

RESSOURCE 2 Quelle valeur probante de l'écrit électronique ?

[...] L'article 1341 du Code civil pose la règle de la preuve écrite des actes juridiques. La production en justice d'un contrat écrit permet de prouver l'existence de ce contrat et son contenu. Le document original a valeur de preuve à lui seul, contrairement à la copie de ce contrat qui n'a, elle, pas valeur de preuve mais seulement valeur de commencement de preuve. [...]
La Cour de cassation, dans un arrêt du 30 septembre 2010, s'est [...] prononcée sur la preuve électronique [...] Pour qu'un email soit valablement considéré comme une preuve [il] doit respecter les règles de preuve des actes juridiques électroniques prévues par l'article 1316-4 sur les conditions d'intégrité du message, d'identification et d'authentification de l'auteur du message. Cela passe nécessairement par le recours à un système de signature électronique et à un tiers certificateur.
Une simple impression papier d'un courriel ne présente pas toujours les conditions d'authenticité nécessaires pour lui conférer un caractère probant. [...]

www.documentissime.fr

6 Encadrer l'usage du numérique dans l'activité de travail

SAVOIRS ASSOCIÉS
- La protection de la personne : l'usage du numérique dans l'activité de travail
- Le rôle de la CNIL

Situation simulée

Le comité de direction de Cdiscount a installé un système de vidéosurveillance dans le nouvel entrepôt construit dans les environs de Saint-Étienne. Cet entrepôt est une zone de stockage de produits à forte valeur ajoutée où seuls les salariés ont accès. Les risques d'intrusion et de vol étant importants, le comité de direction a estimé qu'il était nécessaire de protéger les biens et les personnes. Conformément à la législation, le comité social et économique a été consulté et informé par écrit de l'installation ; le délégué à la protection des données (DPD ou DPO, pour « *Data Protection Officer* ») a participé au projet. En visionnant les vidéos, le responsable de la sécurité constate qu'un salarié nouvellement embauché vole des marchandises. Le salarié conteste la validité juridique de cette installation.

Missions

1. **Expliquez dans quelle mesure le droit permet à l'employeur de réaliser le contrôle de l'activité des salariés conformément à son pouvoir de direction.**
2. **Indiquez quels moyens le droit met en œuvre pour protéger les salariés de Cdiscount dans le cadre du contrôle de leur activité de travail par l'employeur.**
3. **Vérifiez la légalité de l'installation prévue dans le nouvel entrepôt de Cdiscount.**

DOCUMENT 1 Contrôle de l'activité des salariés : que dit la loi ?

Article 9 du Code civil - Chacun a droit au respect de sa vie privée.

Article L. 1121-1 du Code du travail - Nul ne peut apporter aux droits des personnes et aux libertés individuelles et collectives de restrictions qui ne seraient pas justifiées par la nature de la tâche à accomplir ni proportionnées au but recherché.

Article L. 1222-4 du Code du travail - Aucune information concernant personnellement un salarié ne peut être collectée par un dispositif qui n'a pas été porté préalablement à sa connaissance.

Article L. 2312-38 du Code du travail - Le comité social et économique est informé, préalablement à leur utilisation, sur les méthodes ou techniques d'aide au recrutement des candidats à un emploi ainsi que sur toute modification de celles-ci. Il est aussi informé, préalablement à leur introduction dans l'entreprise, sur les traitements automatisés de gestion du personnel et sur toute modification de ceux-ci. Le comité est informé et consulté, préalablement à la décision de mise en œuvre dans l'entreprise, sur les moyens ou les techniques permettant un contrôle de l'activité des salariés.

Article 226-18 du Code pénal - Le fait de collecter des données à caractère personnel par un moyen frauduleux, déloyal ou illicite est puni de cinq ans d'emprisonnement et de 300 000 euros d'amende.

Article 226-20 du Code pénal - Le fait de conserver des données à caractère personnel au-delà de la durée prévue par la loi ou le règlement, par la demande d'autorisation ou d'avis, ou par la déclaration préalable adressée à la Commission nationale de l'informatique et des libertés, est puni de cinq ans d'emprisonnement et de 300 000 euros d'amende, sauf si cette conservation est effectuée à des fins historiques, statistiques ou scientifiques dans les conditions prévues par la loi.

Actualité juridique : Le comité économique et social (CSE) remplace les représentants élus du personnel dans l'entreprise. Il fusionne l'ensemble des instances représentatives du personnel (IRP), délégués du personnel (DP), comité d'entreprise (CE) et comité d'hygiène, de sécurité et des conditions de travail (CHSCT). Le CSE, mis en place par les ordonnances Macron du 22 septembre 2017, devra être mis en place dans toutes les entreprises d'au moins 11 salariés le 1er janvier 2020 au plus tard.

DOCUMENT 2 Extrait de la décision de la Cour de cassation, chambre sociale, 10 janvier 2012

[…] Attendu cependant que si l'employeur a le droit de contrôler et de surveiller l'activité de ses salariés pendant le temps de travail, il ne peut être autorisé à utiliser comme mode de preuve les enregistrements d'un système de vidéosurveillance […] permettant le contrôle de leur activité dont les intéressés n'ont pas été préalablement informés de l'existence. […]

www.courdecassation.fr

RESSOURCE 1 La vidéosurveillance-vidéoprotection au travail

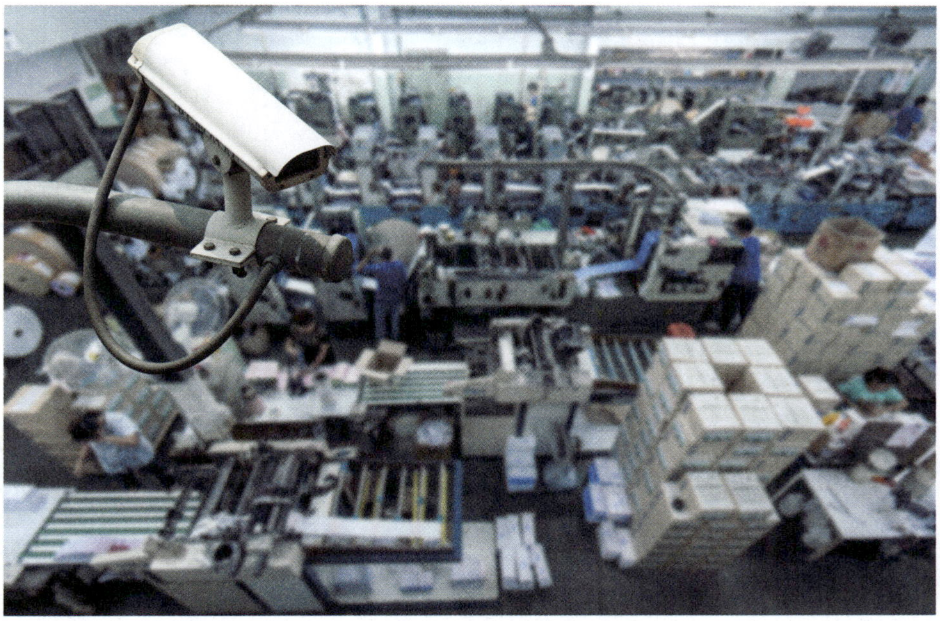

L'équipement des lieux de travail en caméra de surveillance est désormais largement partagé. S'ils sont légitimes pour assurer la sécurité des biens et des personnes, de tels outils ne peuvent pas conduire à placer les employés sous surveillance constante et permanente. Quelles règles les employeurs doivent-ils respecter ? Quels sont les droits des employés ?

Dans quel but ?

Un employeur ne peut pas installer des caméras dans ses locaux sans définir un objectif, qui doit être légal et légitime. Par exemple, des caméras peuvent être installées sur un lieu de travail à des fins de sécurité des biens et des personnes, à titre dissuasif ou pour identifier les auteurs de vols, de dégradations ou d'agressions. […]

Qui peut consulter les images ?

Seules les personnes habilitées par l'employeur, dans le cadre de leurs fonctions, peuvent visionner les images enregistrées (par exemple : le responsable de la sécurité de l'organisme). […] L'accès aux images doit être sécurisé pour éviter que tout le monde ne puisse les visionner.

Pendant combien de temps conserver les images ?

L'employeur doit définir la durée de conservation des images issues des caméras. Cette durée doit être en lien avec l'objectif poursuivi par les caméras. En règle générale, conserver les images quelques jours suffit, sauf circonstances exceptionnelles, à effectuer les vérifications nécessaires en cas d'incident et permet d'enclencher d'éventuelles procédures disciplinaires ou pénales. Si de telles procédures sont engagées, les images sont alors extraites du dispositif (après consignation de cette opération dans un cahier spécifique) et conservées pour la durée de la procédure. La durée maximale de conservation des images ne doit pas être fixée en fonction de la seule capacité technique de stockage de l'enregistreur.

Quelles formalités ?

Les formalités à accomplir peuvent varier en fonction des lieux qui sont filmés. […]

Lieu non ouvert au public

Si les caméras filment un lieu non ouvert au public (lieux de stockage, réserves, zones dédiées au personnel comme le fournil d'une boulangerie), aucune formalité auprès de la CNIL n'est nécessaire. Si l'organisme qui a mis en place des caméras a désigné un Délégué à la protection des données (DPO), ce dernier doit être associé à la mise en œuvre des caméras. […] L'employeur doit inscrire ce dispositif de vidéosurveillance dans le registre des traitements de données qu'il doit tenir.

Lieu ouvert au public

Si les caméras filment un lieu ouvert au public (espaces d'entrée et de sortie du public, zones marchandes, comptoirs, caisses), le dispositif doit être autorisé par le préfet du département […].

Auprès des instances représentatives du personnel

Les instances représentatives du personnel doivent être informées et consultées avant toute décision d'installer des caméras. […]

Quels recours ?

Si un dispositif de vidéosurveillance ne respecte pas ces règles, vous pouvez saisir :
– le service des plaintes de la Commission nationale de l'informatique et des libertés. La CNIL peut contrôler tous les dispositifs installés sur le territoire national, qu'ils filment les lieux fermés ou ouverts au public. […]

www.cnil.fr, *La vidéosurveillance-vidéoprotection au travail*, 2018.

APPLICATION

Situation simulée

La société Beautyfarm est une entreprise française de vente à distance de produits de beauté. Elle a été victime d'une cyberattaque de son système d'information il y a un mois. L'expert informatique a constaté que les données de certains clients avaient été récupérées par les pirates informatiques (nom, prénom, coordonnées, etc.). Marie C. fait partie de ces clients. Elle a constaté sur son compte bancaire des transactions qu'elle n'avait pas effectuées. Elle a reçu également une échéance pour un prêt à la consommation qu'elle n'a pas contracté. Après différentes démarches, elle constate qu'une personne utilise ses données personnelles.

Beautyfarm

1. Relatez l'infraction dont est victime Marie C.
2. Proposez une argumentation juridique que Marie C. pourrait développer à l'encontre de l'usurpateur.
3. Envisagez les sanctions encourues par la société Beautyfarm.

DOCUMENT 1 Extraits du Code pénal

Article 226-4-1 - Le fait d'usurper l'identité d'un tiers ou de faire usage d'une ou plusieurs données de toute nature permettant de l'identifier en vue de troubler sa tranquillité ou celle d'autrui, ou de porter atteinte à son honneur ou à sa considération, est puni d'un an d'emprisonnement et de 15 000 euros d'amende.
Cette infraction est punie des mêmes peines lorsqu'elle est commise sur un réseau de communication au public en ligne.
Article 226-16 - Le fait, y compris par négligence, de procéder ou de faire procéder à des traitements de données à caractère personnel sans qu'aient été respectées les formalités préalables à leur mise en œuvre prévues par la loi est puni de cinq ans d'emprisonnement et de 300 000 euros d'amende. [...]
Article 226-17 - Le fait de procéder ou de faire procéder à un traitement de données à caractère personnel sans mettre en œuvre les mesures prescrites à l'article 34 de la loi n° 78-17 du 6 janvier 1978 précitée est puni de cinq ans d'emprisonnement et de 300 000 euros d'amende.

DOCUMENT 2 Responsabilité civile et dédommagement

En vertu de l'article 1240 du Code civil : « *Tout fait quelconque de l'homme, qui cause à autrui un dommage, oblige celui par la faute duquel il est arrivé à le réparer* ». Cet article permet de mettre en œuvre la responsabilité civile extracontractuelle de l'auteur du dommage afin que la victime du dommage soit dédommagée sous forme de dommages-intérêts.
Pour cela, la victime devra prouver la faute, le dommage et le lien de causalité entre la faute et le dommage.

© Delagrave, 2021.

DOCUMENT 3 Quel recours en cas d'usurpation d'identité ?

[…] L'usurpation d'identité est une infraction pénale. Les victimes qui souhaitent connaître l'identité de « l'usurpateur » et éventuellement le voir sanctionner doivent déposer une plainte pénale soit auprès du commissariat de police ou de la brigade de gendarmerie de leur domicile, soit auprès du procureur de la République. Il est possible de déposer une pré-plainte en ligne. Pour qu'elle soit enregistrée comme une plainte, vous devrez signer cette déclaration auprès d'une unité de gendarmerie ou un service de police de votre choix.

www.economie.gouv.fr

DOCUMENT 4 La responsabilité de l'entreprise et du chef d'entreprise

Au sens de la loi informatique et libertés, le responsable d'un traitement de données à caractère personnel est la personne qui détermine les finalités et les moyens du traitement […].

a) La responsabilité de l'entreprise en cas de faille de sécurité

En cas de défaillance de ses systèmes informatiques, une entreprise peut donc voir sa responsabilité engagée en raison de sa qualité de responsable de traitement ou de sous-traitant pour l'atteinte aux données personnelles.

L'article 34 de la loi informatique et libertés dispose que « *le responsable du traitement est tenu de prendre toutes précautions utiles, au regard de la nature des données et des risques présentés par le traitement, pour préserver la sécurité des données et, notamment, empêcher qu'elles soient déformées, endommagées, ou que des tiers non autorisés y aient accès* ».

En conséquence, pèse sur l'entreprise l'obligation de prendre toutes les mesures nécessaires pour garantir la sécurité des données. Le non-respect de cette obligation est réprimé par l'article 226-17 du Code pénal par cinq ans d'emprisonnement et 300 000 euros d'amende. […]

b) Les cas d'engagement de responsabilité du chef d'entreprise

Qu'en est-il du risque d'engagement de responsabilité pénale du dirigeant ?

Classiquement et en dehors d'une faute détachable ou séparable de ses fonctions, le dirigeant d'entreprise n'a pas vocation à engager personnellement sa responsabilité sur le plan pénal. La loi informatique et libertés constitue toutefois un axe d'extension de ce type de responsabilité dès lors que l'on se situe dans des cas d'atteinte à la personne. En effet, le dirigeant d'une entreprise pourra voir sa responsabilité engagée s'il ne met pas en œuvre dans son entreprise les mesures adéquates pour préserver la sécurité des données informatiques à caractère personnel aux visas des articles 226-16 à 226-24 du Code pénal : « *Le fait, y compris par négligence, de procéder ou de faire procéder à des traitements de données à caractère personnel sans qu'aient été respectées les formalités préalables à leur mise en œuvre prévues par la loi* ».

Stéphane Astier et Paul Benelli, www.haas-avocats.com, 27 mai 2015.

DOCUMENT 5 Les sanctions de la CNIL

Lorsque des manquements au RGPD[1] ou à la loi sont portés à sa connaissance, la formation restreinte de la CNIL peut :

- prononcer un rappel à l'ordre ;
- enjoindre de mettre le traitement en conformité, y compris sous astreinte ;
- limiter temporairement ou définitivement un traitement ;
- suspendre les flux de données ;
- ordonner de satisfaire aux demandes d'exercice des droits des personnes, y compris sous astreinte ;
- prononcer une amende administrative.

www.cnil.fr

1. Règlement général sur la protection des données.

FAIRE LE POINT

SKETCHNOTE
www.lienmini.fr/30920-sk02

Dans quelle mesure le droit répond-il aux questions posées par le développement du numérique ?

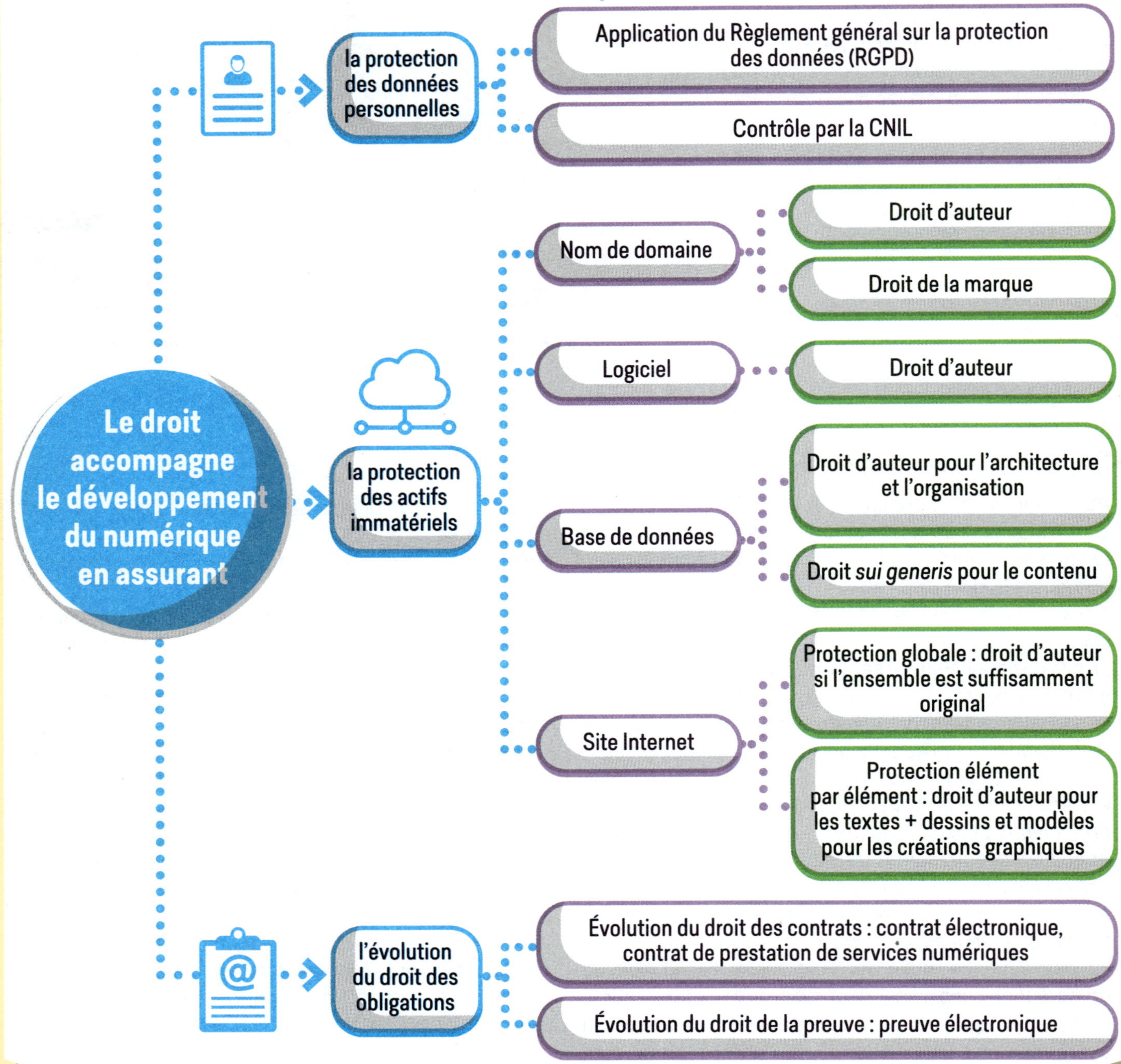

LEXIQUE

- **Données personnelles :** toute information identifiant directement ou indirectement une personne physique (nom, numéro d'immatriculation, numéro de téléphone, photographie, date de naissance, commune de résidence, empreinte digitale…).
- **Droit d'auteur :** ensemble des droits (moraux et patrimoniaux) dont dispose un auteur ou ses ayants droit sur des œuvres de l'esprit originales.
- **Droit *sui generis* :** protection du contenu de la base de données.
- **Droit de la marque :** protection juridique d'un « signe » permettant de distinguer les produits ou prestations de services d'une entreprise de ceux de ses concurrents.
- **Droit des dessins et modèles :** protection juridique de l'apparence des produits.

ÉCONOMIE

CHAPITRE 3

Comment le numérique transforme-t-il l'environnement des entreprises ?

Situation simulée

La révolution numérique s'étend progressivement à tous les domaines de l'activité économique. Le développement des technologies est à l'origine d'innovations majeures auxquelles Cdiscount, en tant qu'e-commerçant et place de marché, doit s'adapter pour conserver sa place d'acteur majeur du commerce en ligne en France : changement des modes de consommation, émergence de nouvelles formes de concurrence, innovations de procédés et de produits, innovations organisationnelles et mercatiques…
Dès lors, il convient de s'interroger sur plusieurs points :
- Comment le numérique affecte-t-il l'environnement de l'entreprise ?
- Quelles sont les modalités de fonctionnement d'une économie numérique ?
- Quels sont les impacts sur les décisions de l'entreprise (et sur l'évolution prévisible des économies) ?

La chambre de commerce et d'industrie (CCI) de Paris organise un module de formation consacré à l'évolution des métiers consécutive à la numérisation croissante de l'économie. Elle se propose de mener une analyse de l'économie numérique et d'illustrer le thème au travers de l'exemple de Cdiscount. Vous êtes stagiaire auprès du responsable des formations de la CCI et vous êtes en charge de la préparation des supports qui seront proposés aux participants.

Compétences

- Identifier les conséquences du numérique sur les modes de production et de consommation de biens et de services de l'entreprise (Objectifs 1, 2, 3, 4, 5, 6)
- Analyser les conséquences du numérique dans les relations d'échange de l'entreprise (Objectifs 1, 2, 3, 5, 6)

1 Identifier les acteurs de l'économie numérique

SAVOIRS ASSOCIÉS
- La place de marché

Situation simulée

Afin de faire apparaître précisément le rôle joué par Cdiscount au sein de l'économie numérique, il convient tout d'abord d'avoir une vue d'ensemble de cette économie.

Missions

1. **Montrez l'importance croissante de l'économie numérique.**
2. **Identifiez les catégories d'acteurs de cette économie qui interviennent dans l'environnement de Cdiscount.**
3. **Expliquez le rôle central des places de marché (*marketplaces*) dans le fonctionnement d'une économie numérique et présentez les enjeux de la place de marché pour Cdiscount.**

DOCUMENT 1 Chiffres clés du commerce en ligne

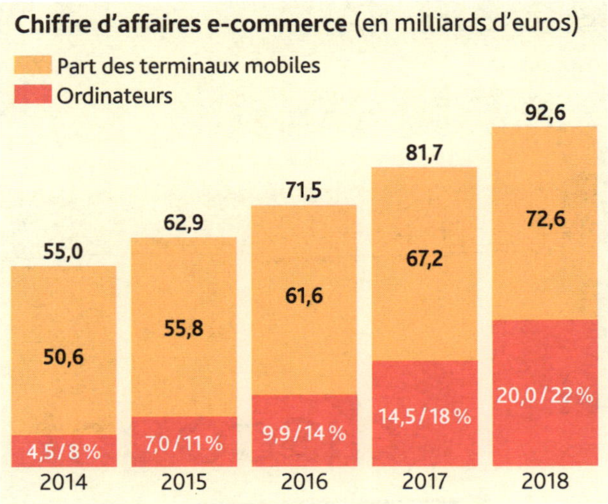

Source : Fevad, indice du commerce électronique (ICE) iCM.

Entreprises e-commerçantes Montant et poids des ventes	Montants des ventes aux particuliers (en Mds €)	Poids du secteur dans les ventes par Internet (en %)
Commerce de détail	17,7	23,1
Commerce de gros	4,4	8,1
Construction	0,1	0,1
Hébergement et restauration	3,7	6,3
Industrie	22,5	20,4
Information et communication	12,4	17,6
Transports	11,3	18,9
Activités spécialisées, scientifiques et techniques	0,9	0,5
Autres services marchands	2,3	5,0
Ensemble	75,3	100,0

*moyenne. – Champ : unités légales d'au moins 10 personnes occupées (hors sociétés agricoles, financières et d'assurance).

Source : Insee, enquête TIC 2016.

DOCUMENT 2 Les places de marché sont devenues incontournables pour les e-commerçants

La place de marché, qui ne générait que 10 % de l'activité des grands sites en 2012, est devenue incontournable pour l'e-commerce. Elle démultiplie le choix et elle est aussi le seul centre de profit des sites. Une *marketplace* présente tous les avantages : pas de stocks à acheter donc pas de capitaux immobilisés et pas de risque de surstocks ; en revanche, une redevance est prélevée sur chaque vente des marchands tiers. Carrefour ne s'y est pas trompé en rachetant Rue du Commerce. Pour peser sur le marché de l'e-commerce non alimentaire, il faut une forte place de marché. Pour Amazon, la place de marché représente environ une vente sur deux. Pour son concurrent français Cdiscount, la place de marché compte désormais plus de 10 000 vendeurs, répartis dans 70 pays du monde, dont 70 % en Europe. En 2017, le nombre de références produits proposées est passé de 21 à 30 millions en une année, pour atteindre 41 millions actuellement (classées dans plus de 40 catégories). Cdiscount dispose également d'une *marketplace* professionnelle (cdiscountpro.com), composée de 2 000 marchands. En 2017, la *marketplace* représentait 32 % du volume d'affaires de Cdiscount, soit plus d'un milliard d'euros de chiffre d'affaires. La *marketplace* était déjà cruciale dans la croissance de Cdiscount, elle va devenir incontournable. En effet, le revendeur estime qu'en 2021 les *marketplaces* représenteront 54 % des parts des ventes sur Internet dans le monde, devenant le modèle principal. D'ici à cette date, le taux de croissance du e-commerce en France est évalué à 11 % ; 33 % dans le cas des *marketplaces*.

© Delagrave, 2021.

DOCUMENT 3 Les acteurs de l'économie numérique

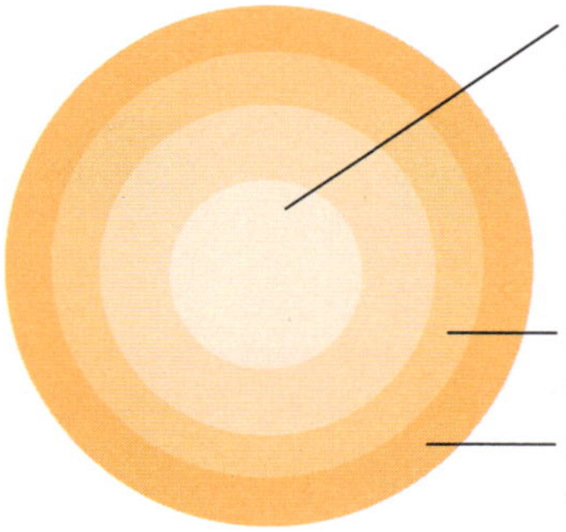

Secteurs producteurs de TIC. Opérateurs de télécoms, équipementiers télécoms, équipementiers informatiques, électroniques grand public, composants/systèmes électroniques, éditeurs de logiciels de jeux, services informatiques.

La nouvelle économie. Commerces et services en ligne, Internet (*B to C*…), médias et contenus en ligne.

Secteurs usagers. Banque, assurance, automobile, aéronautique, distribution, administration…

Les particuliers et les ménages. Loisirs-culture, e-santé, e-éducation, e-commerce, e-banking, réseaux sociaux, lien entre les hommes.

Vidéo 8'37
Parole d'experts : la *marketplace*
www.lienmini.fr/C559-marketplace

Il convient de distinguer quatre catégories d'acteurs :
1. Les entreprises des secteurs producteurs des technologies de l'information et de la communication (TIC) au sens de l'OCDE ou de l'Insee, dont les activités s'exercent dans les domaines de l'informatique, des télécommunications et de l'électronique.
2. Les entreprises dont l'existence est liée à l'émergence des TIC (services en ligne, jeux vidéo, e-commerce, médias et contenus en ligne…).
3. Les entreprises qui utilisent les TIC dans leur activité et gagnent en productivité grâce à elles (banques, assurances, automobile, aéronautique, distribution, administration et tourisme…).
4. Les particuliers et les ménages qui utilisent les TIC dans leurs activités quotidiennes, pour les loisirs, la culture, la santé, l'éducation, la banque, les réseaux sociaux.

Source : www.entreprises.gouv.fr

RESSOURCE 1 L'économie numérique

L'économie numérique ne se limite pas à un secteur d'activité en particulier. Il convient de prendre en compte l'ensemble des secteurs qui s'appuient sur les TIC, producteurs et utilisateurs. Certains secteurs sont apparus avec le développement technologique et ne recouvrent pas simplement des activités qui utilisent les nouvelles technologies dans le seul but d'accroître leur productivité : il en est ainsi du commerce électronique, des services en ligne qui sont des acteurs centraux de l'économie numérique.

www.entreprises.gouv.fr

RESSOURCE 2 La place de marché : définition

Une place de marché électronique est un lieu de transaction virtuel entre acheteurs, vendeurs, distributeurs et fournisseurs professionnels, appartenant souvent à un secteur (automobile, acier, etc.) et/ou à une région déterminée. Son objet consiste, selon les cas, dans l'échange d'information, de pratiques commerciales, de biens ou de services. Parfois, elle offre également des services associés, le plus souvent payants (paiement, facturation, signature électronique…).

www. glossaire-international.com

Qui intervient dans une *marketplace* ?

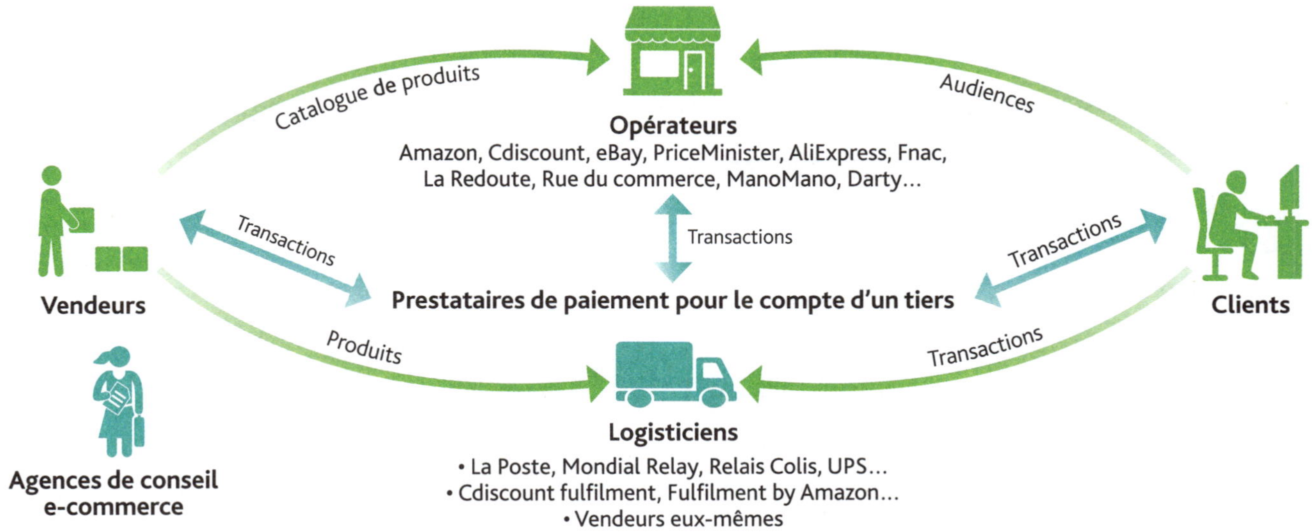

D'après www. journaldunet.com

2 Analyser en quoi le numérique modifie les relations d'échange

SAVOIRS ASSOCIÉS
- Relations d'échange : *B to B, B to C, C to C, B to G*
- Externalités de réseau
- Évolution des modèles économiques : relations marchandes, non marchandes

Situation simulée

L'entreprise Cdiscount, développe des relations d'échange d'un nouveau type avec ses partenaires et contribue ainsi à la « transformation numérique ».

Missions

1. **Schématisez les relations d'échange (marchandes et non marchandes) susceptibles de lier Cdiscount, en tant que *pure player*, aux autres acteurs de l'économie numérique.**
2. **Expliquez en quoi le numérique incite fortement Cdiscount à rechercher des externalités de réseau.**

DOCUMENT 1 Ces décideurs qui digitalisent la distribution pour concurrencer les *pure players*[1]

[…] La riposte des distributeurs physiques sur les *pure players* comme Cdiscount est bel et bien lancée. Quasi inexistantes du top 15 des meilleures audiences françaises de l'e-commerce il y a quelques années, les enseignes de distribution sont désormais à parité dans ce classement trimestriel établi par Médiamétrie. La Fnac est 3e avec 11 millions de visiteurs uniques chaque mois. Carrefour, 5e avec 7 millions, E. Leclerc et Darty, 7e et 8e. Leroy Merlin, Boulanger et Auchan, respectivement, 12e, 13e et 14e. […] Les entreprises se sont dotées de décideurs de choc appuyés par des dirigeants qui y croient. […] Michel-Édouard Leclerc, président des centres E. Leclerc, […] ne s'en cache pas, le digital est l'un des grands axes de développement du groupe. Début février, à la surprise générale, il révélait un chiffre d'affaires en ligne de 2,4 milliards d'euros, se revendiquant dans la foulée cinquième e-marchand de France derrière, entre autres, Amazon, Cdiscount, ou encore voyages-sncf.com. […] S'il a pu se montrer peu enthousiaste par le passé sur ce sujet, le P-DG de Carrefour, Georges Plassat, a pour sa part la ferme volonté de muscler sa stratégie omnicanal. En témoigne notamment l'acquisition du *pure player* Rue du Commerce […]. « La *marketplace* est complémentaire de notre offre, et nous apporte une connaissance élargie des besoins et comportements. Cela nous permet d'aller un peu plus vite, et avec moins de risques. À terme, cela permettra un meilleur amortissement des coûts, et de mettre en œuvre la stratégie du *click & collect* », a indiqué Georges Plassat […]

François Deschamps, www.lsa-conso.fr, 23 mai 2016.

1. Entreprises exerçant uniquement leur activité sur Internet.

DOCUMENT 2 Le fonctionnement d'une économie de plateforme

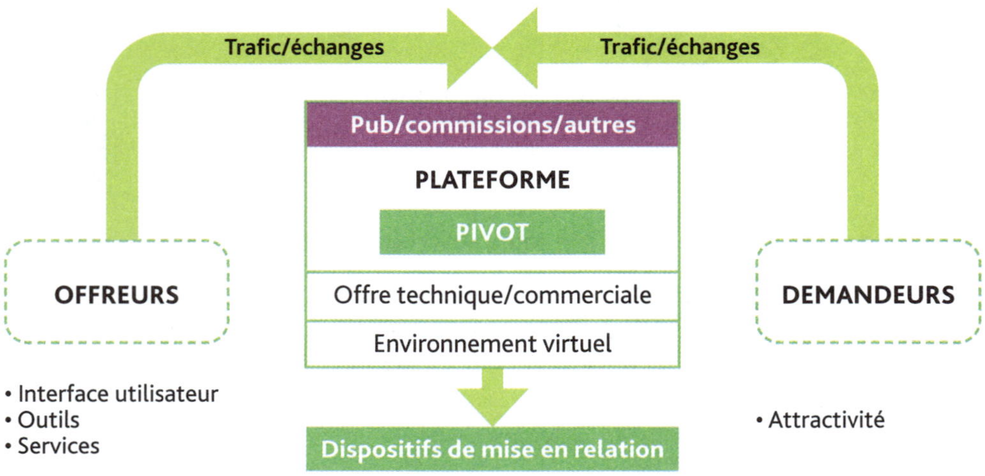

Source : XerfiCanal.

Vidéo 6'21
L'économie des plateformes
www.lienmini.fr/C559-plateformes

RESSOURCE 1 Les relations marchandes et les relations non marchandes

La filière Internet

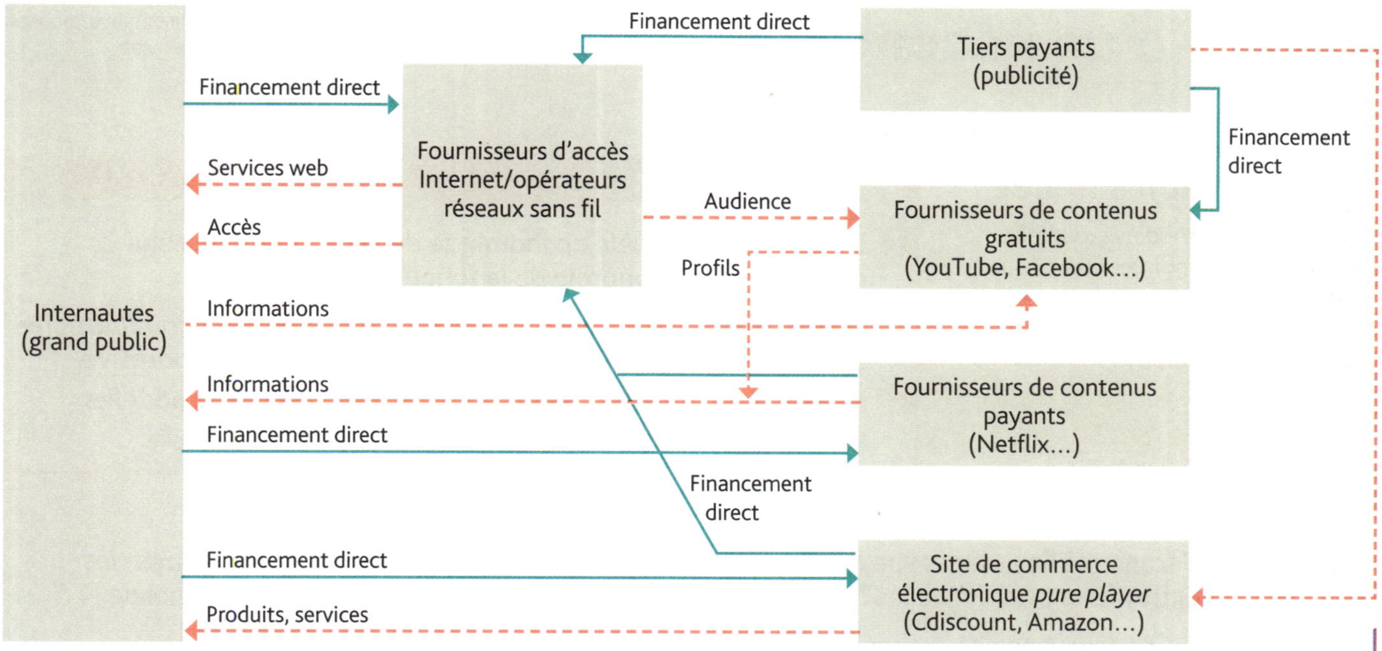

D'après Gensollen M. (1999), « La création de valeur sur Internet », *Réseaux*, n° 97.

RESSOURCE 2 La typologie des relations d'échange : *B to B, B to C, C to C, B to G*

Types de relation commerciale	Acteurs impliqués	Exemples
B to B *Business to Business*	Deux entreprises (deux professionnels)	Échanges interentreprises (Adobe fournissant des logiciels professionnels sur abonnement à des entreprises...)
B to C *Business to Consumer*	Une entreprise et un particulier	Échanges réalisés *via* Internet par les sites de commerce en ligne et les réseaux sociaux (Cdiscount...)
C to C *Consumer to Consumer*	Deux particuliers	Relations commerciales entre consommateurs, *via* Internet, par le biais de sites d'enchères et de sites de petites annonces (Leboncoin...)
*B to G** *Business to Government*	Une entreprise et une administration publique	Vente, *via* Internet, de biens ou de prestations de services produits par les entreprises à destination des administrations (webmaster refaisant le site Internet d'une administration)

**À distinguer du* G to B, *qui décrit quant à lui l'ensemble des procédures administratives, des activités non commerciales ou des actions de communication réalisées par un gouvernement ou l'un de ses services, à destination des entreprises.*

© Delagrave, 2021.

RESSOURCE 3 Les externalités de réseau

L'effet de réseau constitue l'exemple type d'externalité positive réciproque : la valeur accordée par un consommateur à un service de réseau augmente lorsque le nombre de consommateurs de ce service s'accroît.
Exemple : plus il y a de personnes sur Facebook, plus il est intéressant de s'y inscrire soi-même (car la probabilité de retrouver ses proches augmente), donc plus de personnes vont s'y inscrire, renforçant encore l'intérêt du réseau.

© Delagrave, 2021.

Vidéo 3'08
Comprendre les effets de réseau
www.lienmini.fr/C559-reseau

3 Appréhender l'évolution des modèles d'affaires au sein d'une économie numérique

SAVOIRS ASSOCIÉS

- Évolution des modèles économiques : économie collaborative, propriété et usages

Situation simulée

L'évolution des modèles d'affaires induite par l'économie numérique conduit notamment Cdiscount à être acteur du développement de l'économie collaborative.

Missions

1. **Distinguez le modèle économique de la propriété de celui de l'usage (ou économie de la fonctionnalité).**

En lançant une offre de location longue durée, Cdiscount affiche sa volonté de devenir un acteur de l'économie collaborative.

2. **Montrez en quoi Cdiscount concilie alors les deux modèles économiques : celui de la propriété et celui de l'usage.**

DOCUMENT 1 L'économie de l'usage : une opportunité aussi pour les entreprises traditionnelles ?

[…] L'économie de fonctionnalité est un modèle de transaction où la vente de l'usage du bien se substitue à la vente du produit physique.[…] Dans ce nouveau modèle économique il n'y a pas de transfert de propriété entre le fabricant et le client : les produits restent la propriété des fournisseurs. […] Cette stratégie permet avant tout l'instauration d'une relation de confiance entre l'offre et la demande, qui assure ainsi une contractualisation pérenne en adéquation avec le besoin d'usage client […] et offre aux entreprises un avantage concurrentiel non négligeable.
[…] L'économie de fonctionnalité est une nouvelle stratégie pour l'entreprise traditionnelle. Elle lui offre des gains de segments de marché et une fidélisation client plus pérenne, mais également une nouvelle source de revenus […]. Aujourd'hui ce sont des solutions et non des produits qui sont recherchés, et c'est en ce sens que l'économie de fonctionnalité est une alternative d'avenir. […] Elle est même peut-être une alternative obligatoire pour les futurs modèles économiques d'organisation, et un levier de développement fort en accord avec les enjeux actuels de concurrence mondialisée et de développement durable.

Xavier Pavie, www.latribune.fr, 16 juin 2016.

DOCUMENT 2 Cdiscount s'adapte aux nouveaux usages de consommation et lance une offre de location longue durée

[…] Les consommateurs sont de plus en plus attachés à l'usage d'un produit plutôt qu'à sa propriété. L'e-commerçant Cdiscount (groupe Casino) l'a bien compris et annonce une offre de location longue durée sur un catalogue de 1 000 produits. La nouvelle formule concerne essentiellement des produits high-tech et des appareils électroménagers comme les smartphones, ordinateurs, téléviseurs, machines à laver, etc.
[…] En souscrivant à cette offre, l'internaute s'engage pour une durée de quatre ans (ou deux ans pour les smartphones). Pour une machine à laver séchante, il devra par exemple débourser un peu moins de 60 euros au premier loyer, puis un peu moins de 16 euros pour les 47 suivants. Ce qui représente un total de 800 euros environ, contre 469 euros pour un achat classique. Une belle opération donc pour l'e-commerçant.

Juliette Reynal, www.usine-digitale.fr, 16 avril 2018.

DOCUMENT 3 Les chiffres clés de l'économie collaborative

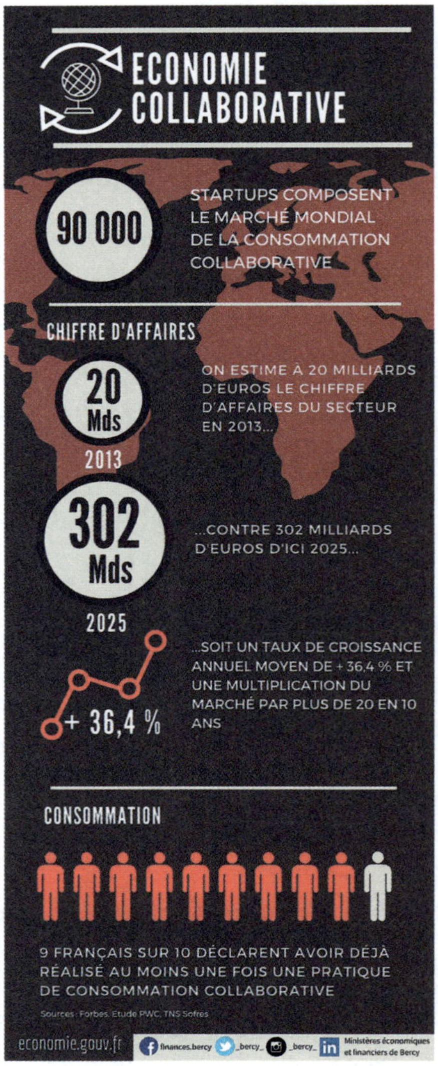

Source : enquête OuiShare et la Fondation Internet nouvelle génération (Fing) Sharevolution, menée en 2014.

DOCUMENT 4 L'économie collaborative selon Cdiscount

www.cdiscount.com

RESSOURCE 1 L'économie de l'usage

Développée après le Grenelle de l'Environnement (2008), l'économie de fonctionnalité (ou économie de l'usage) consiste à remplacer la vente d'un bien par la vente d'un service ou d'une solution intégrée remplissant les mêmes fonctions que le bien (mobilité au lieu d'une voiture, service de nettoyage au lieu d'un lave-linge) voire des fonctions élargies, tout en consommant moins de ressources énergétiques. Par cette application, l'économie fonctionnelle mise sur le fait que l'intérêt du consommateur repose davantage sur la fonctionnalité d'un produit, c'est-à-dire l'utilisation qu'il va en faire, que sur le produit lui-même. C'est aussi l'opportunité de réaliser un découplage progressif entre consommation énergétique, matières premières et valeur ajoutée ! [...] Au final, l'économie de l'usage pourrait bien être la solution réconciliant réussite économique (par le biais de la compétitivité et de la rentabilité) et responsabilité écologique véhiculée par le concept de développement durable.

www.novethic.fr

RESSOURCE 2 L'économie collaborative

L'économie collaborative est une économie de pair à pair. Elle repose sur le partage ou l'échange entre particuliers de biens (voiture, logement, parking, perceuse, etc.), de services (covoiturage, bricolage, etc.), ou de connaissances (cours d'informatique, communautés d'apprentissage, etc.), avec échange monétaire (vente, location, prestation de service) ou sans échange monétaire (dons, troc, volontariat), par l'intermédiaire d'une plateforme numérique de mise en relation. L'économie collaborative se développe dans tous les secteurs d'activité. Les technologies numériques ont eu un impact déterminant dans l'essor de cette économie. La crise économique et financière de 2007-2008 a aussi contribué à son développement, les particuliers étant à la recherche d'économies et de revenus complémentaires. [...] L'économie collaborative se développe selon deux stratégies face à l'offre conventionnelle : en dupliquant les modèles de consommation classiques, en créant un service nouveau ou complémentaire de l'offre classique. [...] Elle vient ainsi bousculer les modèles existants tant pour les consommateurs que pour les entreprises.

[...] Son développement [...], mais aussi plus largement celui du numérique, contribue à l'émergence de nouvelles formes d'emploi [...] hybrides, à la frontière du salariat [...] : portage salarial, franchise, contrat de travail temporaire, etc. En France, le statut d'auto-entrepreneur est largement utilisé. [...] Les travailleurs d'une plateforme sont bien juridiquement indépendants, ils échappent à un lien de subordination tel que le définit un contrat de travail, mais ils sont dépendants économiquement de la plateforme.

www.vie-publique.fr, 16 août 2018.

4 Comprendre comment le numérique fait évoluer les relations de concurrence et induit de nouveaux besoins de régulation

SAVOIRS ASSOCIÉS

- Effets de la dématérialisation, de l'automatisation et de la désintermédiation/réintermédiation sur l'économie

Situation simulée

La « transformation numérique » de l'économie à laquelle participe Cdiscount, en faisant apparaître de nouvelles formes de concurrence, induit la nécessité de modalités de régulation renouvelées.

Missions

1. **Montrez en quoi les phénomènes de désintermédiation et de réintermédiation modifient le jeu de la concurrence sur les marchés au sein desquels Cdiscount est offreur.**
2. **Expliquez en quoi le développement de l'économie numérique nécessite de nouvelles modalités de régulation.**

DOCUMENT 1 De nouvelles formes de concurrence

La manière dont la France saura prendre le virage de l'économie numérique sera décisive pour sa croissance. [...] L'économie numérique actuelle se caractérise par de puissants « effets de réseaux » [...] Conséquence directe de ces effets de réseau, les opérateurs cherchent à atteindre une taille importante, donnant ainsi naissance aux géants de l'Internet : hier les « GAFA » (Google, Apple, Facebook, Amazon), aujourd'hui les « NATU » (Netflix, Airbnb, Tesla et Uber) sont les figures emblématiques de la disruption numérique. Toutefois, la grande taille de ces entreprises, source de leur efficacité, fait naître des positions dominantes difficiles à contester pour de nouveaux entrants. [...] Par ailleurs, l'émergence de nouveaux acteurs proposant des modèles d'affaire innovants dans les secteurs de l'économie traditionnelle se généralise, au point que l'« ubérisation » d'un secteur est devenu un vocable compris par tous, désignant la disparition de certaines formes traditionnelles d'emploi au profit d'activités indépendantes, plus ou moins précaires, et parfois entre les mains d'« amateurs ». Cette transition numérique est source d'inquiétudes de la part de professions qui perçoivent la concurrence des acteurs du numérique comme déloyale dès lors qu'ils échappent à l'impôt et aux contraintes réglementaires coûteuses pesant sur les secteurs traditionnels.

Que faut-il faire face à cette situation ?

[...] Plutôt que de chercher à définir un « secteur numérique », quel qu'en soit le contour, auquel s'appliquerait une régulation spécifique, la transition numérique doit être l'occasion de mettre en question la pertinence des anciennes réglementations. En effet, parce qu'ils sont innovants, les modèles d'affaire de l'économie numérique rentrent difficilement dans les cases prévues par le droit, et une réglementation trop résistante au changement peut freiner l'innovation. À titre d'exemple, la règle qui exige qu'une auto-école dispose d'un local pour y dispenser des cours de code est en inadéquation avec les nouvelles formes d'apprentissage permises par le *e-learning*. [...] Un autre défi majeur posé par l'économie numérique est celui du partage des données. [...] Un détenteur d'iPhone ne peut acheter des contenus et des applications que *via* iTunes et l'App Store et, à l'heure actuelle, ne peut transférer l'ensemble de ses contenus et applications s'il décide de changer de marque de téléphone mobile. Afin de réduire les coûts de commutation pour les consommateurs, la portabilité des données personnelles est prévue dans le projet de loi « Pour une République numérique ». Il serait toutefois envisageable [...] d'étendre cette portabilité aux acteurs du numérique qui se trouvent en dehors des circuits de la réglementation professionnelle. Ainsi, un chauffeur Uber, noté par ses clients, pourrait obtenir une information certifiée sur ses capacités professionnelles. Ce *scoring* permettrait à des personnes aujourd'hui souvent exclues du marché du travail, du crédit et du logement de faire reconnaître leurs compétences et leurs qualités. La traçabilité des transactions dans l'économie numérique rend possible la mise en place d'une telle solution.

Enfin, si le gigantisme des entreprises du numérique est sans rapport avec celui des entreprises traditionnelles, même mondiales, les outils du droit de la concurrence sont suffisamment puissants pour en assurer la surveillance, à condition toutefois que soient adaptés les tests mis en œuvre dans les industries traditionnelles.

À titre d'illustration, pour s'assurer qu'une entreprise dominante n'est pas coupable de prix prédateurs, on compare habituellement les prix qu'elle pratique aux coûts, et on vérifie que l'entreprise couvre bien au moins ses coûts variables. Dans le cas d'une plateforme numérique, l'affaire est plus ardue. En effet, la plateforme peut donner gratuitement accès à ses services sur un côté du marché, et faire payer l'autre côté. C'est par exemple le cas des plateformes hôtelières comme Booking, gratuites pour les utilisateurs, mais qui prélèvent des commissions sur les établissements référencés. Il est ainsi normal que prix et coûts soient déconnectés sur une face donnée du marché, la plateforme équilibrant ses prix en tenant compte des « effets externes » que l'un des côtés du marché exerce sur l'autre. De nouveaux tests de prédation adaptés à ces marchés bifaces devraient tenir compte de cette complexité. [...]

Anne Perrot et Jean Beuve, www.latribune.fr, 22 octobre 2015.

Vidéo 7'40
La concurrence au défi du numérique
www.lienmini.fr/C559-concurrence

RESSOURCE 1 Régulation et concurrence dans l'économie numérique

[...] Du fait des rendements croissants, l'économie numérique est naturellement encline à la concentration des marchés (monopoles dits « naturels »). Les mesures de régulation existantes (relatives à la propriété du capital, aux prix, aux obligations comportementales) sont en partie inadaptées aux entreprises dominantes de l'économie numérique qui tirent leur efficacité de la mise en œuvre des effets de réseau grâce à l'élévation de barrières à l'entrée sur leurs marchés, en particulier :

– l'intégration verticale (« systèmes en silo ») ou horizontale (*bundle*) dans des écosystèmes fermés conçus pour maximiser la rétention des utilisateurs. Un exemple emblématique de cette stratégie est Apple : initialement positionnée sur le marché des ordinateurs, des baladeurs numériques et des smartphones, Apple s'est progressivement intégrée en créant une plateforme de contenus (iTunes) et un magasin d'applications (App Store), qui constituent les seules sources d'approvisionnement pour les utilisateurs de ses produits ;
– le développement de modèles d'affaires à plusieurs faces (« plateformes »), qui génèrent des effets de réseau indirects difficiles à reconstituer pour les nouveaux entrants [...].

Si les outils traditionnels du droit de la concurrence sont adaptés pour lutter efficacement contre les abus de position dominante, le diagnostic de ces abus est rendu plus complexe par la présence des externalités de réseau. [...]

Pour prévenir les problèmes de concurrence liés à l'économie numérique, il est essentiel de surveiller les coûts de commutation, l'utilisation stratégique de la gratuité et des contrats d'exclusivité et la portabilité des données. [...]

Nicolas Colin, Augustin Landier, Pierre Mohnen et Anne Perrot, *Notes du Conseil d'analyse économique*, 2015/7, n° 26.

5 Mettre en évidence les impacts du numérique sur les décisions de l'entreprise

SAVOIRS ASSOCIÉS
- Évolution des modèles économiques : économie collaborative, propriété et usages
- Effets de la dématérialisation, de l'automatisation et de la désintermédiation/réintermédiation sur l'économie

Situation simulée

Au regard des contraintes et opportunités résultant de l'économie numérique, Cdiscount adapte ses décisions. Le numérique bouleverse les modèles économiques traditionnels par l'introduction de nouveaux acteurs et une modification de la chaîne de valeur à travers le phénomène de désintermédiation/réintermédiation des échanges.

Missions

1. **Dans un tableau, recensez les principales contraintes et opportunités, pour Cdiscount, du développement du numérique.**
2. **Expliquez en quoi la désintermédiation peut conduire les entreprises à recourir au yield management et au freemium.**
3. **Justifiez comment le développement du numérique peut inciter Cdiscount, acteur de la réintermédiation, à reconfigurer sa chaîne de valeur.**

DOCUMENT 1 Impacts théoriques de l'économie numérique sur la croissance

En termes de contribution directe, l'économie numérique a un effet macroéconomique lié à l'augmentation de l'investissement productif des entreprises, investissement dans les biens corporels/équipements et matériels numériques ou incorporels : logiciels utilisés dans le processus de production. Il y a donc un effet volume sur la croissance car une augmentation du capital productif entraîne un accroissement de la formation brute de capital fixe agrégée (FBCF) et par conséquent du PIB, c'est un effet volume direct.
Un autre effet est lié à l'augmentation de la productivité des salariés. Une bonne formation des salariés à l'utilisation du numérique en entreprise augmente leur productivité, notamment grâce à la possible automatisation des tâches, qui conduit à un gain de temps, à une amélioration de processus, à une augmentation des échanges et à une optimisation de l'organisation. Cette réorganisation entraîne l'amélioration de la productivité du travail, un déterminant majeur de la croissance économique.
Concernant la contribution indirecte, [...] les forts gains de productivité (effet volume direct) des secteurs producteurs ont conduit à une baisse de prix de production et de ventes de biens et services numériques, ce qui a un effet sur la dynamique des prix et donc sur l'inflation. Plus les prix sont faibles et plus les secteurs utilisateurs vont être incités à investir dans des produits numériques dans le but d'accroître leur productivité. [...] L'innovation numérique a des externalités de « réseau », plus les innovations numériques sont largement diffusées et adoptées, plus les bénéfices seront importants (effet d'apprentissage, économies d'échelle). Ainsi, leur diffusion permet à l'ensemble d'autres secteurs économiques de gagner en innovation et en productivité également.

BSI economics, « Économie numérique : définition et impact ».

DOCUMENT 2 La remise en question du modèle achat-vente traditionnel

Question à Franck Rosenthal, expert en marketing du commerce.
Le numérique, par son potentiel de désintermédiation, remet-il en question le modèle achat-revente du commerce traditionnel ?
« *Totalement, parce que tout le monde peut acheter et vendre. C'est une des plus grandes révolutions du commerce. eBay, Leboncoin, Amazon et toutes les places de marché permettent à chacun d'être commerçant. Le phénomène est bien installé et peut s'amplifier, avec la simplification des moyens de paiement. Et encore, je ne parle que de la relation consommateur à consommateur, très importante du fait que la distribution n'est plus un passage obligé. [...]*
Sur le marché des taxis avec Uber ou de l'hôtellerie avec Airbnb, le digital change tout. [...] »

Le bulletin de l'Ilec, n° 460, octobre 2016.

DOCUMENT 3 Cdiscount développe son programme « Cdiscount à volonté »

Cdiscount, leader français du e-commerce, s'associe à Le Kiosk pour offrir l'accès illimité à 200 des plus grands titres de presse français aux abonnés et futurs abonnés de son programme Cdiscount à Volonté. Un avantage de plus qui s'ajoute à la livraison gratuite et illimitée [...].

Les abonnés ont également accès aux ventes privilèges et à des remises qui leurs sont exclusivement réservées. Sous la forme de codes promo à renseigner au moment du paiement ou directement négociés avec les marques parmi les plus premium, ces avantages garantissent l'accès à une sélection d'articles à prix compétitif chaque semaine.

Le programme Cdiscount à Volonté a enregistré une progression de 50 % en 2017. Il fédère des clients très fidèles puisqu'en moyenne un client abonné commande trois fois plus.

Communiqué de presse, Groupe Casino, 13 mars 2018.

RESSOURCE 1 La chaîne de valeur du e-commerce

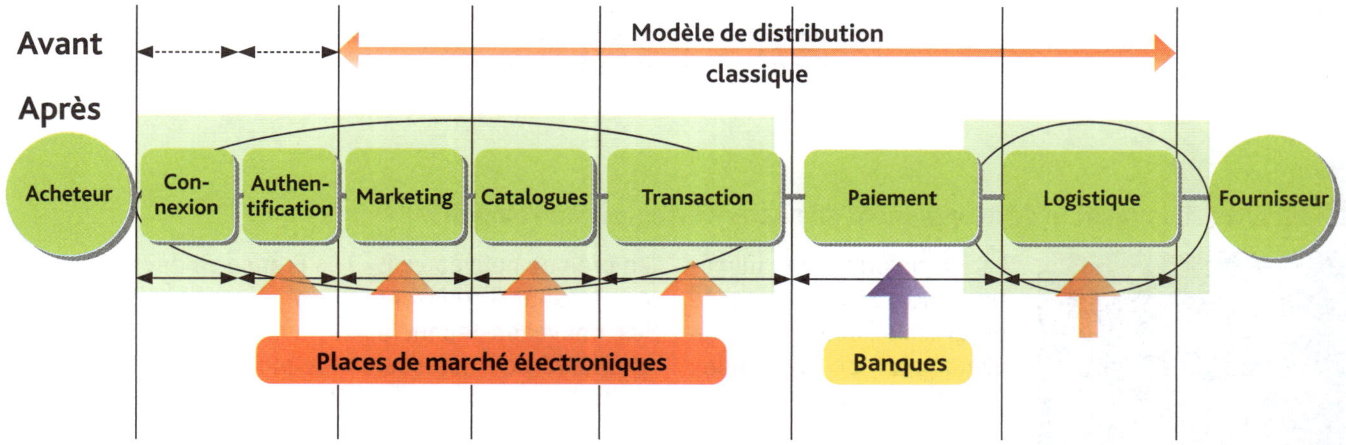

Source : Université de Paris-Val de Marne.

RESSOURCE 2 Le yield management

Le yield management est une technique marketing et commerciale basée sur une tarification et une offre flexibles qui est utilisée dans les services caractérisés par une forte présence de coûts fixes et par une certaine inertie des capacités proposées (transport en commun, hôtellerie, ferries, cargos...). [...]

Le yield management consiste à maximiser le chiffre d'affaires ou, encore mieux, la marge générée, en jouant principalement sur les combinaisons de variables prix et de taux d'occupation (chambres, sièges d'avion ou de train, places de spectacle, etc.) à l'aide d'une politique de tarification différenciée et dynamique [...].

Dans ce cadre du yield management, les prix les plus bas sont souvent proposés pour des réservations effectuées très en avance ou au contraire à la dernière minute mais cette pratique peut varier selon les secteurs d'activité.

Bertrand Bathelot, www.definitions-marketing.com, 20 novembre 2020.

Vidéo 4'07
Le freemium ou l'économie du gratuit
www.lienmini.fr/C559-freemium

6 Appréhender les conséquences du numérique sur l'emploi et sur le marché du travail

SAVOIRS ASSOCIÉS

- Évolution des modèles économiques : économie collaborative, propriété et usages
- Effets de la dématérialisation, de l'automatisation et de la désintermédiation/réintermédiation sur l'économie

Situation simulée

La transformation numérique de l'économie affecte de manière différenciée les entreprises et l'emploi, suivant le secteur d'activité notamment. Ces impacts variables ont alors une incidence sur le marché du travail.

Missions

Le développement du numérique induit la nécessité d'une adaptation des entreprises et exerce un impact sur leurs décisions dans de nombreux domaines.

1 **Identifiez les conséquences de la transformation numérique sur les évolutions respectives de l'offre et de la demande, sur le marché du travail.**

Vous devez animer, prochainement, un débat organisé à la CCI (Chambre de commerce et d'industrie) : « Le numérique : évolution favorable ou préjudiciable à l'emploi ? »

2 **Recensez les conséquences, tant positives que négatives, du développement de l'économie numérique sur l'emploi.**

DOCUMENT 1 Comment le développement du numérique agit-il sur l'emploi ?

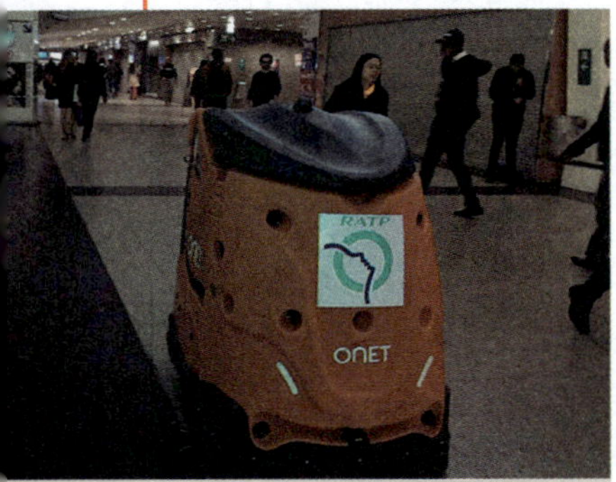

Expérimentationd'un robot nettoyeur dans une station de métro.

La transformation numérique de l'économie et les progrès de l'automatisation alimentent de profondes évolutions du contenu et de la structure de l'emploi. [...] Ce qui rend une tâche automatisable à l'heure du numérique, c'est avant tout son caractère répétitif, qu'elle soit manuelle ou intellectuelle. Très peu de professions seront automatisées dans leur intégralité dans le court ou moyen terme [...] (moins de 5 % des métiers existants) [...] Par contre, l'automatisation détruira de nombreux « gestes métier » : c'est 45 % de ces gestes qui existent aujourd'hui qui seront détruits par l'automatisation. [...] Néanmoins, [...] deux catégories d'activités ne seront pas automatisables : celles liées à la créativité, et celles liées à l'émotionnel. [...] Le numérique détruit des emplois et en crée de nouveaux. [...] La France va devoir faire face à une pénurie croissante de compétences expertes dans les nouvelles technologies, évaluée à 80 000 emplois d'ici 2020 pour les seules technologies de l'information et de l'électronique. [...] Plus largement, de nombreux métiers vont être impactés par la transformation numérique de l'économie. Trois groupes de compétences devraient être bien plus mobilisées dans une économie numérisée : des compétences expertes dans les nouvelles technologies[...], des compétences techniques nouvelles en lien avec la recomposition à attendre [...], et, pour tous les actifs, une augmentation du besoin de compétences dites « transversales », qui recouvrent des compétences numériques générales, des compétences cognitives et des compétences sociales et situationnelles. Toujours selon le COE, la montée en compétences est donc un objectif prioritaire car au-delà des salariés évoluant dans la filière numérique de plus en plus de métiers connaissent une hybridation de leur contenu.

C2RP, « Transformation numérique », novembre 2017.

DOCUMENT 2 Chez Cdiscount, des robots pour prêter main-forte aux salariés

Dans les entrepôts du leader français du commerce en ligne, l'arrivée de robots depuis l'hiver 2017 soulage les salariés mais suscite l'interrogation des syndicats. [...] « *Une première mondiale* », revendique l'e-commerçant, qui dispose de plus de 110 0000 m² sur son site historique [près de Bordeaux]. Du côté des salariés, les avis semblent unanimes. « *Ce ne sont pas des ennemis mais plutôt de nouveaux collègues* », soutient, affairée derrière son carton, Carole, une ouvrière du « picking », le secteur de préparation des colis. Debout près d'un tapis roulant, Adriana, 29 ans et salariée depuis six ans dans l'entrepôt, confie attendre de pied ferme son « mono », un bras mécanisé qui doit bientôt être installé dans l'entrepôt pour lui éviter de faire certains gestes. « *Je me baisse un nombre incalculable de fois chaque jour pour préparer mes commandes*, explique-t-elle. *J'ai mal aux épaules, au dos. Le mono va me soulager* », espère-t-elle. [...] En décembre 2017, un tract cinglant du syndicat Force Ouvrière (FO) a toutefois circulé, craignant la destruction d'emplois par les robots. Les autres syndicats, notamment la CFDT et la CGT, n'ont pas suivi. « *Pour nous, les robots, c'est un sujet délicat car ambivalent. Ils réduisent la pénibilité mais nous savons aussi très bien qu'ils représentent, à terme, la destruction de certains de nos emplois* », reconnaît Arthur. La masse salariale de Cdiscount n'a néanmoins pas baissé depuis l'arrivée de Kobo, Junu ou Mywo. « *Vu la hausse de notre activité et le turnover chez les salariés, on recherche du monde en permanence* », précise Arthur. De son côté, la direction met en avant la hausse de productivité induite par l'arrivée des robots et estime que la surface de stockage et la productivité peuvent être multipliées à terme par cinq. « *On mise sur un cercle vertueux de croissance* », lance Pierre-Yves Escarpit, le directeur général adjoint de Cdiscount.

Bérangère Lepetit, www.leparisien.fr, 21 août 2018.

Vidéo 1'33
La robotique chez Cdiscount
www.lienmini.fr/C559-robots

DOCUMENT 3 Révolution numérique : moins de 10 % des emplois sont menacés en France

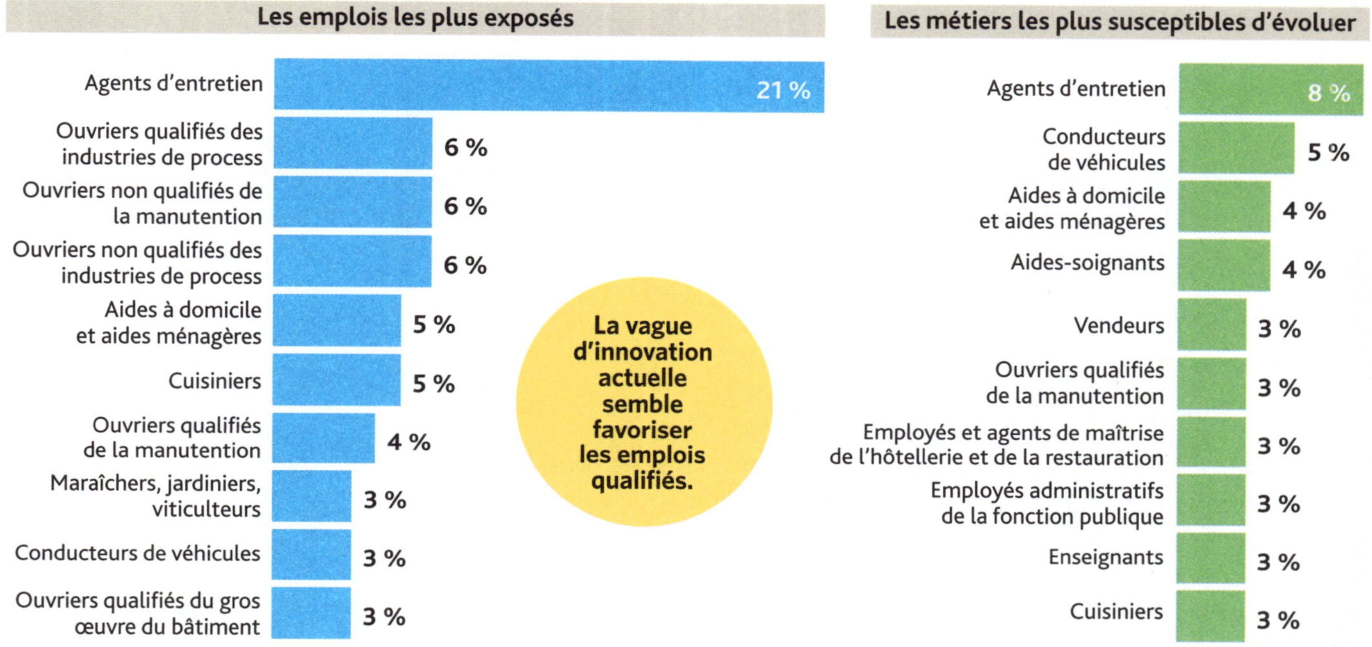

Source : COE.

RESSOURCE 1 L'économie numérique transforme le marché du travail

Le développement de l'économie numérique provoque la disparition tendancielle d'un certain nombre de professions. Ce phénomène prend plusieurs formes :
- l'automatisation de certaines tâches (notamment les plus « routinières ») : elle concerne les professions d'ouvriers ou d'employés de bureau [...] (ex. : automatisation croissante des agences bancaires ou de l'accueil dans les stations de métro) ;
- l'apprentissage : avec le développement de l'intelligence artificielle, en particulier des algorithmes d'apprentissage, d'automatisation [...] ;
- le report sur l'utilisateur final : les technologies numériques permettent d'équiper les utilisateurs des outils nécessaires pour exécuter eux-mêmes certaines tâches [...] (par ex. : achat en ligne [...]) ;
- la concurrence des amateurs : les technologies numériques permettent d'équiper des individus pour qu'ils puissent offrir un produit souvent moins cher et d'une qualité supérieure par rapport aux professionnels (par exemple, Airbnb permet à une multitude d'amateurs de concurrencer directement les hôteliers professionnels). [...]

Il en résulte une polarisation du marché du travail. Tandis que les professions intermédiaires, situées au milieu de la distribution des salaires, tendent à se raréfier, l'économie numérique crée principalement deux catégories d'emplois : d'une part, des emplois bien rémunérés, à dimension managériale ou créative, requérant une qualification élevée ; d'autre part, des emplois peu qualifiés et non routiniers, largement concentrés dans les services à la personne, qui sont peu rémunérés car leur productivité reste faible.

Nicolas Colin, Augustin Landier, Pierre Mohnen et Anne Perrot, *Notes du Conseil d'analyse économique*, 2015/7, n° 26.

APPLICATION

Avertissement : Le cas Cdiscount a permis d'étudier le fonctionnement d'une place de marché dans le secteur des services. L'application Latécoère permet, quant à elle, de s'intéresser à l'impact du numérique sur l'environnement d'une entreprise industrielle.

Le traitement de cette application est donc nécessaire pour mobiliser compétences et savoirs de la problématique précitée. Il répond en outre à un objectif méthodologique : mener l'analyse, au sein d'un paragraphe structuré, de l'environnement d'une entreprise industrielle (Latécoère) au regard des principes de l'industrie 4.0.

Situation simulée

Lors d'un stage à la CCI de Toulouse, vous êtes chargé d'aider à la préparation d'une table ronde sur l'industrie 4.0. Vous préparez une présentation consacrée au groupe Latécoère qui vit une importante transformation de son outil de production.

LATÉCOÈRE

Construisez un paragraphe argumenté et structuré dans lequel vous montrerez en quoi la transformation de son environnement par le numérique engage l'entreprise Latécoère à prendre de nouvelles décisions.

Vous veillerez, pour ce faire, à respecter les missions suivantes :

1 présenter le groupe Latécoère ;

2 identifier des principes de l'Industrie 4.0 ;

3 mettre en correspondance des principes précédemment identifiés avec les décisions de l'entreprise Latécoère :
- en termes de combinaison productive,
- du point de vue de la localisation des activités,
- sur le plan des ressources humaines (statuts, qualifications, compétences, salaires),
- quant aux évolutions organisationnelles,
- en matière de communication (interne et externe).

DOCUMENT 1 Le groupe Latécoère

Acteur majeur de l'industrie aéronautique, le groupe Latécoère est présent dans les domaines des aérostructures et des systèmes d'interconnexion à travers le développement, la fabrication et des activités de support produits (réparation, rechanges…). Il a aussi une forte présence dans les services d'ingénierie, les outillages et la métrologie*. Le groupe Latécoère (652,5 millions d'euros de chiffre d'affaires en 2017) emploie globalement 4 451 salariés dans le monde, répartis entre 6 sites en France et 10 à l'international.

Partenaire des principaux avionneurs : ses principaux clients sont Airbus, Boeing, Bombardier, Dassault et Embraer.

Forte croissance de son activité : le groupe a accompagné la croissance exceptionnelle que connaît le secteur aéronautique depuis de nombreuses années grâce à la fois à la forte hausse des cadences mais aussi à sa capacité à offrir des solutions et des produits innovants.

Présent sur tous les grands programmes : il participe à tous les grands programmes aéronautiques lancés au cours des trente dernières années et plus récemment au programme B787 de Boeing, à l'A320 NEO, l'A350 et l'A400M d'Airbus, au programme E-Jet E2 d'Embraer ou au Falcon 8X de Dassault.

* La métrologie est la science des mesures.

www.aerocontact.com

DOCUMENT 2 Latécoère inaugure sa nouvelle usine 4.0 à Toulouse

[...] Avec sa nouvelle usine, implantée en périphérie de Toulouse, Latécoère tourne une page de son histoire. Le projet, annoncé dès 2016 dans le cadre de son plan stratégique « Transformation 2020 », s'inscrit en effet dans une vaste opération de réorganisation industrielle complète, avec la cession de son site historique de la rue de Périole, en plein cœur de Toulouse et la construction d'un nouveau site industriel, en sortie de la ville, sur un terrain de 4 hectares acquis sur le parc d'activités de Montredon.

Après un chantier conduit en moins d'un an, l'équipementier aéronautique inaugure donc sa nouvelle usine de production de pièces élémentaires métalliques de portes et tronçons d'avions. 37 millions d'euros ont finalement été investis dans cette opération, dont [...] 20 millions d'euros en acquisition d'un nouveau parc machines entièrement automatisé [...]. Les 6 000 m^2 de bâtiment du nouveau site (5 000 m^2 d'ateliers et 1 000 m^2 de bureaux) ont accueilli les premières machines dès les premières semaines de 2018, et la première pièce élémentaire est sortie des nouveaux ateliers en février.[...] C'est en effet l'occasion pour l'équipementier de moderniser son outil de production, en conjuguant automatisation et robotisation. Au titre des innovations : la création d'un *« jumeau numérique »* de l'usine. Développé en amont du chantier pour accompagner la conception du site, cet outil va maintenant permettre tout au long de la vie de l'usine de simuler les flux de production et l'ensemble des modifications de process. *« Nous pouvons ainsi tester en simulation des scénarios d'optimisation de l'atelier, améliorer la traçabilité des pièces ou la planification de la maintenance »*, souligne Richard Montanel. L'ambition est de gagner en productivité sur des fabrications en séries de pièces élémentaires métalliques, qui seront ensuite assemblées sur les différents sites de production du groupe. Ainsi, dans le cadre du nouveau marché décroché auprès de Stelia Aerospace pour la fabrication d'une porte de secours sur les avions Global 7000TM de Bombardier, les pièces élémentaires seront fabriquées à Toulouse et expédiées pour l'assemblage sur le site mexicain, à Hermosillo. [...]

Dans la foulée de cette première phase d'investissement, une extension de l'usine de Montredon est déjà programmée, pour environ 3 000 m^2 supplémentaires. Le chantier devrait être réalisé dès 2019, pour une mise en service en 2020. Cette seconde tranche d'investissements, évaluée à 10 millions d'euros, va permettre à Latécoère de se doter de nouvelles activités de traitement de surface et de peinture. L'usine compte déjà près de 70 salariés. Ils seront bientôt rejoints par les équipes de chaudronnerie et tôlerie (une quarantaine d'emplois), dont le transfert vers la nouvelle usine est prévu pour 2019. Dans la foulée, la mise en route des nouvelles activités de traitement de surface et de peinture devrait générer la création d'une quarantaine d'emplois supplémentaires. À terme, 150 salariés devraient donc travailler sur ce nouveau site [...].

Marina Angel, www.usinenouvelle.com, 22 mai 2018.

DOCUMENT 3 Qu'est-ce que l'industrie 4.0 ?

L'usine connectée opère la quatrième révolution industrielle après celle de la mécanisation (machine à vapeur, 1784), celle de la production de masse (convoyeur, 1870) et celle de l'automatisation (automate programmable, 1969). Grâce à l'arrivée de la numérisation, l'industrie devient un système global interconnecté dans lequel les machines, les systèmes (ERP) et les produits communiquent en permanence.

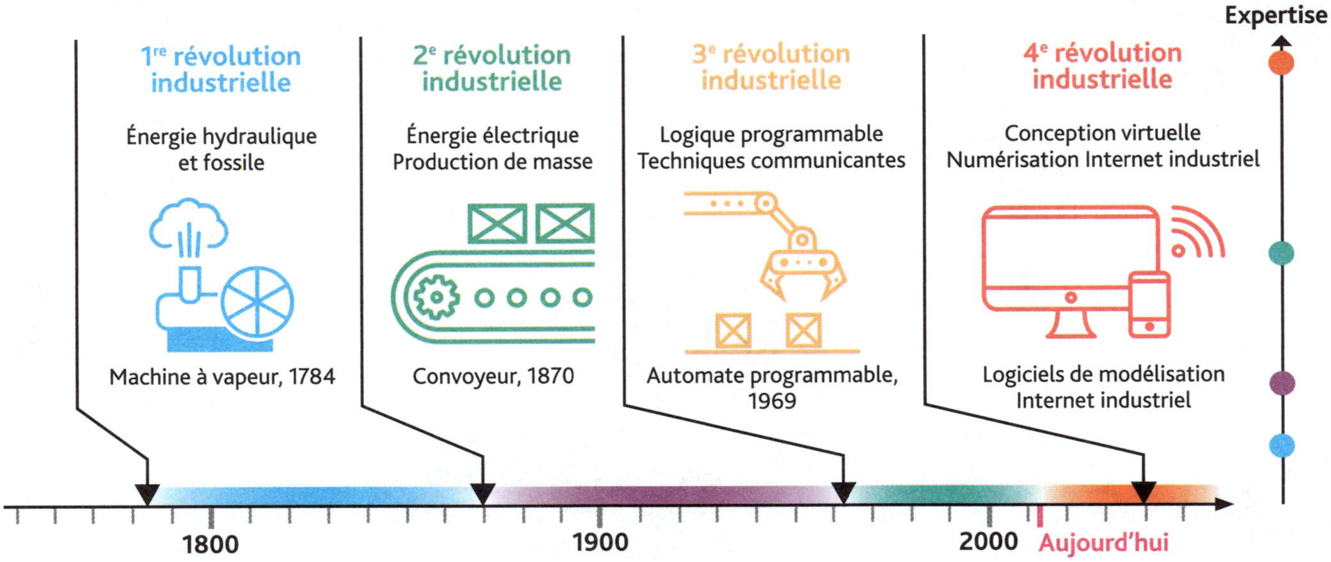

Appelé « Industrie du futur » en France, ce concept a pour but de conserver et de développer une activité industrielle forte, innovante et créatrice d'emploi. Les usines deviennent plus compétitives car plus performantes et sûres en produisant à la fois des produits personnalisés mais aussi des services associés.

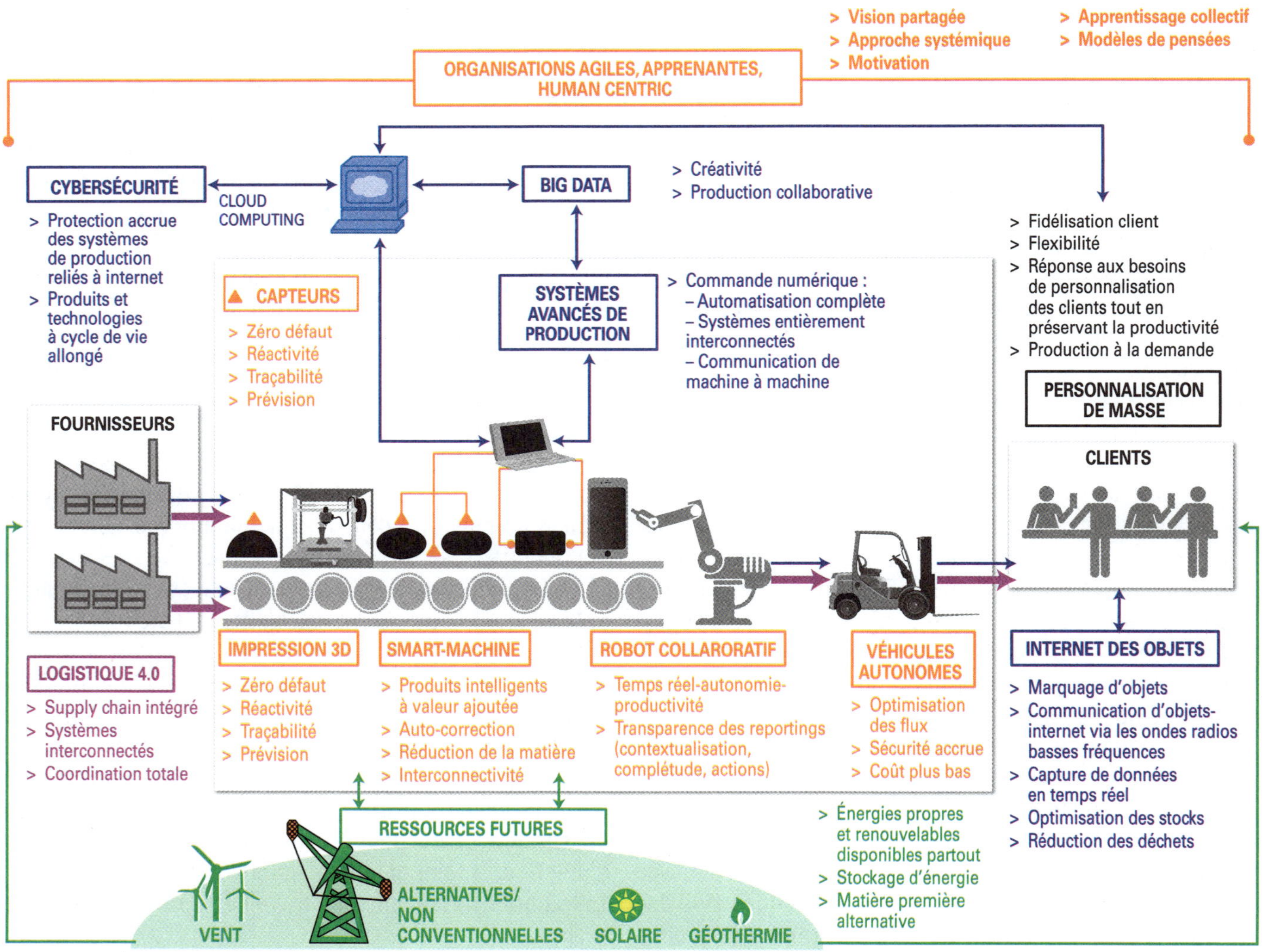

www.ifm40.fr

DOCUMENT 4 Quel est l'impact du numérique sur l'emploi et sur le travail ?

Quel impact sur les salariés ?

En Allemagne, alors que les séminaires et les sessions de formation animées par le DGB (confédération des syndicats allemands) et l'IG Metall (syndicat professionnel allemand, représentatif des ouvriers de l'industrie métallurgique) se multiplient pour réfléchir à ces nouvelles formes de la flexibilité et anticiper leurs conséquences, le discours syndical est tout sauf alarmiste. Bien sûr, le DGB souligne que « *lorsque les objets contiendront eux-mêmes à l'avenir l'information sur la manière dont ils doivent être produits, cela ne sera pas sans conséquences pour la force de travail humaine.* »

Pour Constanze Kurz, membre du directoire d'IG Metall en charge du sujet Industrie 4.0, « les hommes ne doivent pas devenir les rayons d'une usine cyber-physique, ce sont les humains qui doivent piloter le système, non le contraire. »

Mais le VDI (Association de l'industrie allemande) tout comme l'IG Metall sont d'accord sur un point : l'industrie 4.0 ne verra pas l'homme disparaître de l'usine.

Pour Constanze Kurz (IG Metall), il est encore difficile de savoir quel sera l'effet de cette révolution sur le volume d'emploi, mais une chose est sûre : « *il restera des hommes dans les halles de production, quel que soit leur degré d'automatisation et même si elles sont gérées de manière décentralisée.* » L'être humain dispose en effet d'une capacité que la machine n'a pas : la créativité. Elle est essentielle pour trouver des solutions notamment aux problèmes de qualité, de disponibilité et de sécurité de l'information. [...]

Le discours est même plutôt positif, puisque l'industrie 4.0 offrirait aux collaborateurs des opportunités nouvelles caractérisées par « *plus de responsabilité individuelle, des possibilités multiples d'épanouissement et de créativité au travail, une augmentation de la qualité de travail, de coopération et de participation.* »

Quelles compétences attendues et pour quoi faire ?

Le travailleur 4.0 devra résoudre des problèmes de disponibilité, de sécurité et de qualité de l'information dans une usine 4.0 dont les installations virtuelles et réelles seront d'une grande complication. Cette capacité de résolution de problèmes demandera d'abord une montée en gamme des qualifications, plus de connaissances et de qualifications dans des domaines comme l'ingénierie des systèmes et l'infrastructure IT[1], les logiciels et la sécurité des données et des flux.

Mais au-delà du « *plus de connaissance* », l'enjeu principal de la formation dans le cadre de l'industrie 4.0 réside dans de développement de profils interdisciplinaires voire hybrides. [...]

Dans l'usine connectée les compétences s'étendront aussi à d'autres fonctions aux interstices entre la production et les services clients ou la logistique et le marketing, voire le contrôle de gestion. L'usine connectée impliquera des hiérarchies plus plates et une montée en puissance du travail collaboratif où la qualité relationnelle entre les collaborateurs 4.0 deviendra cruciale. Les « *compétences sociales* » seront essentielles, voire une forme de leadership pour la gestion de projets. [...]

L'autre enjeu majeur de l'industrie 4.0 sera ainsi le développement de compétences interactionnelles favorisant autant la qualité des interactions humaines que la capacité à décider vite et bien en prenant en compte une représentation globale du système sur lequel le collaborateur 4.0 intervient. Le collaborateur 4.0 est un acteur qui a su avant tout développer des qualités interactionnelles avec les autres collaborateurs, mais aussi avec le système virtuel qui l'environne. Dès lors, l'évolution de la formation professionnelle tant initiale que continue peut se lire à l'aune de ces deux enjeux : interdisciplinarité et compétences interactionnelles.

Jean-Daniel Weisz, www.la-fabrique.fr, 15 octobre 2014.

1. IT : ensemble des technologies, des éléments matériels (serveurs) et immatériels (applications) qui permettent la communication entre l'entreprise et toutes les catégories d'utilisateurs finals.

Nouvelle usine 4.0 de Latécoère à Montredon.

FAIRE LE POINT

SKETCHNOTE
www.lienmini.fr/30920-sk03

Comment le numérique transforme-t-il l'environnement des entreprises ?

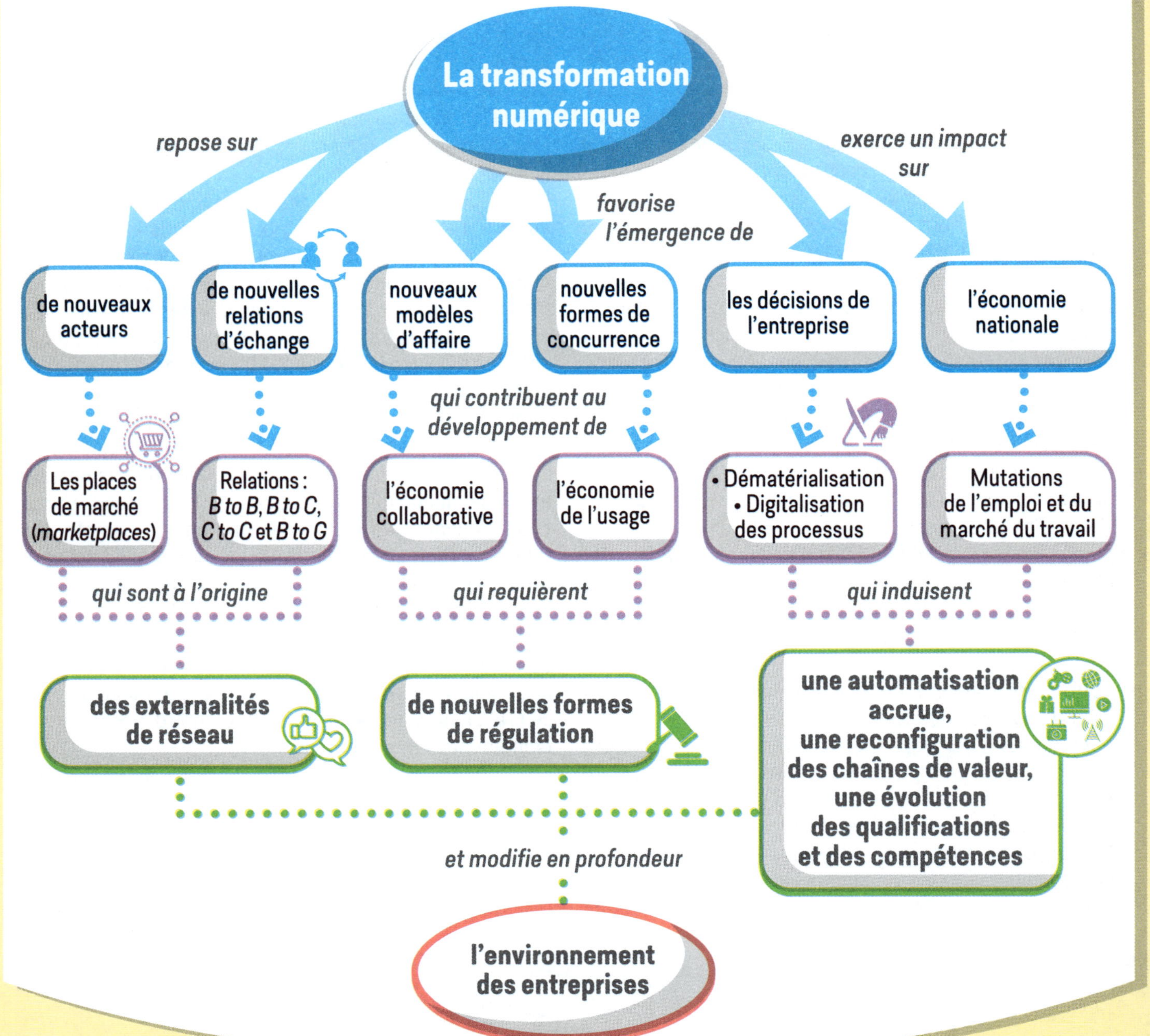

LEXIQUE

- **Désintermédiation :** phénomène de mise en relation directe des acteurs économiques susceptibles de réaliser des transactions les uns avec les autres.
- **Économie collaborative :** système de mutualisation et d'échange de services, de ressources, de biens, de temps, de savoirs et de compétences entre différents acteurs.
- **Externalités de réseau :** phénomène d'augmentation de l'attractivité d'une place de marché observée lorsque le degré de connexion des agents « adopteurs » augmente (externalités de revenu, externalités pécuniaires, externalités technologiques).
- **Place de marché :** lieu virtuel d'échanges entre offreurs et demandeurs de biens et/ou de services, qui repose le plus souvent sur la sécurisation des transactions et des paiements.
- **Relations d'échange :** transactions de toutes natures réalisées par Internet entre les différentes catégories d'acteurs de l'économie numérique et qui, selon les co-échangistes, correspondent à des relations *B to B, B to C, C to C, B to G*.

SYNTHÈSE DU THÈME 4

L'IMPACT DU NUMÉRIQUE SUR LA VIE DE L'ENTREPRISE

La révolution numérique est à l'origine d'une **digitalisation** qui s'intensifie dans tous les domaines de l'activité économique. Celle-ci induit des **changements majeurs** qui ont de nombreuses répercussions sur le fonctionnement de l'entreprise.

Du point de vue de l'entreprise, le numérique

- révolutionne l'architecture du **système d'information** (SI) ;
- modifie fondamentalement les **processus décisionnels** et le **management** ;
- conduit au développement du **travail collaboratif** ;
- permet et exige une **agilité organisationnelle** ;
- induit des **risques** nouveaux…
- … est également source de nouvelles **opportunités**.

- exige la protection juridique de nouveaux **actifs immatériels** :
  - le nom de domaine,
  - le site Internet,
  - les bases de données ;
- nécessite la **formalisation de contrats** relatifs à :
  - la vente électronique,
  - la prestation de service numérique ;
- renouvelle le **droit de la preuve** ;
- oblige à assurer la **protection des données personnelles** (RGPD) :
  - de ses partenaires externes,
  - de ses salariés.

- a fait émerger et permis le développement de **nouveaux acteurs** : les différentes catégories d'intervenants sur les **places de marché** ;
- modifie les relations d'échanges : *B to B*, *B to C*, *C to C* et *B to G* ;
- renouvelle les **modèles d'affaires** :
  - économie de l'usage,
  - économie collaborative ;
- fait évoluer les **relations de concurrence** et les modalités de leur **régulation** ;
- bouleverse la **production**, la **commercialisation**, la **GRH**… ;
- agit sur l'**emploi**, le **marché du travail**, le recrutement.

VERS L'EXAMEN

L'École du ski français

Créée en 1943, l'École du ski français (ESF) prend son essor avec la création, en 1945, du Syndicat national des moniteurs du ski français (SNMSF), dont la fonction est de veiller aux intérêts et à l'évolution de la profession. Ses missions sont les suivantes :
– promouvoir et développer la pratique du ski ;
– développer l'entraide et la solidarité ;
– organiser la profession ;
– conseiller, former et recycler les moniteurs des ESF ;
– les représenter et les défendre auprès des différents organismes sociaux et juridiques et auprès des pouvoirs publics français et européens.

Le tourisme est une des filières qui a été fortement touchée par les apports du numérique. Aujourd'hui, près de huit touristes sur dix préparent leurs vacances sur Internet, et un sur trois y achète son séjour. Face à cette évolution, les professionnels du tourisme ont dû s'adapter et présenter leur offre sur Internet, soit à travers leur site Internet, soit en se référençant par le biais d'un intermédiaire.

Le secteur des sports d'hiver a su prendre ce virage avec succès. Ainsi, afin de faciliter l'organisation d'un séjour à la montagne, le SNMSF et l'ESF proposent deux plateformes :
– une plateforme www.esf.net permettant de réserver cours de ski ou de surf dans les écoles ESF de France, qui met en relation les clients et les moniteurs de ski (travailleurs indépendants) ;
– et une nouvelle plateforme, www.mon-sejour-en-montagne.com, qui permet de réserver l'intégralité des services sur un même site.

Mission 1 Analyser les enjeux du lancement de la plateforme www.mon-sejour-en-montagne.com

Au quatrième trimestre 2018, l'ESF lance sa plateforme www.mon-sejour-en-montagne.com. Ce site permet, comme son nom l'indique, aux internautes passionnés de montagne de réserver simplement sur une même plateforme leur hébergement, les remontées mécaniques et les cours. Ce site a pour objectif d'améliorer sensiblement la performance des prestations offertes par l'ESF. Le nom « mon-sejour-en-montagne.com » a été déposé en tant que marque, mais le directeur du SNMSF est inquiet. Il semblerait qu'une organisation de dimension internationale, spécialisée dans la location d'hébergement, souhaite déposer le nom « mon-sejour-en montagne.net » en tant que marque.

Documents à exploiter : Documents 1, 2 et 3

1. En vous référant notamment à la notion d'externalités de réseau, présentez les enjeux, pour les professionnels de la montagne, de la création par l'ESF d'une place de marché.
2. Montrez en quoi la plateforme www.mon-sejour-en-montagne.com est source d'opportunités pour les principales parties prenantes du Syndicat national des moniteurs du ski français (SNMSF).
3. Déterminez, en prenant appui sur un raisonnement juridique, si l'ESF peut déposer le nom « mon-sejour-en-montagne » en tant que marque.

Mission 2 Développer la plateforme www.mon-sejour-en-montagne.com

En 2020, l'ESF a donné une nouvelle dimension à sa place de marché www.mon-sejour-en-montagne.com. Désormais, ce dispositif équitable et transparent est accessible au plus grand nombre avec la mise à disposition de l'outil en marque blanche à destination des acteurs locaux qui souhaitent pouvoir offrir, *via* leurs sites Internet, une expérience client simplifiée et unifiée. En effet, cette solution permet, dans le cadre d'un panier et d'un paiement uniques, d'effectuer une réservation pour différentes prestations de service, allant de l'hébergement aux cours de ski en passant par le transport, le skipass, la location de matériel... Cette initiative en faveur du circuit court et de la valorisation du territoire vise à limiter une présence trop forte des géants américains sur la réservation de séjours touristiques.

Documents à exploiter : Documents 1, 2, 4 et 5

1 Recensez les flux marchands et les flux non marchands qui s'établissent entre les différentes catégories d'acteurs et la plateforme www.mon-sejour-en-montagne.com.

2 Expliquez en quoi le fonctionnement de la plateforme www.mon-sejour-en-montagne.com relève d'un principe d'action collective, qui nécessite un mode de coordination spécifique.

3 Vérifiez, à l'aide d'un raisonnement juridique, la validité de la clause mentionnée dans les conditions générales d'utilisation de la plateforme.

Mission 3 Opérer le choix le plus opportun pour assurer la gestion de la plateforme www.mon-sejour-en-montagne.com

Alors que la saison hivernale se profile, la plateforme www.mon-sejour-en-montagne.com est désormais prête à fonctionner grâce à un environnement numérique opérationnel. Cependant, les responsables hésitent encore quant au mode de gestion à adopter : faut-il « faire » ou « faire faire » ?
La société de service qui a développé la plateforme propose une prestation complémentaire de gestion de celle-ci. Sa bonne connaissance des besoins de l'ESF (détaillés dans le cahier des charges au moment des négociations sur la conception de la plateforme) et sa parfaite maîtrise du fonctionnement de la plateforme lui permettent de garantir à son client une gestion immédiatement efficace. Les responsables de l'ESF estiment que le coût de cette prestation équivaudrait au coût d'un poste de gérant à temps plein. Or, la prise en charge, par l'entreprise elle-même, de la gestion de cette plateforme relèverait d'une activité de soutien et lui assurerait une meilleure réactivité. En effet, l'analyse des évaluations proposées, des besoins exprimés par les clients, mais également de leurs évolutions au cours du temps serait de nature à favoriser une adaptation optimisée de l'offre.
Les responsables s'interrogent alors en ces termes : faut-il gérer la plateforme en interne ou en confier la gestion à l'entreprise conceptrice ?

Documents à exploiter : Documents 6 et 7

1 Exposez les avantages respectifs des choix de « faire » et de « faire faire » en ce qui concerne la gestion de la plateforme.

Dans l'hypothèse d'un recrutement, le responsable des ressources humaines souhaiterait proposer le poste à Maxime Delattre, un jeune diplômé en informatique (BTS SIO) qui, au cours de sa formation, avait effectué un excellent stage au sein de l'entreprise.

2 Montrez en quoi la décision envisagée par le responsable des ressources humaines de recruter Maxime Delattre pourrait constituer une action appropriée dans le cadre d'une Gestion prévisionnelle des emplois et des compétences (GPEC).

3 Évaluez, à l'aide d'un raisonnement juridique, la validité de la clause d'exclusivité proposée par le Syndicat national des moniteurs du ski français (SNMSF).

DOCUMENT 1 Ski : l'ESF veut mieux vendre la destination montagne

Plus que jamais, les professionnels de la montagne doivent batailler face à la concurrence internationale en matière de sports d'hiver, mais aussi stimuler la fréquentation estivale. Le Syndicat national des moniteurs du ski français (SNMSF), plus connu du grand public à travers l'École du ski français (ESF), a ainsi décidé de lancer sa place de marché : mon-sejour-en-montagne.com. Celle-ci propose une offre élargie de services et permet, le cas échéant, de construire un forfait complet. Le SNMSF vendait déjà des cours de ski sur le site de l'ESF, ainsi que des forfaits pour les remontées mécaniques. Les nouvelles prestations proposées, fin 2018, sur la place de marché concernent la location de matériel et d'hébergement, avec quelque 25 000 lits commercialisés dans 70 stations. Le nombre d'opérateurs partenaires devrait augmenter progressivement.

La place de marché est un outil mis à disposition des professionnels de la montagne. Des frais techniques inhérents à chaque transaction sont de l'ordre de 2,5 à 3 % du montant de la transaction.

Jérémie Noyrey, directeur adjoint du SNMSF en charge de la plateforme, souligne la nécessité pour les professionnels de la montagne de se prémunir de la concurrence des géants du Net : « *Si nous ne faisons rien, on va finir par payer nos fichiers clients. On voit bien qu'un acteur comme Booking veut s'installer dans la filière. Or, il a une force de frappe considérable.* »

Depuis 2019, la plateforme propose une offre pour l'été. Les comités départementaux de tourisme, les offices de tourisme et le Club Med, qui pousse la destination montagne hiver comme été, sont notamment demandeurs. L'exploitant de villages de vacances recherche notamment du personnel qualifié pour accompagner sa clientèle en randonnée ou en balade à vélo.

Sous peu, mon-sejour-en-montagne.com devrait intégrer la problématique du transport pour assurer le déplacement du domicile à la station. La SNCF et la RATP font partie des interlocuteurs naturels, les bus (Transdev est bien implanté dans la région Auvergne-Rhône-Alpes) et les parkings sont d'autres composantes à prendre en considération.

À court terme, mon-sejour-en-montagne.com aura d'abord sa déclinaison anglaise « *Nous irons vers d'autres langues* », prévient le directeur général adjoint du SNMSF.

D'après www.lesechos.fr.

DOCUMENT 2 L'ESF a sa place de marché pour les vacances à la montagne

La nouvelle plateforme mon-sejour-en-montagne.com invite à réserver l'intégralité de ses vacances sur le même site, de l'hébergement aux remontées mécaniques, en passant par le matériel et les cours. « *Mon-sejour-en-montagne.com est la solution unique pour réserver un séjour en montagne de manière simple [...], sans majoration* », indique Éric Brèche, le président du Syndicat national des moniteurs du ski français (SNMSF).

La plateforme propose des tarifs fixés en direct avec chaque commerçant de la

station. Pour les vacanciers, la réservation sur mon-sejour-en-montagne permet aussi d'éviter de faire la queue pour récupérer une carte de cours de ski ou un forfait remontées mécaniques par exemple.

Alors, l'ESF, nouvelle agence de voyages ? « *Nous ne sommes qu'un facilitateur*, précise Jérémie Noyrey, directeur général adjoint du SNMSF. *Le client valide les conditions générales de vente de chaque acteur. Le client est bien client de chaque vendeur, la plateforme n'encaisse pas. Nous passons par un établissement bancaire d'encaissement pour comptes de tiers.* »

Fraîchement mise en ligne, cette nouvelle *marketplace* est soutenue par Atout France, France Montagnes, CCI de Montagne, Savoie Mont-Blanc Tourisme, Auvergne Rhône Alpes Tourisme et Isère Tourisme.

Florian de Paola, www.lechotouristique.com, 27 novembre 2018.

Une plateforme de réservation unique

Mon séjour en Montagne a été créée par de vrais amoureux de la Montagne, dont l'esf. Leur idée ? Fédérer les acteurs de la montagne : hébergeurs, écoles de ski, remontées mécaniques, magasins de location de matériel. Et les mettre en relation avec vous pour préparer votre séjour.

Tout est clair

Notre objectif : la transparence. Vous réservez ce que vous voulez, sans majoration, aux prix pratiqués en station, en toute saison. Avec une offre qui s'élargit au fil du temps. Une offre à l'image de notre Montagne : accessible, accueillante, équitable et sûre.

169 stations | 576 professionnels contributeurs

Tout est simple

Toutes vos réservations se font directement sur notre site, sans intermédiaire et en un seul paiement.

www.mon-sejour-en-montagne.com

DOCUMENT 3 Extraits du Code de la propriété intellectuelle

Article 711-1

La marque de produits ou de services est un signe servant à distinguer les produits ou services d'une personne physique ou morale de ceux d'autres personnes physiques ou morales.

Ce signe doit pouvoir être représenté dans le registre national des marques de manière à permettre à toute personne de déterminer précisément et clairement l'objet de la protection conférée à son titulaire.

Article 711-3

I - Ne peut être valablement enregistrée et, si elle est enregistrée, est susceptible d'être déclarée nulle une marque portant atteinte à des droits antérieurs ayant effet en France, notamment :

1° Une marque antérieure :

a) Lorsqu'elle est identique à la marque antérieure et que les produits ou les services qu'elle désigne sont identiques à ceux pour lesquels la marque antérieure est protégée ;

b) Lorsqu'elle est identique ou similaire à la marque antérieure et que les produits ou les services qu'elle désigne sont identiques ou similaires à ceux pour lesquels la marque antérieure est protégée, s'il existe, dans l'esprit du public, un risque de confusion incluant le risque d'association avec la marque antérieure ;

2° Une marque antérieure enregistrée ou une demande de marque sous réserve de son enregistrement ultérieur, jouissant d'une renommée en France ou, dans le cas d'une marque de l'Union européenne, d'une renommée dans l'Union, lorsque la marque postérieure est identique ou similaire à la marque antérieure, que les produits ou les services qu'elle désigne soient ou non identiques ou similaires à ceux pour lesquels la marque antérieure est enregistrée ou demandée et lorsque l'usage de cette marque postérieure sans juste motif tirerait indûment profit du caractère distinctif ou de la renommée de la marque antérieure, ou qu'il leur porterait préjudice ;

3° Une dénomination ou une raison sociale, s'il existe un risque de confusion dans l'esprit du public ;

4° Un nom commercial, une enseigne ou un nom de domaine, dont la portée n'est pas seulement locale, s'il existe un risque de confusion dans l'esprit du public ; [...]

II - Une marque antérieure au sens du 1° du I s'entend :

1° D'une marque française enregistrée, d'une marque de l'Union européenne ou d'une marque ayant fait l'objet d'un enregistrement international ayant effet en France ;

2° D'une demande d'enregistrement d'une marque mentionnée au 1°, sous réserve de son enregistrement ultérieur ;

3° D'une marque notoirement connue au sens de l'article 6 bis de la Convention de Paris pour la protection de la propriété industrielle.

L'antériorité d'une marque enregistrée s'apprécie au regard de la date de la demande d'enregistrement, compte tenu, le cas échéant, du droit de priorité invoqué ou de l'ancienneté valablement revendiquée par une marque de l'Union européenne au sens de l'article L. 717-6. [...]

www.legifrance.gouv.fr

DOCUMENT 4 Extrait des CGU (Conditions générales d'utilisation) de la plateforme

Article 8 - Droit de rétractation

En application de l'article L. 221-28 du Code de la consommation, les prestations de services et d'hébergement, de transport, de restauration, de loisirs qui doivent être fournis à une date et selon une périodicité déterminée, proposés par le Site Internet ne sont pas soumises à l'application du droit de rétractation. En conséquence, les Prestations commandées sur le Site Internet sont exclusivement soumises aux conditions d'annulation et de modification prévues dans les conditions de services spécifiques de chacun des Partenaires. S'agissant de la police d'assurance facultative à laquelle l'Utilisateur peut souscrire, le contrat conclu entre Europ Assistance et s'agissant des prestations de location de matériel, l'Utilisateur est soumis au délai de rétractation de 14 (quatorze) jours calendaires révolus à compter du jour de la conclusion du contrat, aux termes des articles L. 221-18 et suivants du code de la consommation.

© Delagrave, 2021.

DOCUMENT 5 Extrait du Code de la consommation

Article L. 221-18

Le consommateur dispose d'un délai de 14 (quatorze) jours pour exercer son droit de rétractation d'un contrat conclu à distance, à la suite d'un démarchage téléphonique ou hors établissement, sans avoir à motiver sa décision ni à supporter d'autres coûts que ceux prévus aux articles L. 221-23 à L. 221-25.

Le délai mentionné au premier alinéa court à compter du jour :

1° De la conclusion du contrat, pour les contrats de prestation de services et ceux mentionnés à l'article L. 221-4 ;

2° De la réception du bien par le consommateur ou un tiers, autre que le transporteur, désigné par lui, pour les contrats de vente de biens. Pour les contrats conclus hors établissement, le consommateur peut exercer son droit de rétractation à compter de la conclusion du contrat.

Article L. 221-28

Le droit de rétractation ne peut être exercé pour les contrats :

1° De fourniture de services pleinement exécutés avant la fin du délai de rétractation et dont l'exécution a commencé après accord préalable exprès du consommateur et renoncement exprès à son droit de rétractation ;

2° De fourniture de biens ou de services dont le prix dépend de fluctuations sur le marché financier échappant au contrôle du professionnel et susceptibles de se produire pendant le délai de rétractation ;

3° De fourniture de biens confectionnés selon les spécifications du consommateur ou nettement personnalisés ;

4° De fourniture de biens susceptibles de se détériorer ou de se périmer rapidement ;

5° De fourniture de biens qui ont été descellés par le consommateur après la livraison et qui ne peuvent être renvoyés pour des raisons d'hygiène ou de protection de la santé ;

6° De fourniture de biens qui, après avoir été livrés et de par leur nature, sont mélangés de manière indissociable avec d'autres articles ;

7° De fourniture de boissons alcoolisées dont la livraison est différée au-delà de trente jours et dont la valeur convenue à la conclusion du contrat dépend de fluctuations sur le marché échappant au contrôle du professionnel ;

8° De travaux d'entretien ou de réparation à réaliser en urgence au domicile du consommateur et expressément sollicités par lui, dans la limite des pièces de rechange et travaux strictement nécessaires pour répondre à l'urgence ;

9° De fourniture d'enregistrements audio ou vidéo ou de logiciels informatiques lorsqu'ils ont été descellés par le consommateur après la livraison ;

10° De fourniture d'un journal, d'un périodique ou d'un magazine, sauf pour les contrats d'abonnement à ces publications ;

11° Conclus lors d'une enchère publique ;

12° De prestations de services d'hébergement, autres que d'hébergement résidentiel, de services de transport de biens, de locations de voitures, de restauration ou d'activités de loisirs qui doivent être fournis à une date ou à une période déterminée ;

13° De fourniture d'un contenu numérique non fourni sur un support matériel dont l'exécution a commencé après accord préalable exprès du consommateur et renoncement exprès à son droit de rétractation.

DOCUMENT 6 **Extrait du projet de contrat de travail de Maxime Delattre**

M. Maxime Delattre prend l'engagement de n'exercer aucune autre activité professionnelle salariée et non salariée qui pourrait entrer en concurrence avec l'activité de la plateforme « mon-sejour-en-montagne », à savoir la mise en relation des clients et des professionnels pour la réservation d'un séjour à la montagne (hébergement, forfait remontées mécaniques, cours, matériel de ski). Pour toute autre activité, il s'engage à informer la SNMSF afin d'obtenir au préalable l'autorisation écrite de la société.

DOCUMENT 7 **Note de Maître Friti, avocat**

Bonjour,
Vous trouverez ci-dessous quelques informations concernant la clause d'exclusivité.
La clause d'exclusivité peut être définie comme celle par laquelle le salarié s'oblige à consacrer l'intégralité de son activité professionnelle à son employeur.
Pour la Cour de cassation, la clause par laquelle un salarié s'engage à consacrer l'exclusivité de son activité à un employeur peut porter atteinte à la liberté du travail. Aussi, elle considère que la clause n'est valable que si elle est indispensable à la protection des intérêts légitimes de l'entreprise, justifiée par la nature de la tâche à accomplir et proportionnée au but recherché (Cass. soc. 11 juillet 2000, n° 98-40.143).
La Cour de cassation considère également que la rédaction de la clause d'exclusivité doit être suffisamment précise pour permettre de connaître les limites de la restriction et vérifier si elle est justifiée et proportionnée (Cass. soc. 16 mai 2018, n° 16-25.272). La Cour de cassation motive sa décision dans les termes suivants :
« Mais attendu qu'ayant constaté que la clause d'exclusivité était rédigée en termes généraux et imprécis ne spécifiant pas les contours de l'activité complémentaire qui serait envisagée par le salarié, activité bénévole ou lucrative, professionnelle ou de loisirs et qu'ils ne permettaient pas dès lors de limiter son champ d'application ni de vérifier si la restriction à la liberté du travail était justifiée et proportionnée, la cour d'appel, qui n'avait pas à procéder à une recherche inopérante au vu de ces constatations, a légalement justifié sa décision. »

LES MUTATIONS DU TRAVAIL

CONTEXTE PROFESSIONNEL

VEOLIA

Vidéo
3'49
Veolia, 160 ans d'histoire industrielle
www.lienmini.fr/C559-veolia

PRÉSENTATION

Veolia est une multinationale française concentrée sur l'optimisation et la valorisation des ressources en eau, en énergie et en matières issues des déchets. Elle emploie près de 169 000 salariés sur les cinq continents pour un chiffre d'affaires de plus de 25 milliards d'euros.

La recherche et l'innovation font partie intégrante de l'organisation du groupe qui, en 2016, disposait de six centres de recherche, de cinq chaires de recherche et d'un portefeuille de plus de 2 000 brevets.

En France, Veolia intervient sur ses trois métiers (eau, énergie, déchets) principalement pour les collectivités territoriales. Elle emploie plus de 50 000 personnes pour un chiffre d'affaires de plus de 7 milliards d'euros.

Dès 1994, Veolia s'implique dans la formation de ses collaborateurs et crée un premier campus à Jouy-le-Moutier. Aujourd'hui, le réseau des campus Veolia regroupe quatre campus (Atlantique, Rhin Rhône Méditerranée, Seine et Nord et Sud-Ouest). Ces structures sont habilitées à délivrer une vingtaine de diplômes et titres professionnels à travers plus de 400 modules de formation.

En 2013, le groupe décide de modifier son organisation pour gagner en rentabilité. Il s'agit globalement de réorganiser ses activités par pays et non plus par métiers. Cette réorganisation a des répercussions sur l'emploi, notamment en France.

THÈME 5

FICHE D'IDENTITÉ

- Date de création : **Compagnie générale des eaux 1853 / Veolia 2003**
- Dirigeant : **Antoine Frérot**
- Effectif : **169 000**
- Siège social : **Aubervilliers**
- Champ d'action géographique : **Mondial**
- Chiffre d'affaires (2019) : **27 milliards d'euros**

LES DATES CLÉS DE VEOLIA

- **1853** Création de la Compagnie générales des eaux (CGE)
- **1998** Transformation de CGE en Vivendi
- **2000** Introduction de Vivendi Environnement en bourse
- **2003** Transformation de Vivendi Environnement en Veolia Environnement
- **2013** Présence d'un Veolia par pays
- **2016** Désengagement de Transdev

Problématique
Thème 5

Comment se traduisent les mutations du travail au sein de l'entreprise Veolia ?

CHAP 4 — MANAGEMENT

Quel est l'impact des mutations du travail sur l'emploi et les conditions de travail ?

1. Proposer des actions appropriées dans le cadre d'une gestion des emplois et des compétences
2. Identifier les leviers de motivation conciliant l'objectif de l'entreprise et les attentes de l'individu

- **Objectif :** Comprendre comment l'entreprise adapte la gestion de ses ressources humaines à l'évolution de l'environnement et des attentes des nouvelles générations.
- **Le groupe Veolia**, conscient de l'importance stratégique des ressources humaines, a mis en œuvre une GPEC visant notamment à assurer la motivation et la fidélisation de ses salariés. Dans un contexte de profondes mutations du marché du travail, le groupe porte une attention particulière à la mise en place de dispositifs de formation appropriés.

CHAP 5 — DROIT

Comment le droit prend-il en considération les besoins des entreprises et des salariés ?

1. Distinguer les différents régimes juridiques applicables aux relations de travail
2. Analyser les clauses spécifiques du contrat de travail
3. Analyser la protection des salariés
4. Comprendre les dispositifs de formation
5. Analyser la modification de la relation d'emploi et le droit négocié
6. Étudier la modification de la relation d'emploi
7. Qualifier juridiquement la fin de la relation de travail
8. Analyser la fin de la relation de travail

- **Objectif :** Analyser la manière dont le droit encadre les relations contractuelles entre l'entreprise et ses salariés.
- Au sein du **groupe Veolia**, de multiples métiers sont représentés et les statuts des salariés y sont régis par différents types de contrats de travail. Afin de répondre aux nouvelles caractéristiques de l'offre de travail, le groupe accorde une importance toute particulière aux conditions de travail comme facteurs de la motivation et de la satisfaction au travail.

CHAP 6 — ÉCONOMIE

Quelles sont les principales évolutions du marché du travail ?

1. Présenter le marché du travail en France
2. Distinguer « emplois en tension » et « emplois sans tension »
3. Appréhender la segmentation du marché du travail français
4. Dresser un panorama de la situation du marché du travail en France
5. Appréhender les finalités des politiques de l'emploi
6. Mettre en évidence l'impact des politiques de l'emploi sur les décisions des entreprises
7. Appréhender la situation européenne du marché du travail

- **Objectif :** Dresser un panorama de la situation et des évolutions du marché du travail ainsi que des principales mesures de la politique de l'emploi.
- **Le groupe Veolia**, engagé dans une démarche de RSE, entend participer à l'employabilité des jeunes, aujourd'hui parfois compromise par la segmentation du marché du travail. Il pratique donc largement l'alternance et bénéficie, de ce fait, des aides accordées par l'État au titre de la politique de l'emploi. Grâce à l'expérience acquise au sein du groupe, les jeunes peuvent ensuite espérer poursuivre leurs missions dans le cadre d'une relation de travail pérenne. Les opportunités liées au compte personnel de formation pourront leur permettre d'accéder à de nouvelles qualifications nécessaires à leur futur développement professionnel.

CHAPITRE 4

Quel est l'impact des mutations du travail sur l'emploi et les conditions de travail ?

Situation simulée

Depuis 2012, Veolia s'attache à recentrer ses activités et à renouer avec une croissance pérenne. La direction des ressources humaines joue un rôle majeur dans la mise en œuvre des axes stratégiques du groupe en déployant et en adaptant la gestion des ressources humaines. Fidéliser les salariés du groupe est un préalable indispensable à la réalisation de ses objectifs. Pour ce faire, le groupe Veolia a mobilisé divers leviers de motivation afin de concilier objectifs du groupe et attentes des salariés (notamment celles des nouvelles générations).

Vous êtes stagiaire au sein de la direction des ressources humaines du groupe Veolia. La directrice des ressources humaines, Mme Dumont, sollicite votre aide afin d'élaborer un rapport d'étude sur lequel pourra s'appuyer le comité de direction lors de ses prochains travaux.

Compétences

- Proposer des actions appropriées dans le cadre d'une gestion prévisionnelle des emplois et des compétences **(Objectif 1)**
- Identifier les leviers de motivation conciliant l'objectif de l'entreprise et les attentes de l'individu **(Objectif 2)**

1 Proposer des actions appropriées dans le cadre d'une gestion prévisionnelle des emplois et des compétences

SAVOIRS ASSOCIÉS

- Le dispositif de gestion prévisionnelle des emplois et des compétences

Situation simulée

Madame Dumont, dans la perspective du rapport qu'elle doit établir, vous demande tout d'abord d'analyser les actions menées en 2016 (état des lieux) afin de proposer des améliorations en phase avec les nouvelles tendances.

Missions

1. **Montrez en quoi la gestion des compétences participe à la mise en œuvre de la stratégie du groupe Veolia.**
2. **Analysez l'accueil réservé par les syndicats aux mesures prises par Veolia en 2016, dans le cadre de sa gestion prévisionnelle des emplois et des compétences (GPEC).**

DOCUMENT 1 Comment Veolia organise la gestion des compétences

Entre 2012 et 2015, Veolia entre dans une phase de transformation stratégique. L'un des objectifs, lié aux ressources humaines, est le recentrage sur ses métiers. Ces derniers, avec l'introduction des nouvelles technologies, imposent d'une part aux salariés de disposer de bonnes connaissances techniques et, d'autre part, qu'ils soient aptes à proposer les solutions adaptées lorsqu'un problème se présente.

Cette phase de transformation aboutit en 2016 à la signature d'un nouvel accord sur la gestion prévisionnelle des emplois et des compétences (GPEC) pour les 50 000 salariés du groupe en France.

Le principe clé de ce nouvel accord est de considérer chaque collaborateur, au travers des entretiens annuels d'évaluation, comme un talent. Talent qu'il convient de promouvoir et de concilier avec les besoins de l'entreprise. La nouvelle GPEC doit permettre de gérer plus en amont le développement des compétences, avec un ancrage territorial plus fort.

Pour ce faire, un observatoire des métiers nouvellement créé et comprenant des comités mixtes emplois-compétences, composés de représentants des partenaires sociaux et de la direction de l'entreprise, travaille pour identifier les évolutions à venir et les conséquences pratiques en termes de besoins de personnel, de formation, de mobilité…

L'observatoire des métiers permet une meilleure information des partenaires sociaux sur la stratégie du groupe.

Le nouvel objectif stratégique du groupe Veolia pour 2016-2018 est de renouer avec une croissance rentable et pérenne. Il s'articule autour de deux grands axes : une reprise progressive de la croissance du chiffre d'affaires d'une part, et la poursuite de l'amélioration de l'efficacité opérationnelle d'autre part.

En septembre 2017, compte tenu de ce nouvel objectif stratégique, Veolia met en œuvre un plan de sauvegarde de l'emploi visant la suppression de 1 647 postes, dont 97 vacants, et la création de 987 postes en mobilité géographique ou fonctionnelle.

Signe que la nouvelle stratégie n'est pas comprise des salariés, les syndicats, par l'intermédiaire de leurs délégués, demandent la mise en place d'une « véritable » gestion prévisionnelle des emplois et des compétences (GPEC) : « *Rien n'a été fait pour ces personnels qui sont parmi les moins bien rémunérés et les moins mobiles alors qu'ils auraient pu être formés à d'autres métiers afin de se repositionner dans le groupe sur un poste près de chez eux* ».

© Delagrave, 2021.

RESSOURCE 1 La gestion prévisionnelle des emplois et des compétences (GPEC)

La gestion prévisionnelle des emplois et des compétences (GPEC) est une méthode pour adapter – à court et à moyen termes – les emplois, les effectifs et les compétences aux exigences issues de la stratégie des entreprises et des modifications de leurs environnements économique, technologique, social et juridique.
La GPEC est une démarche de gestion prospective des ressources humaines qui permet d'accompagner le changement.
Elle doit permettre d'appréhender, collectivement, les questions d'emploi et de compétences et de construire des solutions transversales répondant simultanément aux enjeux de tous les acteurs concernés : les entreprises, les territoires et les actifs. [...]
Que permet la GPEC en entreprise ?
Elle vise à adapter les emplois, les effectifs et les compétences aux exigences issues de la stratégie des entreprises et des modifications de leurs environnements économique, social, juridique :
- réduire des difficultés de recrutement ;
- faire face à un problème de pyramide des âges ;
- résoudre une situation de sureffectif ;
- optimiser les dispositifs de formation ;
- développer la qualification des salariés ;
- valoriser les compétences individuelles et/ou collectives ;
- accompagner des changements dans l'organisation du travail et de la production ;
- développer les mobilités professionnelles des salariés ;
- favoriser l'implication des salariés dans un projet d'évolution professionnelle ;
- anticiper l'adaptation des compétences aux emplois ;
- maîtriser les conséquences des changements technologiques et économiques ;
- améliorer la gestion des carrières ;
- réduire les risques et les coûts liés aux déséquilibres.

Un plan de GPEC permet à l'entreprise d'anticiper les conséquences des évolutions liées à ses environnements interne et externe et à ses choix stratégiques. Il a pour finalité de déterminer les actions à mettre en œuvre à court et à moyen termes, pour faire face aux évolutions d'effectifs, tout en répondant aux besoins de l'entreprise.

www.travail-emploi.gouv.fr

Vidéo 2'44
La GPEC
www.lienmini.fr/C559-gpec

2 Identifier les leviers de motivation conciliant l'objectif de l'entreprise et les attentes de l'individu

SAVOIRS ASSOCIÉS

- Les facteurs de la motivation et de la satisfaction au travail

Situation simulée

Par le biais de la veille sociale menée au sein du service, Mme Dumont souhaite anticiper au mieux les changements qui se dessinent afin de prévoir les aménagements nécessaires, notamment en ce qui concerne les leviers de motivation à actionner pour répondre aux attentes des nouvelles générations de salariés. Le document 2 sur les millenials a tout particulièrement attiré son attention.

Missions

1. **Présentez les caractéristiques et les attentes des nouvelles générations de salariés.**
2. **Expliquez comment l'entreprise Veolia attire, recrute et fidélise ses ressources humaines pour répondre aux nouveaux facteurs de la motivation au travail.**
3. **Envisagez les évolutions organisationnelles et structurelles de l'entreprise Veolia afin d'assurer la satisfaction au travail des nouvelles générations de salariés.**

DOCUMENT 1 L'intégration de la génération Y chez Veolia

Vidéo 4'22
Recruter sur les réseaux
www.lienmini.fr/C559-work

Face au challenge d'attirer des compétences de plus en plus rares, les recruteurs se doivent d'innover. […] Pour susciter l'intérêt des jeunes candidats, il faut se mettre à leur place, penser comme eux, deviner leurs envies, leurs centres d'intérêt et aller vers eux *via* les réseaux sociaux. Le plan de carrière et la voiture de fonction ne sont plus les principaux atouts d'un poste. Pour intriguer ces jeunes, il va falloir mettre l'accent sur l'ambiance de l'entreprise, la flexibilité du poste, le sens de la mission proposée et la reconnaissance.

[…] Avec les *digital natives*, l'univers est numérique et le recrutement doit avoir lieu « en ligne ». […] Twitter, Facebook YouTube et LinkedIn sont des plateformes classiques et très visitées. Sur les réseaux, les recruteurs doivent faire preuve de créativité pour communiquer efficacement et séduire ces jeunes. Ils doivent apprendre à utiliser à leur avantage les jeux multijoueurs en ligne, les SMS et MMS, le Bluetooth, et autres widgets […]. Lors de sa dernière campagne de recrutement sur les campus, Veolia a installé des émetteurs Bluetooth dans des affiches placées dans des universités : dès qu'un étudiant passait à portée, il recevait sur son mobile un message lui proposant d'accéder aux offres d'emploi de l'entreprise. […]

Les traditionnels *Job Boards* qui permettent de toucher des jeunes diplômés tels que Monster, CVaden, Keljob, CadresOnline, CmonJob restent également d'actualité car ils proposent des conseils que les jeunes vont consulter avec intérêt. Mais ils n'ont plus le monopole. D'ailleurs, ils ont revu depuis peu leurs tarifs à la baisse. Très récemment, un concept hybride apparaît, mélangeant les caractéristiques du Job Board et celles des réseaux sociaux, comme Experteer. On y trouve des banques de CV en ligne et il est également possible d'entrer en communication virtuelle avec les candidats. Il est clair que désormais, le recrutement passe par les réseaux sociaux et les sites spécialisés dans le recrutement. C'est là que les entreprises trouveront les jeunes Y bien dans leur époque. Dans cet exercice, l'annonce Web est également dépassée. Y ne perd plus de temps à chercher des annonces auxquelles il pourrait répondre. Il préfère identifier des réseaux où placer son CV dans lequel il va glisser quelques mots-clés bien pesés, pour recevoir les offres des postes qu'il recherche. Ensuite, il attendra que les entreprises le sollicitent. […] L'application Facebook dédiée au recrutement répond parfaitement au fonctionnement Y.

Créée par deux Français installés aux États-Unis, Stéphane Le Viet et Gautier Machelon, cette application Work4 Labs s'adresse aux professionnels. Avec elle,

ils peuvent gérer leur campagne de recrutement *via* ce réseau social en créant du marketing viral autour des postes à pourvoir. Y pourra se porter candidat, mais aussi partager ces offres sur son mur pour en faire bénéficier ses amis.
Avec la culture numérique, recruter devient un exercice d'enquête. À l'aide de mots-clés, en fonction du profil recherché, il s'agit de chercher des candidats potentiels sur les réseaux sociaux et les CVthèques. [...] Le premier travail sera [...] d'appréhender les subtilités des nouveaux intitulés de poste par la lecture de nombreux CV et de blogs spécialisés sur le domaine concerné. Une fois les mots-clés affinés, l'utilité de cette recherche transparaîtra rapidement à travers la qualité des CV trouvés. Si l'on contacte directement des candidats, il faudra aussi trouver la bonne formule, suffisamment personnalisée pour donner envie d'ouvrir l'e-mail. En effet, à travers la puissance d'Internet, le recrutement devient lui aussi viral et peut rapidement saturer les boîtes mail des candidats qui répondent aux critères du marché. Le recruteur doit agir avec finesse pour se différencier. Le jeune Y appréciera une approche humaine qui démontrera un véritable intérêt pour sa personne, au-delà de ses connaissances techniques.

Marie Desplats et Florence Pinaud, www.business.lesechos.fr, 20 juillet 2016.

DOCUMENT 2 Ce que vous ne pouvez plus ignorer des millennials

Vidéo 5'06
Les caractéristiques de la génération Y
www.lienmini.fr/C559-y

Les millennials n'ont pas le même rapport au travail que leurs aînés. « *Cette nouvelle génération est en quête d'un métier qui a un sens* », explique Alexis Larnaud. Ainsi, 82 % d'entre eux pensent que la performance d'une entreprise, plus que la réussite financière, se juge à l'impact positif qu'elle a sur la société, et 75 % recherchent avant tout un métier qui les passionne. Les millennials ont également de nouvelles exigences. Si le salaire reste leur priorité numéro un, la recherche d'un équilibre entre vie professionnelle et vie privée tient désormais une place prépondérante dans le choix de leur entreprise. [...] « *Les millennials accordent beaucoup d'importance à la transparence et à la transversalité* ». [...] Ce sont des digital natives, hyperconnectés, qui se voient évoluer dans un environnement qui leur ressemble, c'est-à-dire doté des technologies qu'ils utilisent au quotidien : messageries instantanées, vidéo calls, ou encore réseaux sociaux. « *L'entreprise doit proposer des outils digitaux adaptés à cette génération férue de nouvelles pratiques innovantes, afin de réduire l'écart de niveau qui peut exister entre ce qu'elle utilise dans sa vie privée et dans sa vie professionnelle* ». Pour attirer et retenir cette nouvelle génération, une entreprise doit [...] intégrer plus d'horizontalité [...], organiser un travail par projet dans lequel seront intégrés les différents collaborateurs, en fonction de leurs compétences [...], ouvrir à l'intérieur de l'entreprise des espaces de discussion afin de faciliter le *feedback*, être transparente quant à l'orientation stratégique de l'entreprise ou encore permettre à ces jeunes collaborateurs de se projeter dans l'avenir de l'entreprise. « *Enfin pour s'adapter à cette nouvelle génération, une entreprise doit désormais savoir faire preuve de flexibilité quant aux méthodes de travail en facilitant par exemple le télétravail* », conclut Alexis Larnaud.

www.exclusiverh.com, 2 novembre 2018.

RESSOURCE 1 La théorie bifactorielle de Frederick Herzberg

Frederick Herzberg, psychologue américain et professeur de management, distingue deux sortes de besoins : ceux qui sont propres à tous les êtres vivants, susceptibles d'être satisfaits par les facteurs d'hygiène (ou facteurs extrinsèques), et ceux qui sont particuliers à l'homme, dont la satisfaction dépend de facteurs internes (ou facteurs intrinsèques). Il en tire des enseignements quant à la possibilité de susciter la satisfaction de l'individu au travail.

Les facteurs d'hygiène ou facteurs extrinsèques sont nécessaires à l'équilibre psychique de l'individu au travail. En soi, ils ne créent pas de motivation mais leur absence crée une insatisfaction et a un impact négatif sur l'individu. Parmi les facteurs d'hygiène, il est possible de retenir : la qualité des relations de travail (avec les supérieurs, les collègues, les subordonnés), la rémunération, les conditions de travail telles que la sécurité de l'emploi, les conditions de vie dans l'entreprise…

Les facteurs intrinsèques au travail sont ceux liés au contenu du travail tels que : l'accomplissement ou la sensation d'avoir bien réalisé son travail, la reconnaissance notamment du travail bien fait, la nature du travail en tant que tel, le niveau de responsabilité, le plan de carrière… Ces facteurs ne provoquent pas d'insatisfaction quand on ne les prend pas en compte. À l'inverse, s'ils sont activés, ils provoquent la satisfaction ; ce sont les seuls véritables facteurs potentiels de motivation (ceux qui visent la réalisation de soi). Ainsi, les facteurs d'hygiène ne sont pas de nature à créer une satisfaction au travail ; ils peuvent juste éviter une insatisfaction. Les facteurs vraiment susceptibles de créer une satisfaction au travail sont dès lors les facteurs extrinsèques, seuls véritables leviers de la motivation des salariés.

Vidéo 1'40
Les deux facteurs de Herzberg
www.lienmini.fr/C559-facteurs

© Delagrave, 2021.

RESSOURCE 2 La pyramide des besoins d'Abraham Maslow

Abraham Maslow réalise, dans les années 1940, une étude sur les comportements et besoins humains et parvient à la conclusion que les besoins peuvent influer sur les comportements au travail. Il hiérarchise ainsi les principaux besoins dans un schéma en forme de pyramide à cinq étages. Il met également en évidence que le besoin d'un niveau donné ne devient conscient que lorsque les besoins de niveaux inférieurs sont effectivement satisfaits.

© Delagrave, 2021.

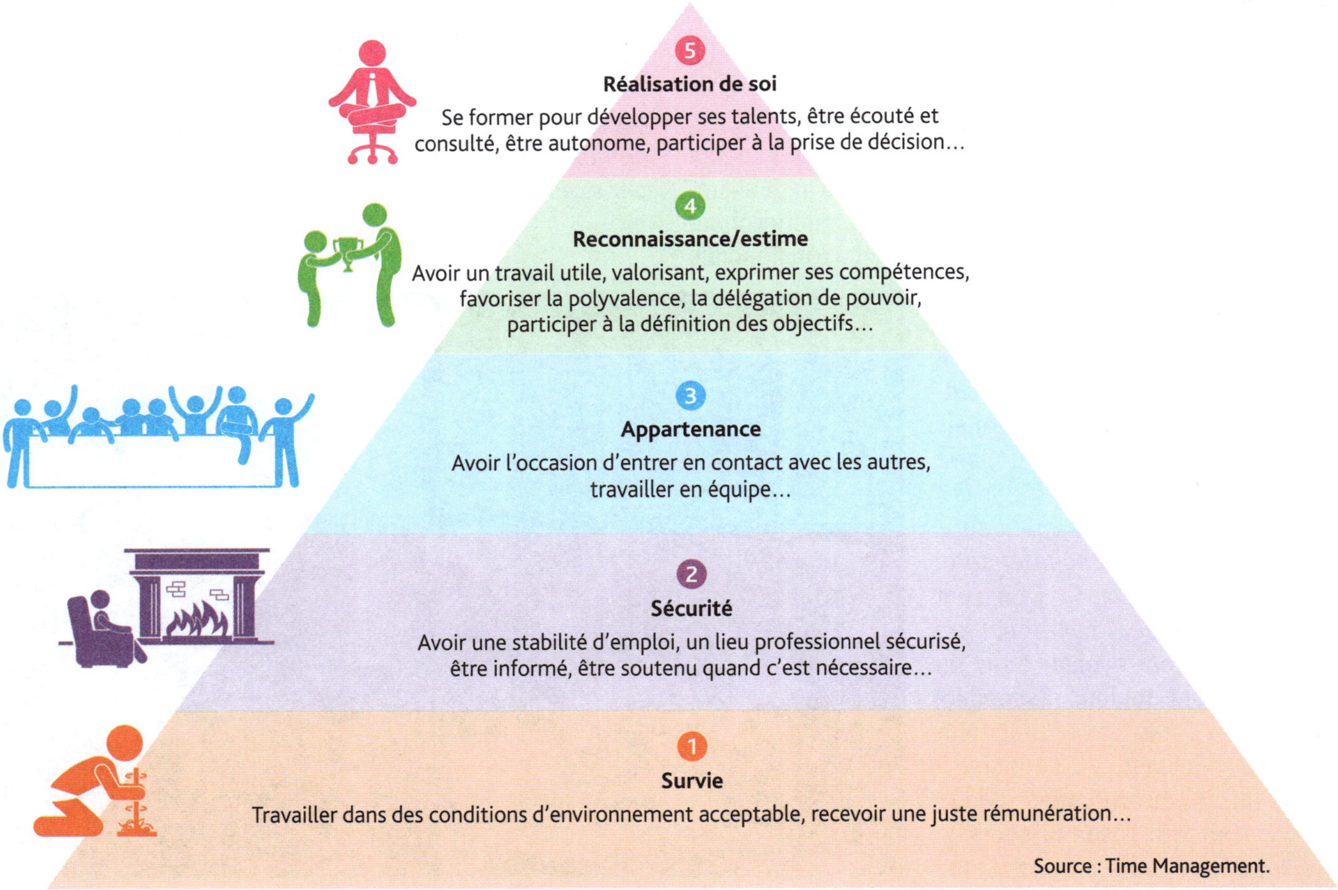

Source : Time Management.

RESSOURCE 3 Comprendre la motivation des salariés : la théorie de l'équité

La théorie de l'équité que propose **John Stacey Adams** (1963) a pour thème central la notion d'équité ou d'iniquité ressentie par un individu. Selon Adams, le sentiment d'équité serait toujours le résultat d'une comparaison issue de l'observation de l'environnement de travail. Ce faisant, un individu cherche à déterminer s'il est traité avec équité. Or, un individu qui ressent une iniquité va chercher à la réduire en déployant des efforts ou des moyens. C'est en quelque sorte la quête de l'équité qui sera à l'origine de la motivation. Adams précise que tout travailleur compare ce qu'il apporte à son travail (sa compétence, son temps, sa bonne volonté, son expérience…) et ce qu'il en reçoit (un salaire, de l'estime, une tâche intéressante, des avantages sociaux…) avec ce que d'autres travailleurs apportent et reçoivent. C'est de cette comparaison que naîtra le sentiment de justice ou d'injustice.

Patrice Roussel (1996) propose une présentation de la conception d'Adams sous la forme de deux ratios que l'individu va comparer. Ces ratios sont construits par chaque individu selon son système de perception. Chacun accorde un poids différent à tel ou tel avantage, à telle ou telle contribution. Par conséquent, ces ratios sont subjectifs et la gestion des ressources humaines doit prendre en compte cette subjectivité.

© Delagrave, 2021.

Ratio personnel = Ap / Cp	Ap = Avantages (A) retirés par la personne (p) de son emploi Cp = Contributions (C) données par la personne (p) à son organisation de travail
Ratio autrui = Aa / Ca	Aa = Avantages (A) retirés de leur emploi par d'autres personnes (a) prises comme points de repère Ca = Contributions (C) données par d'autres personnes (a) prises comme points de repère à leur organisation de travail
Comparaison des ratios et conclusions du salarié	Ratio personnel = Ratio autrui → Équité Ratio personnel < Ratio autrui → Iniquité négative → Tentative de rétablir l'équilibre en réduisant les efforts Ratio personnel > Ratio autrui → Iniquité positive → Consentement à des efforts accrus

RESSOURCE 4 La gestion des talents : un nouveau modèle adapté à la réalité du XXIe siècle

Maurice Thévenet définit le talent comme « *une combinaison rare de compétences rares* ».

La gestion des talents représente un véritable défi en matière de gestion des ressources humaines. Elle conduit à repenser la place de l'individu dans l'organisation dans un contexte de mondialisation des compétences, d'ouverture des marchés du travail et d'attentes nouvelles des générations Z, X et surtout Y (quête de sens, de plaisir dans le travail, de reconnaissance et de moralité), générations qui remettent en question les modes « traditionnels » de fonctionnement des organisations.

Il est essentiel, pour le développement de l'entreprise, de prendre en compte l'ensemble des compétences « rares » individuelles car elles participent à la création des compétences collectives et à la création de valeur.

La principale difficulté est d'attirer, de recruter et de fidéliser les talents. Il s'agira de :
- les attirer par une image de marque attractive et positive de l'entreprise ;
- les recruter en développant des outils de recrutement innovants et ludiques (jeux sérieux, méthodes d'évaluation en situation) ;
- les fidéliser en valorisant, en développant les talents (coaching) et en garantissant des conditions de travail favorables.

D'après Cécile Dejoux et Maurice Thévenet, *La Gestion des talents*, Dunod, 2015.

APPLICATION

Situation simulée

Créée en 2012, Web-atrio, au statut de jeune entreprise innovante (JEI), est une entreprise de services du numérique - ESN* spécialisée dans le développement Web. Web-atrio s'est engagée sur le chemin de l'entreprise libérée et s'emploie au quotidien à révéler le potentiel de chacun de ses collaborateurs. Depuis 2016, l'entreprise est régulièrement classée en tête du palmarès « Great Places to Work » ; Web-atrio figure parmi les meilleures entreprises où il fait bon travailler en France. 98 % des Web-atriens affirment être épanouis et « super bien intégrés ».
Les fondateurs de Web-Atrio, invités au salon des innovateurs organisé par des étudiants de l'IAE d'une grande ville universitaire, présentent, au cours d'une des tables rondes, les particularités de leur entreprise en matière de gestion des ressources humaines, à l'aune de la recherche de nouveaux talents.

* Anciennement SSII - Société de services et d'ingénierie en informatique.

web·atrio
Solutions logicielles & Applications en ligne

1. Montrez comment Web-atrio doit faire évoluer son dispositif de GPEC dans le cadre de la recherche de nouveaux collaborateurs.
2. Expliquez quels sont les facteurs de motivation qui permettent, non seulement à 98 % des Web-atriens de se sentir bien intégrés et épanouis dans leur travail, mais aussi, dans le même temps, à l'entreprise de se développer.

DOCUMENT 1 Web-atrio, la start-up sans chef

Devenir son propre patron est le rêve de beaucoup. Les fondateurs de Web-atrio l'ont réalisé. Mais en plus, ils partagent aussi cette opportunité avec leurs salariés en mettant en place une structure sans hiérarchie, depuis 2012.
« *Nous restons les fondateurs, les salariés nous consultent beaucoup mais nous les laissons décider ensemble. La seule condition est qu'ils se mettent d'accord avec les personnes impactées par les changements décidés,* assure Rémi Gaubert, l'un des fondateurs. *Pas besoin de consulter tout le monde non plus, sinon on n'avance à rien.* » [...]
Le tout est de trouver la juste mesure entre les principes égalitaristes de l'entreprise libérée développés par W. Gore comme vecteur de bien-être au travail et le réalisme dicté par le marché. Au départ, aucune grille de salaire n'était fixée. Puis la question des rémunérations est venue sur le tapis : avec un salaire égal, ceux qui ont acquis de l'expérience ne restent pas. En toute transparence, le personnel a réfléchi ensemble.
« *Il ne suffit pas d'offrir de bonnes conditions de travail, il faut s'aligner un minimum sur ce qui se fait ailleurs pour que les salariés aient toutes les raisons d'avoir envie de s'investir à fond dans l'entreprise* », estime le cofondateur. Alors la grille de salaires prend en compte les années d'expérience, le diplôme, la capacité à réaliser du relationnel client et la maîtrise des nouveaux langages de développement Web. [...]
Résultat, un faible turnover et environ une embauche par mois sur chacun des sites de l'entreprise, Paris et Toulouse, compte tenu de la croissance fulgurante de

la start-up. Pour les intégrer, un système de parrainage a été mis en place et les présentations se font à l'occasion de la soirée d'entreprise mensuelle.

Tout l'inverse des fonctionnements expérimentés auparavant par les fondateurs, passés par les grandes sociétés de *consulting* où ils avaient le sentiment de « *n'être qu'un pion* ». « *Quand je voulais prendre une initiative, on me répondait que des gens étaient payés pour et on me demandait de retourner à mon ordinateur* », se souvient Rémi Gaubert. [...]

Rozenn Le Saint, www.bfmtv.com, 13 mars 2017.

DOCUMENT 2 Chez Web-atrio, un comité des salaires est élu

Dans cette PME spécialisée dans le développement de sites Web et d'applications, ce sont les collaborateurs qui s'accordent chaque année sur le montant des augmentations des consultants (soit environ 60 personnes).

Pour cela, la direction délègue le sujet à un comité des salaires. Composé de 3 salariés, élus par les autres et volontaires (c'est-à-dire que même les élus peuvent décliner la mission), cette instance reçoit individuellement chaque consultant qui fait part de son souhait d'augmentation. « *Pour statuer, nous nous basons sur une grille de salaires définie en concertation avec les collaborateurs. Tant d'années d'ancienneté ouvrent par exemple droit à tant d'euros d'augmentation. Idem pour le diplôme, telle ou telle compétence... Et cette année, nous avons ajouté des critères comme le degré de mobilité des salariés, le taux de satisfaction clients, etc. Chaque nouveau critère a été débattu et approuvé en plénière par les collaborateurs* », détaille Arnaud Robinet, chef de projet chez Web-atrio et nouveau membre élu au comité des salaires.

Une feuille de calcul Excel est également accessible en ligne afin que chacun puisse simuler en amont son nouveau salaire en fonction du niveau d'augmentation demandé. « *C'est le comité qui statue sur l'augmentation finale, en tenant évidemment compte de l'enveloppe allouée par la direction. Sauf exception, cette dernière n'intervient pas dans le choix définitif d'accorder tel ou tel niveau d'augmentation* », précise-t-il. Pour l'heure cette configuration semble à la fois convenir à la direction et aux salariés qui restent raisonnables. L'année dernière, 35 salariés sur 45 ont profité de l'enveloppe de 70 000 euros allouée pour les augmentations. Soit une augmentation moyenne de l'ordre de 6,7 %. « *Les salariés semblent satisfaits de cette transparence. Ils comprennent ainsi qu'ils ne sont pas de simples exécutants mais qu'ils ont également voix au chapitre. Cela rend plus responsable, plus autonome et crée un environnement de travail favorable* », conclut Arnaud Robinet.

Reste à savoir si ce système peut être pérenne en cas de forte croissance des effectifs de l'entreprise. Le comité réfléchit à l'élection de membres supplémentaires et/ou à une révision du système des augmentations, peut-être plus collectives.

Sylvie Laidet, www.cadremploi.fr.

FAIRE LE POINT

SKETCHNOTE
www.lienmini.fr/30920-sk04

Quel est l'impact des mutations du travail sur l'emploi et les conditions de travail ?

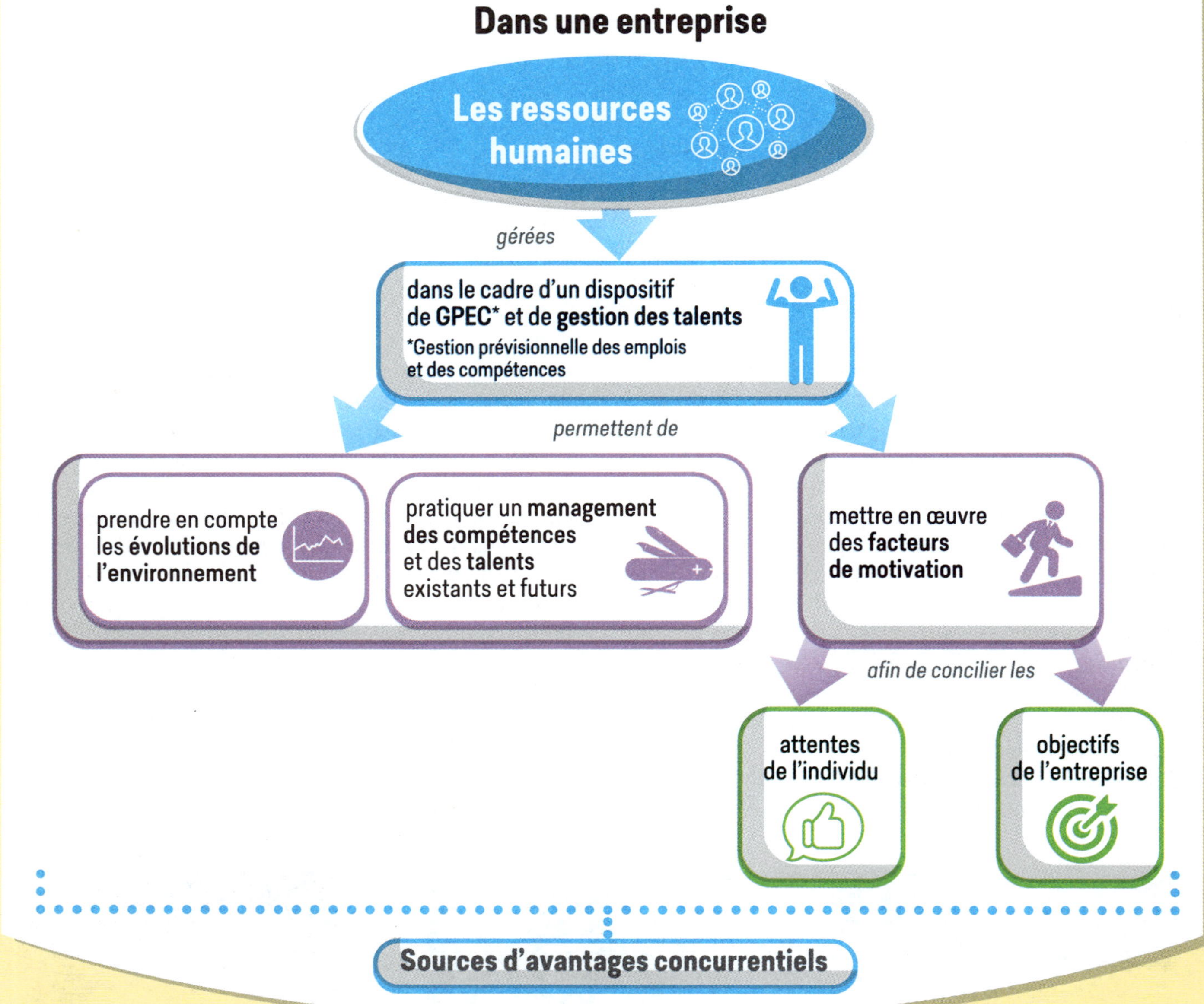

LEXIQUE

- **GPEC** (gestion prévisionnelle des emplois et des compétences) : dispositif de gestion des ressources humaines qui a pour objectif, en tenant compte des évolutions de l'environnement et des stratégies de l'entreprise, d'adapter qualitativement (compétences) et quantitativement les ressources humaines.

- **Gestion des talents :** le talent est « une combinaison rare de compétences rares », émotionnelles et cognitives (Cécile Dejoux). La gestion des talents ou le management des talents est un investissement humain réalisé par l'entreprise dont l'objectif est de détecter et de valoriser les compétences particulières d'un individu afin d'en faire une « personne clé » pour l'entreprise.

- **Facteurs de motivation :** pour Frederick Herzberg, les facteurs de motivation sont le contenu même du travail, le degré d'autonomie, la responsabilisation, la reconnaissance, la possibilité de promotion. Les facteurs d'hygiène ne sont pas véritablement sources de motivation, mais ils peuvent être sources de satisfaction ou de démotivation lorsqu'ils ne sont pas satisfaits. Pour Abraham Maslow, les facteurs de motivation au travail sont l'ensemble des moyens permettant de satisfaire les besoins individuels, la satisfaction de ces besoins pouvant influer sur les comportements au travail. Il hiérarchise les besoins et part du postulat que le salarié ne peut accéder au besoin supérieur que si le besoin inférieur est satisfait.

- **Ratio d'équité :** calcul effectué par un individu afin d'évaluer si son engagement dans l'entreprise est « justement » valorisé. Ce calcul ne repose pas sur des variables concrètes (John Stacey Adams).

  Ratio d'équité = Rétribution / Contribution

DROIT

Comment le droit prend-il en considération les besoins des entreprises et des salariés ?

CHAPITRE 5

Situation simulée

Les campus Veolia sont des filiales du groupe Veolia qui prennent la forme juridique de SAS (société par actions simplifiée) ou SASU (société par actions simplifiée à associé unique).
Le campus Rhin Rhône Méditerranée intervient à la fois en formation initiale en préparant à des titres et des diplômes en alternance et en formation continue et en proposant des dispositifs de formation sur les métiers de l'environnement. Dans ce contexte, il est possible d'étudier comment le droit permet d'encadrer les rapports entre l'entreprise et ses salariés en fonction de leurs besoins respectifs.

Vous êtes stagiaire auprès de la direction des ressources humaines du campus Rhin Rhône Méditerranée et, à ce titre, votre tutrice, Madame Pernet, vous sollicite sur plusieurs thématiques relatives à la mise en œuvre du droit du travail.

Compétences

- Identifier le rôle du droit négocié (Objectifs 1 et 5)
- Analyser un contrat de travail et justifier les clauses de ce contrat au regard des besoins de l'entreprise et des salariés (Objectif 2)
- Caractériser les obligations de l'employeur en matière de protection des salariés (Objectif 3)
- Identifier les dispositifs de formation au sein de l'entreprise (Objectif 4)
- Identifier le rôle des partenaires sociaux dans l'entreprise (Objectif 5)
- Qualifier une modification ou une rupture du rapport d'emploi et en déduire les conséquences juridiques (Objectifs 5, 6, 7 et 8)

1 Distinguer les différents régimes juridiques applicables aux relations de travail

SAVOIRS ASSOCIÉS
- Les contrats de travail
- Les différentes sources du droit du travail
- Les régimes juridiques du salarié et du travailleur indépendant

Situation simulée

Monsieur Valentin est formateur en technique de gestion des émanations toxiques des canalisations. Il forme à la fois à la prévention et à l'utilisation des matériels. Ses interventions s'adressent à des salariés en formation continue. Il intervient depuis maintenant trois ans dans les locaux du campus à Jonage (69), avec son propre matériel, mais doit respecter les dates et horaires négociés avec le campus. Ces dernières années, M. Valentin faisait parvenir au campus une facture en fin de cycle de formation. Le campus n'exerce aucun contrôle sur le contenu de ses formations mais veille à ce que ses certifications soient à jour.
Monsieur Valentin a récemment fait parvenir un courrier à la direction des ressources humaines en sollicitant deux jours de congé en application de la convention collective des organismes de formation, il compte en effet se rendre au mariage de son fils à Rennes (35).

Missions

1. **Montrez en quoi la convention collective est complémentaire des autres sources de droit (contrat de travail et loi).**
2. **Proposez des arguments permettant de qualifier le statut juridique de M. Valentin dans sa relation de travail avec le campus.**
3. **Expliquez si M. Valentin relève du régime de la Sécurité sociale des indépendants pour sa couverture santé et si le campus devra régler les cotisations sociales le concernant.**
4. **Proposez à Mme Pernet un argumentaire qui lui permettra de répondre à la demande de M. Valentin.**

DOCUMENT 1 Extrait de la convention collective nationale des organismes de formation

Article 13 [...]
13.2. Congés pour événements familiaux
À l'occasion de certains événements, les salariés bénéficient sur justification d'une autorisation d'absence exceptionnelle accordée dans les conditions suivantes :
- mariage du salarié : 4 jours ;
- mariage d'un enfant : 2 jours ; [...]

DOCUMENT 2 Code du travail

Article L. 3142-4
Pour mettre en œuvre le droit à congé du salarié défini à l'article L. 3142-1, une convention ou un accord collectif d'entreprise ou, à défaut, une convention ou un accord de branche détermine la durée de chacun des congés [...] qui ne peut être inférieure à :
1° Quatre jours pour son mariage ou pour la conclusion d'un pacte civil de solidarité ;
2° Un jour pour le mariage d'un enfant ; [...]

RESSOURCE 1 Le contrat de travail

Pour qu'un contrat de travail soit reconnu comme tel sur le plan juridique, il faut, selon la jurisprudence, la réunion de trois critères : une rémunération (qui peut être versée aussi bien en argent qu'en nature), une prestation de travail et un lien de subordination juridique entre les cocontractants (l'employeur et le salarié).

www.droit-finances.commentcamarche.com

RESSOURCE 2 La convention collective

La convention collective est le fruit d'un accord entre les partenaires sociaux. Elle est négociée entre les syndicats de salariés et syndicats d'employeurs dans un secteur d'activité.
Elle fixe les conditions d'emploi et de travail ainsi que les garanties sociales des salariés de ce secteur, complète et, le plus souvent, améliore les dispositions du code du travail.

www.convention-collective.fr

RESSOURCE 3 La place des conventions collectives

Par principe, les conventions collectives ne peuvent pas déroger à la loi, dans un sens qui est défavorable aux salariés, sauf si la loi l'autorise.

Par ailleurs, les principes fondamentaux comme, par exemple, l'égalité hommes-femmes ou encore la liberté syndicale ne peuvent pas être contredits dans les textes conventionnels.

Le contrat de travail peut comporter des clauses plus favorables au salarié que la convention collective (de branche ou d'entreprise) ou ajouter d'autres avantages que ceux prévus par la convention. Il ne peut pas, en revanche, contenir des dispositions moins favorables.

www.convention-collective.fr

RESSOURCE 4 Le régime social des indépendants

Un indépendant est une personne qui travaille à son compte pour exercer une activité économique. De tels travailleurs sont autonomes, c'est-à-dire qu'ils organisent leur travail comme ils l'entendent.

Le travailleur indépendant peut être fiscalement et socialement **« assimilé-salarié »**.

À défaut du bénéfice de ce régime, le travailleur indépendant est affilié à la Sécurité sociale des indépendants (ex-RSI) qui assure le versement des prestations maladie et de maternité par le biais des organismes conventionnés ainsi que celui des prestations de retraite de base, retraite complémentaire et d'invalidité-décès, la médecine préventive et la gestion de l'action sanitaire et sociale en faveur des actifs et des retraités indépendants.

© Delagrave, 2021.

RESSOURCE 5 Le micro-entrepreneur et le salarié

Couverture sociale

Micro-entrepreneur

- Affilié à la Sécurité sociale des indépendants (ex-RSI)
- Couverture « maladie » similaire à celle des salariés (sauf indemnités journalières et accidents du travail)
- Droits à la retraite dépendant du chiffre d'affaires déclaré et validation de trimestres de retraite conditionnée à la réalisation d'un chiffre d'affaires annuel minimum
- Ne cotise pas, donc ne se crée pas de droit à une protection « chômage »

Salarié

Affilié au régime général des salariés (CPAM, MSA) pour sa couverture maladie et retraite obligatoire et à Pôle emploi au titre du risque « chômage ».

Paiement des cotisations sociales (maladie, retraite, allocations familiales)

Micro-entrepreneur

- Charges sociales réglées directement par le micro-entrepreneur
- Taux de cotisations appliqué sur le chiffre d'affaires selon les règles du régime microsocial

Salarié

Charges sociales (part patronale et part salariale) réglées directement par l'employeur (montant proportionnel au salaire versé).

Congés payés

Micro-entrepreneur

Le micro-entrepreneur est un chef d'entreprise. Il peut prendre autant de jours de congés qu'il le souhaite. Toutefois, pendant cette période, s'il n'exerce pas son activité, il n'encaissera pas de chiffre d'affaires et il lui sera plus difficile de se dégager une rémunération.

Salarié

Un salarié a droit à des congés, payés par son employeur.

© Delagrave, 2021.

2 Analyser les clauses spécifiques du contrat de travail

SAVOIRS ASSOCIÉS

- Les contrats de travail

Situation simulée

Madame Étaire a été recrutée par le campus Rhin Rhône Méditerranée en février 2017 en tant que responsable informatique basée sur le site de Jonage (69). Son contrat de travail prévoit qu'elle peut intervenir ponctuellement sur le campus Seine et Nord (95). Le développement du campus Seine et Nord crée un besoin plus important et l'employeur de Mme Étaire lui demande de le rejoindre à temps complet dans les six mois. Celle-ci a clairement fait savoir qu'elle contestait cette « mutation » et a informé son employeur que si cette décision devait être confirmée, elle quitterait l'entreprise pour rejoindre un des leaders de la formation à distance, le groupe FunMooc.

Missions

1. **Vérifiez la légalité de la mutation envisagée.**
2. **Appréciez la validité de l'article 38 du contrat de travail de Mme Étaire.**

DOCUMENT 1 Extrait du contrat de travail de Mme Étaire

Article 25

La salariée exercera ses fonctions à titre principal sur le site du campus Rhin Rhône Méditerranée à Jonage ; elle pourra toutefois faire l'objet d'une mutation au sein du campus Seine et Nord en fonction des nécessités des sites concernés.

Si une telle mutation devait intervenir au cours du contrat, la salariée devra être informée au minimum deux mois avant sa nouvelle prise de fonction.

Article 38

Compte tenu de la nature de ses fonctions de responsable informatique, la salariée s'interdit d'entrer au service d'une entreprise concurrente et plus particulièrement des entreprises de formation à distance.

Cette interdiction interviendra dès la rupture du présent contrat, qu'elle qu'en soit la cause.

Cette interdiction de concurrence est limitée à une période de un an à compter du jour de la rupture du présent contrat. Elle couvre l'ensemble du territoire de la France métropolitaine.

En contrepartie de l'obligation de non-concurrence prévue ci-dessus, la salariée percevra après la cessation effective de son contrat et pendant toute la durée de cette interdiction une indemnité égale à 30 % du dernier salaire versé.

© Delagrave, 2021.

DOCUMENT 2 Cour de cassation, chambre sociale, 19 mai 2016

Attendu, selon les arrêts attaqués, que la société Air France a mis fin le 1er juin 2006 au marché concédé à la société Aircar pour le transport de passagers au moyen de véhicules grand gabarit dénommés aérobus, qu'elle avait décidé de ne plus utiliser ; qu'elle a confié un marché de transport de passagers par de nouveaux cars à grande capacité à la société Aéropass appartenant au même groupe Transdev ; que trente-trois conducteurs d'aérobus ont été transférés de la société Aircar à la société Aéropass le 2 juin 2006 et que M. X… et dix autres salariés ont saisi la juridiction prud'homale pour contester la validité de leur transfert, solliciter des dommages-intérêts et des indemnités de rupture de la société Aircar pour licenciement sans cause réelle et sérieuse et des rappels de salaire de la société Aéropass ; […]

La cour d'appel retient […] que leur contrat prévoyait une clause autorisant la substitution à leur employeur de toute personne morale apparentée au même groupe de sociétés et que les salariés ne sont pas fondés à assimiler ce transfert conventionnel à une rupture illicite de leur contrat de travail. […]

Qu'en statuant ainsi, alors, d'une part, que la clause de mobilité par laquelle le salarié lié par contrat de travail à une société s'est engagé à accepter toute mutation dans une autre société, alors même que cette société appartiendrait au même groupe est nulle, […] la cour d'appel a violé le texte susvisé ;

PAR CES MOTIFS […] CASSE ET ANNULE

www.courdecassation.fr

RESSOURCE 1 La clause de mobilité

Il s'agit d'une clause contractuelle par laquelle le salarié s'engage, par avance, à accepter un changement dans son lieu de travail.

La clause de mobilité doit être acceptée de façon non équivoque par le salarié. Il faut ainsi que son contrat de travail comporte dans ses diverses clauses une clause de mobilité explicite.

La chambre sociale de la Cour de cassation en date du 7 juin 2006 a posé le principe que « *la clause de mobilité doit définir de façon précise sa zone géographique d'application et ne peut conférer à l'employeur le pouvoir d'en étendre unilatéralement la portée* ».

Une jurisprudence ancienne, stable et constante indique que « *la mise en œuvre de la clause de mobilité n'est valable qu'à la condition d'être indispensable à la protection des intérêts légitimes de l'entreprise, justifiée par la nature de la tâche à accomplir et proportionnée au but recherché* ».

La jurisprudence a toujours imposé un délai de prévenance en matière de mise en œuvre des clauses de mobilité, ceci même en cas de silence du contrat de travail ou de la convention collective.

www.village-justice.com

RESSOURCE 2 La clause de non-concurrence

Pour qu'elle soit applicable, la clause de non-concurrence doit répondre à certains critères cumulatifs définis par la jurisprudence […]. Elle doit être écrite dans le contrat de travail. […]

Elle doit être indispensable à la protection des intérêts légitimes de l'entreprise […] et ne pas empêcher le salarié de trouver un emploi ailleurs.

La clause de non-concurrence doit être limitée :
– dans le temps (sans que la durée soit excessive) ;
– dans l'espace (une zone géographique doit être prévue) ;
– et à une activité spécifiquement visée (coiffeur, par exemple).

[…] Elle doit prévoir une contrepartie financière […] pour le salarié. L'employeur la verse au salarié en contrepartie de son engagement à ne pas lui faire concurrence. Si le salarié ne respecte plus la clause, l'employeur peut interrompre le versement de la contrepartie.

www.service-public.fr

Vidéo 3'42
La clause de non-concurrence
www.lienmini.fr/C559-nonconcurrence

3 Analyser la protection des salariés

SAVOIRS ASSOCIÉS

- Les principes de la protection des salariés

Situation simulée

Le service ressources humaines du campus Rhin Rhône Méditerranée se compose de deux personnes, mais l'ensemble des services administratifs regroupe six personnes. La crise sanitaire liée à l'épidémie de Covid-19 a imposé une réorganisation du travail. Quatre personnes sont désormais en télétravail à 50 % de leur temps de travail. Madame Rodière, consciente de l'ampleur de ces modifications des conditions de travail, se questionne sur les obligations du campus en matière de prévention.

Missions

1 Recherchez si Mme Rodière doit faire apparaître, dans le document unique d'évaluation des risques professionnels, l'ensemble des mesures de protection prises pour faire face aux risques identifiés.

2 Montrez en quoi le fait de ne pas mettre en œuvre de mesures de prévention, notamment concernant les risques psychosociaux, pourrait être reproché à Mme Rodière.

DOCUMENT 1 Code du travail

Article L. 4121-1

L'employeur prend les mesures nécessaires pour assurer la sécurité et protéger la santé physique et mentale des travailleurs.

Ces mesures comprennent :

1° Des actions de prévention des risques professionnels, y compris ceux mentionnés à l'article L. 4161-1 ;

2° Des actions d'information et de formation ;

3° La mise en place d'une organisation et de moyens adaptés.

L'employeur veille à l'adaptation de ces mesures pour tenir compte du changement des circonstances et tendre à l'amélioration des situations existantes.

DOCUMENT 2 La mise en place du télétravail massif (épidémie de Covid-19)

Pour les entreprises n'y ayant jamais eu recours avant la crise sanitaire, les risques liés au télétravail n'ont souvent jamais été évalués. Or la mise en place du télétravail constitue une modification des conditions de travail dont l'impact sur la santé et la sécurité doit être évalué.

[...] Les risques professionnels potentiels sont les suivants :

- **Des risques liés à un aménagement non adapté du poste de travail informatique à domicile, aménagement qui peut générer des contraintes posturales ou articulaires** (épaules, coudes, poignets…). [...]
- **Des risques liés aux postures assises prolongées et au manque d'activité physique associés au travail informatique à domicile.** Le télétravail conduit à diminuer les déplacements à pied quotidiens en supprimant les trajets vers le lieu de travail ou les déplacements à l'intérieur de l'entreprise, et à rester assis plus longtemps. [...]
- **Des risques psychosociaux.** [...] En effet, le télétravail semble être à l'origine de certains facteurs de risques psychosociaux : difficulté de séparation entre sphère professionnelle et privée ; isolement du collectif, voire sentiment d'abandon ; modifications des relations interpersonnelles ; [...]

www.inrs.fr

DOCUMENT 3 Cour de cassation, chambre sociale, 17 octobre 2018

Attendu, selon l'arrêt attaqué, que Mme Y..., engagée le 27 avril 2001, en qualité de consultant[e], par la société Axiem, absorbée par la société Altran CIS aux droits de laquelle vient la société Altran technologies [...] a saisi la juridiction prud'homale de diverses demandes ; [...]
Vu les articles L. 4121-1 et L. 4121-2 du code du travail ;
Attendu que, pour faire droit à la demande indemnitaire de la salariée au titre de propos à connotation raciste tenus par un salarié à l'égard de cette dernière, l'arrêt [d'appel] retient que l'employeur prend les mesures nécessaires pour assurer la sécurité et protéger la santé physique et mentale des travailleurs ; qu'il manque à cette obligation lorsqu'un salarié est victime sur le lieu de travail de violence morale exercée par l'un ou par l'autre de ses salariés quand bien même il a pris ultérieurement des mesures en vue de réprimer ces agissements ;
Qu'en se déterminant ainsi, sans rechercher si l'employeur n'avait pas justifié avoir pris les mesures de prévention légalement prévues et, informé des propos en cause, n'avait pas pris les mesures immédiates propres à faire cesser la violence morale en résultant, la cour d'appel n'a pas donné de base légale à sa décision [...]

www.courdecassation.fr

RESSOURCE 1 Les principes généraux de la démarche de prévention

Pour mettre en place une démarche de prévention, il est nécessaire de s'appuyer sur les neuf grands principes généraux (L. 4121-2 du Code du travail) qui régissent l'organisation de la prévention.
Éviter les risques [...], évaluer les risques [...], combattre les risques à la source [...], adapter le travail à l'homme [...], tenir compte de l'évolution de la technique [...], remplacer ce qui est dangereux par ce qui l'est moins, planifier la prévention [...], donner la priorité aux mesures de protection collective et donner les instructions appropriées aux salariés.

www.inrs.fr

RESSOURCE 2 Le document unique d'évaluation des risques professionnels

L'employeur doit élaborer et tenir à jour un document unique d'évaluation des risques qui recense l'ensemble des risques pour la santé et la sécurité du personnel dans l'entreprise.
Il doit par ailleurs prendre toutes les mesures nécessaires pour assurer la sécurité et protéger la santé des salariés de son entreprise. Ces mesures comprennent : des actions de prévention des risques professionnels ; des actions d'information et de formation ; ainsi que la mise en place d'une organisation et de moyens adaptés.
L'employeur veille à l'adaptation de ces mesures pour tenir compte du changement des circonstances et tendre à l'amélioration des situations existantes. [...]
Toute entreprise qui emploie un ou plusieurs salariés est concernée par le document unique.
L'employeur doit informer les salariés par affichage dans l'entreprise du lieu de consultation du document. [...] Le document unique doit faire l'objet d'une mise à jour au minimum annuelle.

www.entreprises.cci-paris-idf.fr

4 Comprendre les dispositifs de formation

SAVOIRS ASSOCIÉS

- Le compte personnel de formation
- La validation des acquis de l'expérience

Situation simulée

Le campus Rhin Rhône Méditerranée propose un catalogue de dispositifs de formation continue sur les métiers de l'environnement. C'est dans ce cadre que le campus souhaite communiquer sur le compte personnel de formation (CPF). Par ailleurs, Mme Rodière entend valoriser l'expérience professionnelle de Mme Cinpath, titulaire d'un BEP secrétariat, qui occupe avec grande efficacité, depuis plus de 20 ans, le poste d'assistante de direction.

Missions

1. **Proposez une courte note adressée à Mme Rodière présentant les avantages respectifs du compte personnel de formation pour les salariés et pour les employeurs.**
2. **Examinez la possibilité pour Mme Cinpath d'obtenir le BTS Support à l'action managériale par le biais de la VAE (validation des acquis de l'expérience).**

DOCUMENT 1 Code du travail

Article L. 6323-2
Le compte personnel de formation est comptabilisé en euros et mobilisé par la personne, qu'elle soit salariée, à la recherche d'un emploi, travailleur indépendant, membre d'une profession libérale ou d'une profession non salariée ou conjoint collaborateur, afin de suivre, à son initiative, une formation. Le compte ne peut être mobilisé qu'avec l'accord exprès de son titulaire. Le refus du titulaire du compte de le mobiliser ne constitue pas une faute.

Article R. 6323-1
Le compte personnel de formation du salarié ayant effectué une durée de travail supérieure ou égale à la moitié de la durée légale ou conventionnelle de travail sur l'ensemble de l'année est alimenté à hauteur de 500 euros au titre de cette année, dans la limite d'un plafond total de 5 000 euros.

Article L. 6323-4 […]
II.-Lorsque le coût de cette formation est supérieur au montant des droits inscrits sur le compte ou aux plafonds respectivement mentionnés aux articles L. 6323-11,[…], le compte peut faire l'objet, à la demande de son titulaire, d'abondements en droits complémentaires pour assurer le financement de cette formation. Ces abondements peuvent être financés notamment par :
1° Le titulaire lui-même ; 2° L'employeur, lorsque le titulaire du compte est salarié ; […] ; 4° L'organisme […] chargé de la gestion du compte professionnel de prévention, à la demande de la personne ; […] 6° L'Etat ; 7° Les régions ; 8° Pôle emploi ; […]

DOCUMENT 3 Le BTS Support à l'action managériale

Le BTS Support à l'action managériale vous permettra de devenir le collaborateur d'un directeur général, d'un directeur d'unité ou de plusieurs cadres de l'entreprise. Vous occuperez un poste clé en contribuant à améliorer l'organisation administrative, l'image, les processus de l'entreprise auprès des clients, fournisseurs et l'ensemble de ses partenaires. […] Vous serez à même d'organiser des événements, des déplacements, de gérer l'information et de prendre en charge un certain nombre de dossiers, administratifs ou directement liés à l'activité générale de l'organisation.

www.dimension-bts.com

RESSOURCE 1 Le compte personnel de formation

UN DISPOSITIF POUR SE FORMER

QUI OUVRE DES DROITS POUR

BON À SAVOIR

UN ABONDEMENT EST POSSIBLE SI LE COÛT DE LA FORMATION EST SUPÉRIEUR AU MONTANT DES DROITS ACQUIS.

POUR LES SALARIÉS

LE SALARIÉ CHOISIT QUAND ET COMMENT UTILISER SON CPF. L'EMPLOYEUR NE PEUT PAS IMPOSER D'UTILISER UN CPF POUR FINANCER UNE FORMATION.

LE SALARIÉ DOIT DEMANDER UNE AUTORISATION D'ABSENCE POUR SE FORMER SUR SON TEMPS DE TRAVAIL. SA RÉMUNÉRATION RESTE INCHANGÉE. EN REVANCHE, SE FORMER SUR SON TEMPS LIBRE NE DONNE PAS DROIT À RÉMUNÉRATION SUPPLÉMENTAIRE.

Liberté • Égalité • Fraternité
RÉPUBLIQUE FRANÇAISE
MINISTÈRE DU TRAVAIL

Plus d'infos sur **moncompteformation.gouv.fr**

RESSOURCE 2 Le financement de la formation professionnelle

Contribution unique à la formation professionnelle et à l'alternance

	Moins de 11 salariés	11 salariés et +
Taxe d'apprentissage	0,68 %	
Contribution formation professionnelle continue	0,55 %	1 %
TOTAL	1,23 %	1,68 %

RESSOURCE 3 La validation des acquis de l'expérience

Toute personne, quels que soient son âge, sa nationalité, son statut et son niveau de formation, qui justifie d'au moins 1 an d'expérience en rapport direct avec la certification visée, peut prétendre à la VAE. Cette certification qui peut être un diplôme, un titre ou un certificat de qualification professionnelle doit être inscrite au Répertoire national des certifications professionnelles (RNCP).

www.vae.gouv.fr

Vidéo Jusqu'à 5'30
Tout sur la validation des acquis de l'expérience
www.lienmini.fr/C559-vae

5 Analyser la modification de la relation d'emploi et le droit négocié

SAVOIRS ASSOCIÉS
- Accord d'entreprise de performance collective
- Droit négocié et rôle des partenaires sociaux

Situation simulée

Pour prendre en compte l'évolution de l'activité du campus, mais également les nouvelles opportunités qui s'offrent à lui, la direction souhaite proposer aux salariés la signature d'un accord collectif traitant de deux thèmes principaux : la mise en place du télétravail, d'une part, et une modification de la durée de travail, d'autre part. Cette démarche crée une tension avec certains salariés du campus. Monsieur Laplace, agent d'entretien en CDI, a déjà informé Mme Rodière, directrice des ressources humaines, qu'il n'accepterait aucune modification de son temps de travail.

Missions

1. **Recherchez si le thème du télétravail peut être intégré dans un accord de performance collective.**
2. **Contrôlez la légalité des articles 8 et 12 de la proposition d'accord d'entreprise du campus.**
3. **Dans l'hypothèse où l'accord collectif reprend le contenu du document 1, proposez à Mme Rodière une solution argumentée permettant de répondre au refus de M. Laplace.**

DOCUMENT 1 Extraits de la proposition d'accord dit « de performance collective »

Article 1
Le présent accord collectif répond aux conditions édictées par les articles 2232-12 et 2254-2 du Code du travail. [...]

Article 8
Tous les salariés du campus rattachés à un service administratif devront effectuer une partie de leur service en télétravail. Cette proportion ne pourra être inférieure à 10 % ni supérieure à 50 %. [...]

Article 12
La durée hebdomadaire de travail effectif passera de 35 heures à 38 heures pour tous les salariés du campus. [...]

© Delagrave, 2021.

DOCUMENT 2 Code du travail

Article L. 1222-9
I.-[...] le télétravail désigne toute forme d'organisation du travail dans laquelle un travail qui aurait également pu être exécuté dans les locaux de l'employeur est effectué par un salarié hors de ces locaux de façon volontaire en utilisant les technologies de l'information et de la communication. [...]
Le télétravail est mis en place dans le cadre d'un accord collectif ou, à défaut, dans le cadre d'une charte élaborée par l'employeur après avis du comité social et économique, s'il existe. [...]
Le refus d'accepter un poste de télétravailleur n'est pas un motif de rupture du contrat de travail. [...]

Article L. 2254-2
I. – Afin de répondre aux nécessités liées au fonctionnement de l'entreprise ou en vue de préserver, ou de développer l'emploi, un accord de performance collective peut :
– aménager la durée du travail, ses modalités d'organisation et de répartition ;
– aménager la rémunération au sens de l'article L. 3221-3 dans le respect des salaires minima hiérarchiques mentionnés au 1° du I de l'article L. 2253-1 ;
– déterminer les conditions de la mobilité professionnelle ou géographique interne à l'entreprise. [...]
III. – Les stipulations de l'accord se substituent de plein droit aux clauses contraires et incompatibles du contrat de travail, y compris en matière de rémunération, de durée du travail et de mobilité professionnelle ou géographique interne à l'entreprise. Le salarié peut refuser la modification de son contrat de travail résultant de l'application de l'accord. [...]
V. – L'employeur dispose d'un délai de deux mois à compter de la notification du refus du salarié pour engager une procédure de licenciement. Ce licenciement repose sur un motif spécifique qui constitue une cause réelle et sérieuse. [...]

RESSOURCE 1 Les accords collectifs

Un accord collectif est un accord conclu entre un employeur ou un groupement d'employeurs et une ou plusieurs organisations syndicales en vue de fixer des règles relatives aux conditions de travail, à l'emploi ou aux garanties sociales des salariés.
Le contenu de chaque accord collectif porte sur un ou plusieurs sujets bien spécifiques (salaire, complémentaire santé, formation professionnelle, etc.). En ce sens, les accords collectifs se distinguent des conventions collectives qui, elles, ont trait aux conditions de travail dans leur ensemble et dont le champ d'application est par conséquent plus large.

www.droit-finances.commentcamarche.com

RESSOURCE 2 Les accords de performance collective

1. Entreprises concernées
Toute entreprise peut conclure un accord de performance collective. La loi n'impose aucune condition d'effectif ou condition tenant à la situation financière de l'entreprise.
2. Condition de négociation et signature de l'accord
L'accord de performance collective est **un accord de droit commun**, qui répond donc aux conditions de l'article L. 2232-12 du Code du travail. Il est négocié avec les organisations syndicales (OS) représentatives de l'entreprise et valablement conclu s'il est signé par une ou plusieurs OS ayant recueilli au moins 50 % des suffrages exprimés en faveur des OS représentatives lors des dernières élections. À défaut, il doit être approuvé par la majorité des salariés lors d'un référendum. Dans les entreprises dépourvues de délégué syndical, il est conclu dans les conditions de la négociation dérogatoire.

www.carnetsdroitdutravail.com

RESSOURCE 3 Les sources de droit négocié

En droit du travail, en cas de conflit entre les différentes normes, c'est la plus favorable aux salariés qui doit s'appliquer. On parle alors d'un principe de faveur. C'est un principe fondamental en droit du travail. Cependant, il n'a qu'une valeur légale et non une valeur constitutionnelle. Ceci implique que son application peut être écartée dans certains cas.
[...] l'accord d'entreprise prime de manière générale sur l'accord de branche. [...]. Cependant, il existe certains domaines dans lesquels un accord d'entreprise ne peut déroger à un accord de branche. Il s'agit notamment des salaires minima hiérarchiques, de l'égalité professionnelle entre les femmes et les hommes mais aussi des grilles de classification et des garanties collectives complémentaires. [...]
Entre l'accord d'entreprise et le contrat de travail, c'est généralement le principe de faveur qui s'applique. [...]
Toutefois, il existe certains cas dans lesquels un accord d'entreprise peut s'imposer au contrat de travail alors même qu'il prévoit des dispositions moins favorables pour les salariés. C'est le cas lorsqu'il s'agit de répondre aux nécessités liées au fonctionnement de l'entreprise. C'est aussi le cas lorsqu'il s'agit de préserver ou de développer l'emploi, et ce en matière d'aménagement du temps de travail, d'aménagement de la rémunération et de mobilité professionnelle ou géographique interne à l'entreprise.

www.cabinet-feres-et-associes-avocats.fr

6 Étudier la modification de la relation d'emploi

SAVOIRS ASSOCIÉS
- Modification des conditions de travail
- Modification du contrat de travail

Situation simulée

La modification de l'organisation du travail sur le campus a entraîné un changement des heures d'ouverture du site. Cette évolution impacte directement les horaires de travail du gardien, qui est logé sur le campus. Celui-ci commencera sa journée une heure plus tôt et bénéficiera en contrepartie d'une pause méridienne rallongée de la même durée.

Missions

1. **Qualifiez juridiquement la modification des horaires de travail du gardien.**
2. **Précisez les conséquences juridiques d'un éventuel refus de ces modifications par le gardien.**

DOCUMENT 1 Cour de cassation, chambre sociale, 14 décembre 2016

Attendu, selon l'arrêt attaqué [...], que Mme X... a été engagée le 13 décembre 2000 par la société Gsf Orion, en qualité d'agent de service à temps plein ; [...] elle a été affectée sur deux sites par courrier du 6 novembre 2008, selon [une] répartition de l'horaire de travail [modifiée] [...] ; qu'ayant refusé ces nouveaux horaires qui, selon elle, représentaient un bouleversement de ses conditions de travail, elle a saisi la juridiction prud'homale d'une demande de résiliation de son contrat de travail ;
Attendu que la salariée fait grief à l'arrêt de juger que le licenciement repose sur une cause réelle et sérieuse et de la débouter de sa demande de dommages-intérêts, alors, selon le moyen : [...]
Qu'ayant relevé, d'une part que le contrat de travail prévoyait que les horaires de travail pourraient être modifiés, d'autre part que les nouveaux horaires n'affectaient pas le droit au repos de la salariée, enfin qu'ils ne portaient pas une atteinte excessive à sa vie personnelle et familiale, la cour d'appel, [...] a pu en déduire que le refus de la salariée de prendre son poste était fautif et constituait une cause réelle et sérieuse de licenciement [...].

www.courdecassation.fr

DOCUMENT 2 Extrait du contrat de travail du gardien

Article 3 : Horaires de travail

[...] La prise de poste se fera au plus tard 15 minutes avant l'ouverture du site et la fin de service interviendra au plus tard 30 minutes après la fermeture du site. [...]

© Delagrave, 2021.

RESSOURCE 1 Les modifications du contrat de travail

En principe, un contrat ne peut pas être modifié unilatéralement par un seul de ses signataires. Mais le contrat de travail fait exception à cette règle générale en vertu du pouvoir de direction du chef d'entreprise. La jurisprudence distingue deux types de modifications :

– la modification du contrat lui-même : le changement affecte un de ses éléments essentiels, qui constituait l'une des conditions déterminantes de l'accord du salarié lors de l'embauche. Elle exige l'accord des deux parties. Si le salarié refuse la proposition faite par l'employeur, il doit abandonner son projet ou engager une procédure de licenciement en bonne et due forme ;

– la modification des conditions de travail : dans le cadre de son pouvoir de direction, l'employeur peut en effet imposer unilatéralement une modification des modalités d'exécution du travail, notamment via un avenant au contrat du salarié. Le refus du salarié constitue en principe une faute grave en tant que manquement à ses obligations contractuelles. Il peut donc être sanctionné par un licenciement [inhérent à la personne du salarié].

www.droit-finances.commentcamarche.com

RESSOURCE 2 La modification des horaires de travail

De jurisprudence constante et à la différence de la durée du travail, qui est un élément nécessairement contractuel, les horaires de travail sont du domaine « des conditions de travail relevant du pouvoir de direction du chef d'entreprise » [...]. Leur changement, qu'il s'agisse d'une nouvelle répartition au sein de la journée [...] ou entre les jours de la semaine [...] peut donc légitimement, et sauf abus, être imposé par l'employeur. Le cas échéant, son refus peut être sanctionné.

Il en va cependant différemment lorsque les parties ont eu l'intention de contractualiser les horaires de travail. Encore faut-il pour cela que la clause soit suffisamment explicite.

www.business.lesechos.fr

Vidéo 4'14
Peut-on modifier mes horaires de travail ?
www.lienmini.fr/C559-temps

7 Qualifier juridiquement la fin de la relation de travail

SAVOIRS ASSOCIÉS
- Rupture conventionnelle
- Démission

Situation simulée

Madame Rodière vient d'apprendre que M. Laplace, agent d'entretien, souhaite quitter l'entreprise. Il n'a pas clairement exprimé le souhait de démissionner, mais a demandé un rendez-vous avec elle pour évoquer les conditions de son départ.

Mission

Afin d'aider Mme Rodière à préparer l'entretien avec M. Laplace, rédigez à son intention une courte note argumentée dans laquelle vous préciserez tout d'abord les différences entre la démission et la rupture conventionnelle puis, au regard de cette distinction, vous lui suggérerez l'option la plus adaptée en l'espèce.

DOCUMENT 1 Code du travail

Article L. 1237-11
L'employeur et le salarié peuvent convenir en commun des conditions de la rupture du contrat de travail qui les lie.
La rupture conventionnelle, exclusive du licenciement ou de la démission, ne peut être imposée par l'une ou l'autre des parties.
Elle résulte d'une convention signée par les parties au contrat. Elle est soumise aux dispositions de la présente section destinées à garantir la liberté du consentement des parties.

Article L. 1237-13
La convention de rupture définit les conditions de celle-ci, notamment le montant de l'indemnité spécifique de rupture conventionnelle qui ne peut pas être inférieur à celui de l'indemnité prévue à l'article L. 1234-9.
Elle fixe la date de rupture du contrat de travail, qui ne peut intervenir avant le lendemain du jour de l'homologation.
À compter de la date de sa signature par les deux parties, chacune d'entre elles dispose d'un délai de quinze jours calendaires pour exercer son droit de rétractation. Ce droit est exercé sous la forme d'une lettre adressée par tout moyen attestant de sa date de réception par l'autre partie.

Article L. 1237-14
À l'issue du délai de rétractation, la partie la plus diligente adresse une demande d'homologation à l'autorité administrative, avec un exemplaire de la convention de rupture. […]
L'autorité administrative dispose d'un délai d'instruction de quinze jours ouvrables, à compter de la réception de la demande, pour s'assurer du respect des conditions prévues à la présente section et de la liberté de consentement des parties. À défaut de notification dans ce délai, l'homologation est réputée acquise et l'autorité administrative est dessaisie.
La validité de la convention est subordonnée à son homologation. […]

DOCUMENT 2 Cour de cassation, chambre sociale, 20 octobre 2016

Attendu, selon l'arrêt attaqué (Bourges, 18 avril 2014), que Mme X..., engagée le 1er septembre 2005 par Mme Y... en qualité d'employée de maison, a saisi la juridiction prud'homale le 24 juin 2012 de demandes tendant au prononcé de la résiliation judiciaire de son contrat de travail aux torts de l'employeur et au paiement de diverses sommes au titre de l'exécution et de la rupture de ce contrat ;
Attendu que la salariée fait grief à l'arrêt de la débouter de ses demandes alors, selon le moyen que la démission est l'acte unilatéral par lequel le salarié manifeste de façon claire et non équivoque sa volonté de mettre fin au contrat de travail ; qu'elle ne se présume pas [...] ; qu'en énonçant, dès lors, pour retenir que la salariée avait démissionné dès la fin du mois de décembre 2006 et pour la débouter, en conséquence, de l'ensemble de ses demandes, que l'intéressée avait déclaré devant témoins, dont les attestations étaient versées au débat, avoir trop de travail chez ses autres employeurs pour pouvoir continuer à travailler chez l'employeur [...], la cour d'appel a violé les dispositions des articles L. 1231-1 et L. 1237-1 du Code du travail ;
Mais attendu qu'ayant constaté, par motifs propres et adoptés, que la salariée avait indiqué en décembre 2006 à plusieurs personnes avoir mis fin à la relation de travail en invoquant des convenances personnelles, qu'elle avait depuis cessé de se rendre à son travail et n'avait pas pris l'attache de son employeur avant février 2007, la cour d'appel a pu en déduire qu'elle avait manifesté une volonté claire et non équivoque de démissionner ; que le moyen n'est pas fondé ;
PAR CES MOTIFS : REJETTE le pourvoi [...].

www.legifrance.gouv.fr

RESSOURCE 1 Les conséquences de la démission

Après avoir signifié votre démission à votre employeur, vous continuez à travailler jusqu'à la fin de votre contrat de travail, dans le respect du délai de préavis prévu (sauf en cas de dispense du préavis). [...]

- En cas de dispense du préavis par votre employeur, vous avez droit au versement d'une indemnité compensatrice de préavis.
- Vous avez droit à une indemnité compensatrice de congés payés si vous n'avez pas pu prendre la totalité des congés acquis avant la date de rupture de votre contrat.
- Certains motifs de démission* ouvrent droit au versement des allocations chômage. Vous continuez à bénéficier de la couverture santé souscrite dans le cadre de votre ancien travail, sous certaines conditions.
- Si vous bénéficiez d'un dispositif d'épargne salariale, vous pouvez demander le déblocage anticipé des sommes.

*Cas notamment de la démission pour motif légitime ou avec projet de reconversion.

www2.editions-tissot.fr

Vidéo 1'45
La rupture conventionnelle
www.lienmini.fr/C559-rupture

8 Analyser la fin de la relation de travail

SAVOIRS ASSOCIÉS
- Rupture conventionnelle
- Licenciement pour motif personnel
- Licenciement pour motif économique

Situation simulée

La direction du campus doit se rendre à l'évidence, une des formations au catalogue ne correspond plus à aucune demande. C'est dans ce cadre que Mme Rodière envisage le licenciement de deux formateurs actuellement en CDI, pleinement et exclusivement impliqués dans cette formation.

Missions

1. **Identifiez quel type de licenciement pourrait être envisagé.**
2. **Précisez les conditions dans lesquelles un tel licenciement pourrait intervenir.**
3. **Au regard des textes, expliquez si de tels licenciements imposeraient au campus de mettre en place un plan de sauvegarde de l'emploi.**

DOCUMENT 1 Code du travail

Article L. 1233-3

Constitue un licenciement pour motif économique le licenciement effectué par un employeur pour un ou plusieurs motifs non inhérents à la personne du salarié résultant d'une suppression ou transformation d'emploi ou d'une modification, refusée par le salarié, d'un élément essentiel du contrat de travail, consécutives notamment :

1° À des difficultés économiques caractérisées soit par l'évolution significative d'au moins un indicateur économique tel qu'une baisse des commandes ou du chiffre d'affaires, des pertes d'exploitation ou une dégradation de la trésorerie ou de l'excédent brut d'exploitation, soit par tout autre élément de nature à justifier de ces difficultés. […]

2° À des mutations technologiques ;

3° À une réorganisation de l'entreprise nécessaire à la sauvegarde de sa compétitivité ;

4° À la cessation d'activité de l'entreprise.

La matérialité de la suppression, de la transformation d'emploi ou de la modification d'un élément essentiel du contrat de travail s'apprécie au niveau de l'entreprise. […]

Article L. 1233-4

Le licenciement pour motif économique d'un salarié ne peut intervenir que lorsque tous les efforts de formation et d'adaptation ont été réalisés et que le reclassement de l'intéressé ne peut être opéré sur les emplois disponibles, situés sur le territoire national dans l'entreprise ou les autres entreprises du groupe dont l'entreprise fait partie et dont l'organisation, les activités ou le lieu d'exploitation assurent la permutation de tout ou partie du personnel.

Pour l'application du présent article, la notion de groupe désigne le groupe formé par une entreprise appelée entreprise dominante et les entreprises qu'elle contrôle dans les conditions définies à l'article L. 233-1, aux I et II de l'article L. 233-3 et à l'article L. 233-16 du Code du commerce.

Le reclassement du salarié s'effectue sur un emploi relevant de la même catégorie que celui qu'il occupe ou sur un emploi équivalent assorti d'une rémunération équivalente. À défaut, et sous réserve de l'accord exprès du salarié, le reclassement s'effectue sur un emploi d'une catégorie inférieure.

L'employeur adresse de manière personnalisée les offres de reclassement à chaque salarié ou diffuse par tout moyen une liste des postes disponibles à l'ensemble des salariés, dans des conditions précisées par décret.

Les offres de reclassement proposées au salarié sont écrites et précises.

RESSOURCE 1 Le licenciement

Le licenciement est une rupture du contrat de travail à l'initiative de l'employeur, à l'inverse de la démission […] et de la rupture conventionnelle. Il peut aussi bien concerner un CDI qu'un CDD. L'employeur ne peut décider de mettre un terme au contrat de travail qui le lie à un salarié sans justification, sous peine de s'exposer à un contentieux prud'homal. […]
Le motif du licenciement doit être à la fois réel, c'est-à-dire que les faits doivent être exacts et vérifiables, mais aussi sérieux : les faits doivent être suffisamment graves pour que le licenciement soit inévitable

www.journaldunet.fr

RESSOURCE 2 Le licenciement pour motif personnel

Le licenciement pour motif personnel est fondé sur une cause réelle et sérieuse, il est lié à la personne du salarié. Il peut être pour faute ou hors faute.

Pour faute	Hors faute
Faute simple : les motifs de licenciement peuvent aller des absences répétées et injustifiées aux erreurs de caisses	Pour **inaptitude** (insuffisance de résultats, mésentente entre le salarié et l'employeur…)
Faute grave : violation par le salarié des obligations de son contrat de travail (refus d'exécuter une mission, injure à l'encontre de l'employeur, d'un client ou d'un employé, abandon de poste…)	Pour **maladie** (le salarié n'est plus apte à exercer son emploi)
Faute lourde : faute commise intentionnellement pour nuire à l'employeur *Dans le cas d'une faute grave ou d'une faute lourde, l'employeur peut mettre à pied le salarié dès qu'il prend connaissance de la faute. Aucun préavis n'est exécuté par le salarié.*	Pour **accident** du travail
	Pour **insuffisance professionnelle** (incompétence)

© Delagrave, 2021.

RESSOURCE 3 Le plan de sauvegarde de l'emploi

Le plan de sauvegarde de l'emploi est un document écrit établi par un employeur de plus de 50 salariés qui licencie au moins 10 personnes sur une période de 30 jours. Ce document doit proposer des mesures de reclassements pour limiter les licenciements, mais aussi des mesures d'accompagnement des salariés (aide au déménagement, aide à la création d'entreprise, etc.). Il est établi de manière unilatérale par l'employeur, ou après négociation avec les syndicats, et est toujours transmis à l'autorité administrative pour validation.

Ève Mennesson, www.daf-mag.fr, 27 février 2018.

Vidéo 2'37
Un motif économique de licenciement
www.lienmini.fr/C559-licenciement

APPLICATION

Situation simulée

Évan découvre la vie estudiantine grenobloise. Il prend peu à peu conscience des contraintes budgétaires qui lui ont été jusque-là épargnées. Grand sportif, il se renseigne pour devenir livreur à vélo. Il consulte le site de la société Stuart. La nécessité de disposer d'un statut d'entrepreneur individuel le décontenance un peu.
Il vous questionne sur le statut juridique de tels livreurs.

1. Rappelez les conditions nécessaires pour qu'une relation de travail soit qualifiée juridiquement de contrat de travail.
2. Identifiez les motivations qui poussent la société Stuart à privilégier les candidats auto-entrepreneurs.
3. Comparez les arguments permettant une requalification de la relation de travail dans les deux décisions de justice (documents 2 et 3).
4. Qualifiez la relation juridique entre Évan et la société Stuart.com s'il effectuait des prestations de livraison pour elle. Justifiez votre réponse.

DOCUMENT 1 Extrait du site www.stuart.com

DOCUMENT 2 L'affaire « Take Eat Easy »

« Take Eat Easy » utilise une plateforme numérique et une application afin de mettre en relation des restaurateurs partenaires, des clients passant commande de repas par le biais de la plateforme et des livreurs à vélo exerçant leur activité sous un statut d'indépendant.
Un coursier a saisi la juridiction prud'homale d'une demande de requalification de la relation contractuelle en contrat de travail.
[...] Dans son arrêt du 28 novembre 2018, la Cour de cassation [...] casse l'arrêt de la cour d'appel et affirme *« d'une part, que l'application était dotée d'un système de géolocalisation permettant le suivi en temps réel par la société de la position du coursier et la comptabilisation du nombre total de kilomètres parcourus par celui-ci et, d'autre part, que la société "Take Eat Easy" disposait d'un pouvoir de sanction à l'égard du coursier, la cour d'appel, qui n'a pas tiré les conséquences légales de ses constatations dont il résultait l'existence d'un pouvoir de direction et de contrôle de l'exécution de la prestation caractérisant un lien de subordination, a violé le texte susvisé ».*

Frédéric Chhum, www.village-justice.com, 30 novembre 2018.

DOCUMENT 3 Cour de cassation, chambre sociale, 4 mars 2020

[...] Justifie légalement sa décision une cour d'appel qui, pour qualifier de contrat de travail la relation entre un chauffeur VTC et la société utilisant une plate-forme numérique et une application afin de mettre en relation des clients et des chauffeurs exerçant sous le statut de travailleur indépendant, retient :
1°) que ce chauffeur a intégré un service de prestation de transport créé et entièrement organisé par cette société, service qui n'existe que grâce à cette plate-forme, à travers l'utilisation duquel il ne constitue aucune clientèle propre, ne fixe pas librement ses tarifs ni les conditions d'exercice de sa prestation de transport,
2°) que le chauffeur se voit imposer un itinéraire particulier dont il n'a pas le libre choix et pour lequel des corrections tarifaires sont appliquées si le chauffeur ne suit pas cet itinéraire,
3°) que la destination finale de la course n'est parfois pas connue du chauffeur, lequel ne peut réellement choisir librement, comme le ferait un chauffeur indépendant, la course qui lui convient ou non,
4°) que la société a la faculté de déconnecter temporairement le chauffeur de son application à partir de trois refus de courses et que le chauffeur peut perdre l'accès à son compte en cas de dépassement d'un taux d'annulation de commandes ou de signalements de « comportements problématiques », et déduit de l'ensemble de ces éléments l'exécution d'un travail sous l'autorité d'un employeur qui a le pouvoir de donner des ordres et des directives, d'en contrôler l'exécution et de sanctionner les manquements et que, dès lors, le statut de travailleur indépendant du chauffeur était fictif.

www.courdecassation.fr

FAIRE LE POINT

SKETCHNOTE
www.lienmini.fr/30920-sk05

Comment le droit prend-il en considération les besoins des entreprises et des salariés ?

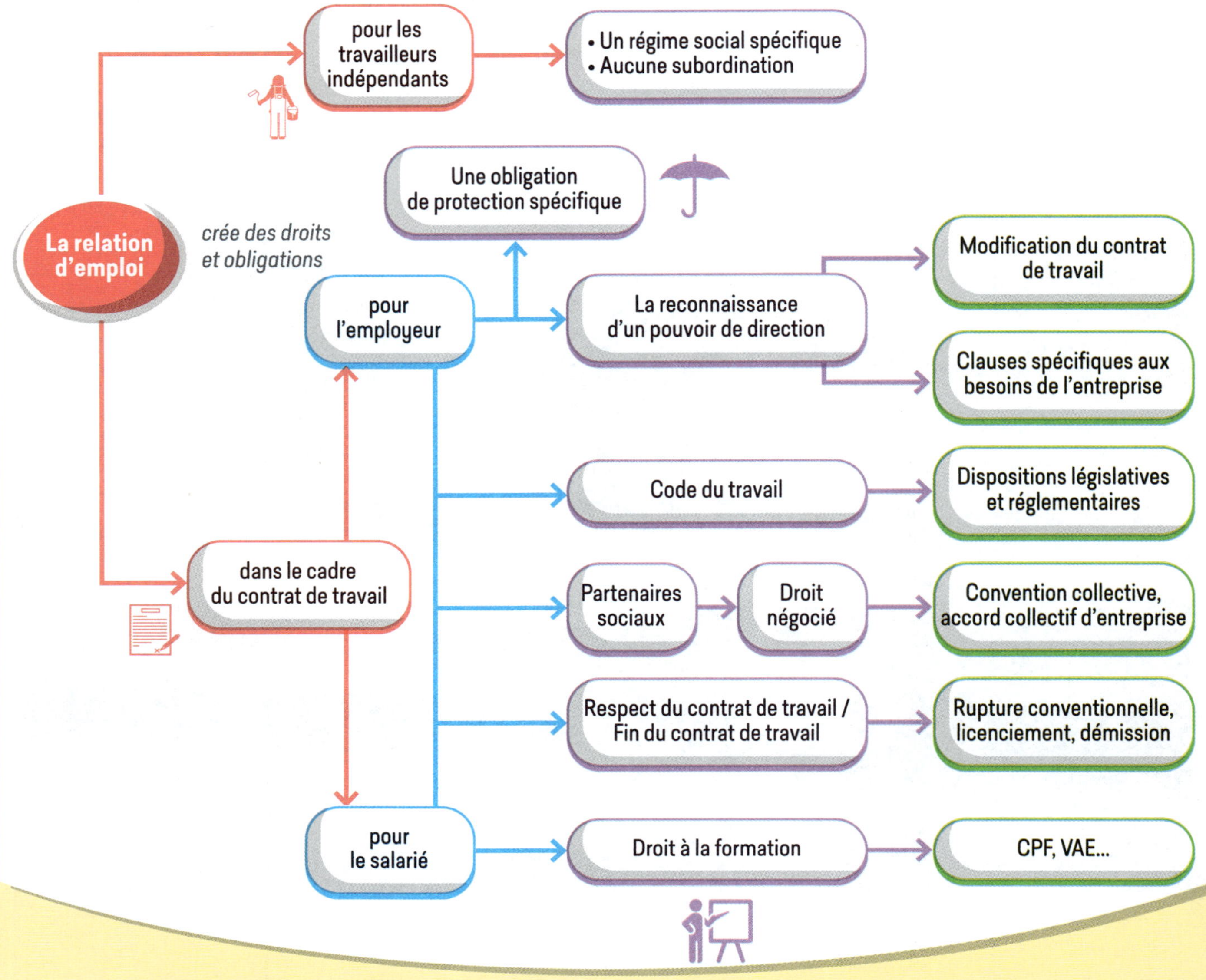

LEXIQUE

- **Clause contractuelle :** phrase ou paragraphe contenu dans un contrat précisant les droits et obligations des co-contractants.
- **Convention collective :** texte négocié entre un employeur ou une ou plusieurs organisations représentatives des employeurs et une ou plusieurs organisations syndicales représentatives des salariés traitant des conditions d'emploi et de travail des salariés.
- **Clause de mobilité :** disposition contractuelle ou conventionnelle qui prévoit que le salarié accepte par avance que son lieu de travail puisse être modifié.
- **Clause de non-concurrence :** disposition contractuelle ou conventionnelle qui oblige le salarié à ne pas exercer une activité professionnelle susceptible de concurrencer son employeur.
- **Accord de branche :** convention collective signée par les organisations représentatives des salariés et des employeurs au sein d'une branche professionnelle.
- **Rupture conventionnelle :** modalité de rupture d'un contrat de travail à durée indéterminée (CDI) dans laquelle l'employeur et le salarié conviennent d'un commun accord des conditions de la rupture du contrat.
- **Licenciement pour motif personnel :** rupture du contrat de travail à l'initiative de l'employeur reposant sur la personne du salarié (comportement, résultats...). La cause du licenciement doit être réelle et sérieuse.
- **Licenciement pour motif économique :** rupture du contrat de travail à l'initiative de l'employeur pour un ou plusieurs motifs non inhérents à la personne du salarié résultant notamment de difficultés économiques, de mutations technologiques, d'une réorganisation de l'entreprise nécessaire à la sauvegarde de sa compétitivité ou de la cessation d'activité de l'entreprise.
- **Plan de sauvegarde de l'emploi :** dispositif légal ayant pour objectif de limiter les conséquences des licenciements collectifs.

CHAPITRE 6

Quelles sont les principales évolutions du marché du travail ?

Situation simulée

Le département GRH de Veolia a mené un audit qui révèle un vieillissement sur certains postes. Face à ce constat, une campagne de recrutement ciblant principalement les jeunes doit être engagée prochainement. Avant toute décision, et afin d'adapter les offres d'emploi, Veolia souhaite réaliser une **étude globale** du marché du travail, à l'échelle européenne et, plus particulièrement, en France.

Vous êtes stagiaire au sein du département GRH. MadameAnhée, responsable du département, sollicite votre aide pour contribuer à cette analyse.

Compétences

- Décrire les principales tendances du marché du travail **(Objectifs 1 à 7)**
- Caractériser l'action des pouvoirs publics pour accompagner les mutations du marché du travail **(Objectifs 1 à 7)**

1 Présenter le marché du travail en France

SAVOIRS ASSOCIÉS
- L'offre et la demande de travail
- La segmentation du marché du travail
- Les déséquilibres du marché du travail

Situation simulée

Monsieur Trébert consulte Viadéo car il envisage de postuler à une offre d'emploi Veolia. Sans emploi à l'issue d'un CDD de deux ans (un an renouvelé) et titulaire d'un diplôme de niveau bac +2, il étudie l'annonce proposée en document 1.

Missions

1. **En vous référant à l'offre d'emploi publiée par Veolia, identifiez l'offreur et le demandeur, respectivement sur le « marché de l'emploi » puis sur le marché du travail.**
2. **Présentez les facteurs qui agissent sur la demande de travail d'une part et l'offre de travail d'autre part (points de vue quantitatif et qualitatif).**

DOCUMENT 1 Offre d'emploi émise par Veolia : opérateur exploitation F/H

[...] **L'opérateur exploitation réalise les tâches suivantes :**
Effectuer les tâches quotidiennes d'exploitation sur les unités de traitement d'eau potable
Assurer les interventions et la maintenance curative et préventive sur les réseaux, leurs équipements et les ouvrages (réparation de fuites, nettoyage réservoir)
Contrôler la qualité de l'eau sur les réseaux de distribution d'eau potable (contrôle et réglage des traitements, prélèvements et suivi de la qualité de l'eau)
Signaler les anomalies de fonctionnement au responsable d'équipe
Assurer le suivi des sous-traitants
Assurer les interventions auprès des consommateurs et l'interface avec le service consommateur (secteur en télé et radio relève)
Gérer et traiter les incidents, alertes et crises :
Alerter le responsable d'équipe en cas de détection d'un incident, d'une alerte ou d'une crise. Participer au traitement des incidents, alertes et crises.
Respecter les consignes de sécurité. [...]
Bac + 2 à bac + 3 Métiers de l'eau
Première expérience de deux ans en exploitation [...]
Avoir une bonne connaissance des process d'eau potable. [...]

www.emploi-environnement.com

RESSOURCE 1 Comment différencier le marché de l'emploi du marché du travail ?

Les annonces publiées dans la presse ou sur les sites dédiés à la recherche d'emploi proposent des « offres d'emploi », c'est-à-dire des offres de postes à pourvoir susceptibles de correspondre aux profils de demandeurs d'emploi (c'est-à-dire de personnes en recherche d'emploi).

La référence au « marché de l'emploi » est fréquente dans les publications destinées aux personnes à la recherche d'un emploi et, pourtant, cette dénomination, empruntée au langage courant, ne correspond pas au langage des économistes.

En effet, pour les économistes, ce qui est échangé sur le marché du travail est le facteur de production qui entre dans la combinaison productive (laquelle inclut par ailleurs du capital) : à savoir, le travail.

L'analyse économique utilise donc le concept de « marché du travail », lieu de rencontre de l'offre de travail qui émane des salariés (potentiels) et de la demande du travail (exprimée par les entreprises et employeurs potentiels).

Sur ce marché, la rencontre entre l'offre et la demande aboutit à la fixation du salaire d'équilibre.

Pour résumer, l'offre de travail correspond à la demande d'emploi ; la demande de travail à l'offre d'emploi.

© Delagrave, 2021.

RESSOURCE 2 Les déterminants de l'offre de travail

Les déterminants individuels

- Le niveau des salaires ;
- Les conditions de travail ;
- Les niveaux de qualification ;
- La mobilité fonctionnelle et géographique ;

Les déterminants nationaux

- Le volume de la population active ;
- Le taux d'activité ;
- Les politiques publiques de formation, d'éducation et de santé ;

qui conditionnent

l'arbitrage travail/loisir dans le calcul économique individuel.

la quantité de travail globalement offerte dans une économie.

© Delagrave, 2021.

RESSOURCE 3 Les déterminants de la demande de travail

Au niveau d'une entreprise

- Le niveau de production fixé en fonction des débouchés escomptés ;
- La structure de la combinaison productive retenue en fonction du rapport entre productivité du travail et niveau des salaires ;

Au niveau national (ou supranational)

- Le niveau de l'activité économique, c'est-à-dire le taux de croissance de l'économie nationale ;
- Les différentiels de coûts salariaux entre les différents pays ;

qui influent sur

- la décision d'embaucher ;
- le nombre éventuel d'embauches ;
- les profils des postes à pourvoir.

la quantité de travail globalement demandée.

© Delagrave, 2021.

2 Distinguer « emplois en tension » et « emplois sans tension »

SAVOIRS ASSOCIÉS

- L'offre et la demande de travail
- Les déséquilibres du marché du travail

Situation simulée

Monsieur Trébert poursuit ses recherches et compare l'annonce étudiée précédemment avec celle d'agent d'accueil et réception.

Missions

1. **Identifiez les deux types de déséquilibre qui affectent le marché du travail en France.**
2. **Expliquez pourquoi les emplois qui correspondent aux deux postes décrits (documents 1 des objectifs 1 et 2) ne présentent pas le même risque face au chômage.**

DOCUMENT 1 Extrait d'une offre d'emploi émise par Veolia : agent d'accueil et réception F/H

Dans le cadre de la gestion des déchets solides, vous contrôlez l'ensemble des opérations de réception d'apports sur notre site de Bonneuil-sur-Marne.

Rattaché(e) au responsable d'équipe, vos activités sont les suivantes :

Dans le domaine technique : contrôle de l'accès au site, pesées manuelles à partir du système informatique de pesée, contrôle de la nature des déchets et de la provenance du chargement et expédition de certains produits.

Dans le domaine de la sécurité : respect des consignes d'hygiène, de sécurité et de conditions de travail, port des équipements de protection individuelle mis à votre disposition, propreté et entretien des équipements et de la zone de travail, respect des consignes environnementales et de qualité.

© Delagrave, 2021.

DOCUMENT 2 Difficultés de recrutement, pourquoi certains métiers sont en tension

De plus en plus de projets d'embauche sont jugés difficiles

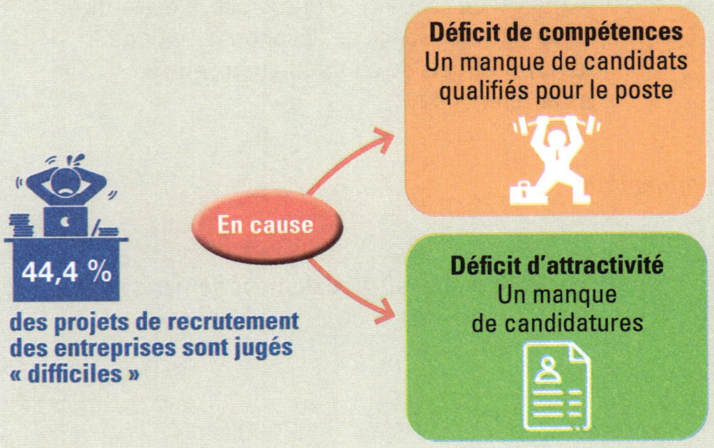

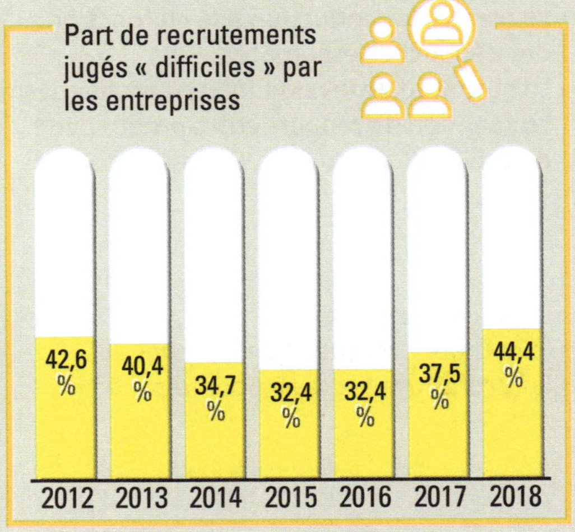

Les difficultés de recrutement se concentrent dans certains domaines

Principaux secteurs dits « en tension » (2018) pour lesquels la part de recrutements jugés difficiles est la plus élevée :

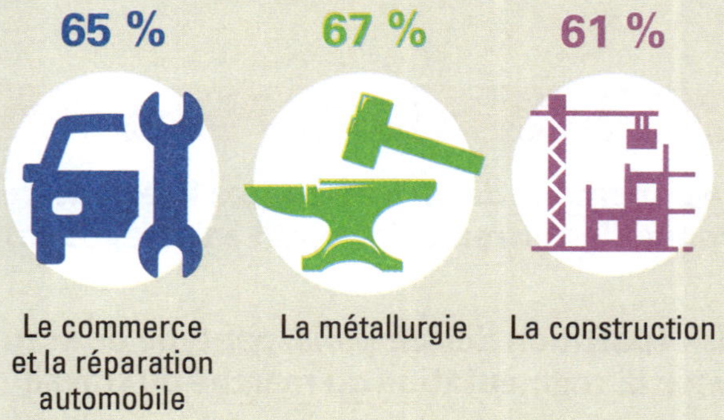

Les 10 principaux métiers « en tension » (2018) pour lesquels la part de recrutements jugés difficiles est la plus élevée :

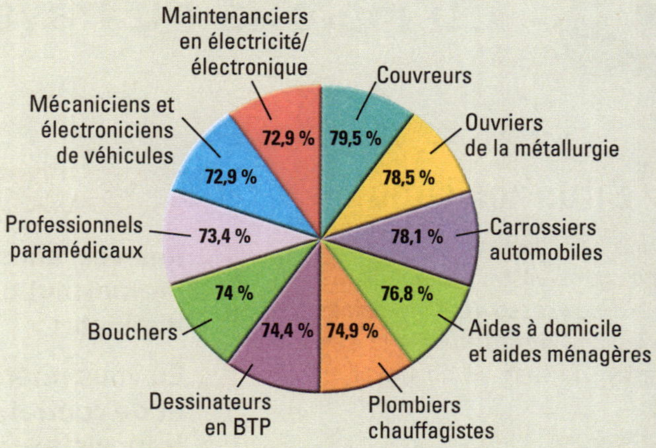

Source : www.pole-emploi.fr

RESSOURCE 1 Les notions de chômage et de chômeur

Par référence à la définition économique précédente, **le chômage** correspond à une situation de déséquilibre observée sur le marché du travail lorsque l'offre de travail (par les salariés potentiels) est supérieure à la demande de travail (les entreprises qui ont des postes à pourvoir).
Dans une économie, le chômage fait l'objet d'une mesure basée sur un indicateur : **le taux de chômage.** En France, ce taux est calculé par l'Insee et correspond au pourcentage de chômeurs dans la population active (actifs occupés + chômeurs). Il est possible de calculer un taux de chômage par âge (en mettant en rapport les chômeurs d'une classe d'âge avec les actifs de cette classe d'âge), par sexe, par PCS1, par région, par nationalité, par niveau de diplôme… de façon à identifier les disparités suivant le critère retenu.
La détermination du taux de chômage suppose que l'on se réfère à la définition d'un **chômeur**. En application de la définition adoptée en 1982 par le Bureau international du travail (BIT), un **chômeur** est une personne en âge de travailler (15 ans ou plus) qui répond simultanément à trois conditions : être sans emploi (c'est-à-dire ne pas avoir travaillé au moins une heure durant une semaine de référence), être disponible pour prendre un emploi dans les 15 jours et avoir cherché activement un emploi dans le mois précédent (ou en avoir trouvé un qui commence dans moins de trois mois).
Les conditions énoncées pour qu'une personne soit officiellement reconnue comme chômeur font qu'un chômeur au sens du BIT n'est pas nécessairement inscrit à Pôle emploi (et inversement).

© Delagrave, 2021.

1. Professions et catégories socioprofessionnelles.

RESSOURCE 2 Les indicateurs de tension

L'indicateur de tension sur le marché du travail correspond au rapport entre les offres (OE) et les demandes d'emploi (DE) enregistrées par Pôle emploi sur une période donnée. Un ratio (OE/DE) supérieur à 1 correspond à une situation dans laquelle les entreprises peinent à pourvoir leurs postes.
Cet indicateur comporte des limites et son interprétation doit donc être nuancée. D'une part, il peut être sensible à des évolutions conjoncturelles. D'autre part, le ratio officiellement déterminé à partir des données de Pôle emploi rend compte de manière imparfaite de la tension réelle sur le marché du travail. Les employeurs ne recourent pas nécessairement à Pôle emploi pour recruter et le nombre officiel de chômeurs selon Pôle emploi ne rend pas toujours compte de la réalité (voir la Ressource 1). Mais, plus les difficultés de recrutement sont importantes, plus la tension est forte sur le marché du travail. Les causes des difficultés de recrutement sont multiples et peuvent être de nature quantitative, qualitative, conjoncturelle ou structurelle. Par ailleurs, elles peuvent être imputables à la demande de travail (incapacité des recruteurs à définir leurs besoins réels, exigences élevées en matière de diplômes, de compétences ou de qualifications…), à l'offre de travail (pénurie de candidats, raisons géographiques, inadéquation entre les caractéristiques des postes offerts et le niveau de qualification des demandeurs d'emploi, déficit d'image aux yeux des candidats), aux acteurs intermédiaires sur le marché du travail (Pôle emploi, mission locale…) dont les actions ne permettent pas toujours une mise en relation efficace des employeurs et des demandeurs d'emploi.

© Delagrave, 2021.

3 Appréhender la segmentation du marché du travail français

SAVOIRS ASSOCIÉS
- L'offre et la demande de travail
- La segmentation du marché du travail
- Les déséquilibres du marché du travail

Situation simulée

Dans le cadre de l'étude globale du marché du travail, Mme Anhée, la responsable des ressources humaines, vous sollicite afin d'étudier la segmentation du marché du travail en France.

Missions

1. **Relevez, dans les documents et dans la ressource 1, les critères permettant de regrouper les offreurs de travail en catégories distinctes.**
2. **En vous référant à la répartition des emplois, par type de statut et de contrat, analysez la segmentation du marché du travail français, en 2019.**

DOCUMENT 1 Statut d'emploi en 2019

Statut d'emploi et type de contrat	Âge (en %)			Sexe (en %)		Ensemble
	15-24 ans	25-49 ans	50 ans ou plus	Femmes	Hommes	en %
Indépendants	2,7	10,8	17,3	8,8	15,3	12,1
Salariés	97,3	89,2	82,7	91,2	84,7	87,9
Emploi à durée indéterminée	44,6	77,9	76,4	77,3	72,1	74,6
Contrat à durée déterminée	28,4	8,5	5,0	11,1	7,2	9,1
Apprentissage	17,4	0,3	0,0	1,3	2,0	1,7
Intérim	6,9	2,5	1,2	1,5	3,3	2,4
Ensemble	*100,0*	*100,0*	*100,0*	*100,0*	*100,0*	*100,0*
Effectif (en milliers)	**2 278**	**16 478**	**8 420**	**13 184**	**13 992**	**27 176**

Champ : France hors Mayotte, population des ménages, personnes en emploi.
Lecture : en 2019, 44,6 % des personnes en emploi âgées de 15 à 24 ans sont salariées en emploi à durée indéterminée.

Source : Insee, enquête Emploi 2019.

DOCUMENT 2 Part des salariés en contrat temporaire dans l'emploi salarié, en %

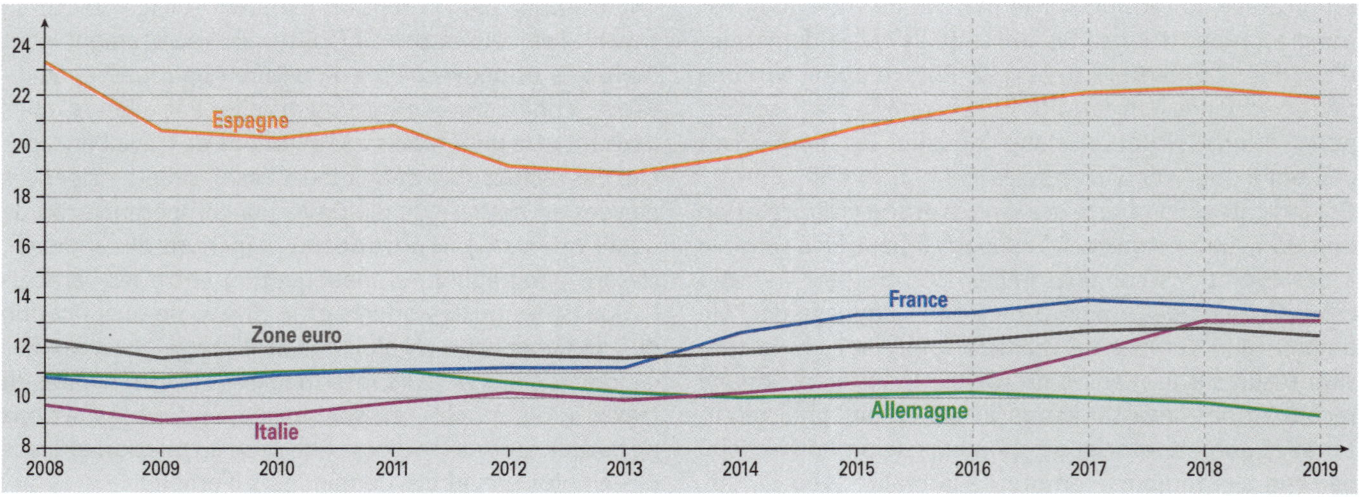

Source : Eurostat.

RESSOURCE 1 La segmentation du marché du travail

La segmentation du marché du travail est le résultat d'une analyse du marché du travail selon laquelle il existe non pas un marché du travail global mais plusieurs marchés du travail correspondant à des modes de fonctionnement spécifiques.

Ce type d'analyse conduit à proposer deux distinctions : marché interne (au sein d'une même entreprise) *versus* marché externe (marché du travail « classique ») d'une part ; marché primaire *versus* marché secondaire d'autre part.

Alors que le marché externe du travail fonctionne suivant des règles concurrentielles (loi de l'offre et de la demande notamment), sur le marché interne du travail, l'affectation des emplois et la détermination des salaires échappent aux règles concurrentielles en ce sens que ce sont des règles internes aux entreprises qui s'appliquent.

Quant à la distinction entre marché primaire et marché secondaire, elle repose sur les types de contrat de travail proposés. Le marché primaire concerne des emplois typiques (CDI à temps plein) occupés par des salariés qualifiés, plutôt bien rémunérés et jouissant de bonnes conditions de travail. Le marché secondaire est celui des emplois atypiques (temps partiel ou à durée déterminée), moins bien rémunérés et occupés souvent par des catégories dont l'insertion sur le marché est plus difficile (immigrés, jeunes, femmes, etc.).

Certains économistes considèrent que les salariés évoluant favorablement au sein des entreprises sont des « insiders » (qui bénéficient d'une certaine garantie d'emploi) tandis que ceux qui se retrouvent sur le marché du travail externe sont des « outsiders » (qui doivent parvenir à tout d'abord entrer sur le marché).

Quelle que soit la terminologie retenue, elle décrit une dualité du marché du travail. Celle-ci s'est d'ailleurs aggravée avec la crise. Dans les pays anglo-saxons, elle résulte essentiellement d'inégalités de salaires ; en France, elle provient de différences au niveau de statuts d'emplois (plus ou moins stables).

© Delagrave, 2021.

Vidéo 5'51
Le marché du travail
www.lienmini.fr/C559-travail

4 Dresser un panorama de la situation du marché du travail en France

SAVOIRS ASSOCIÉS
- L'offre et la demande de travail
- La segmentation du marché du travail
- Les déséquilibres du marché du travail

Situation simulée

Madame Anhée entend démarrer son étude globale du marché du travail par une présentation du cadre général. Vous l'assistez en répondant à la consigne suivante.

Mission

Caractérisez l'évolution de l'emploi salarié en France, entre 1990 et 2018.

DOCUMENT 1 L'évolution de l'emploi de 1990 à 2018

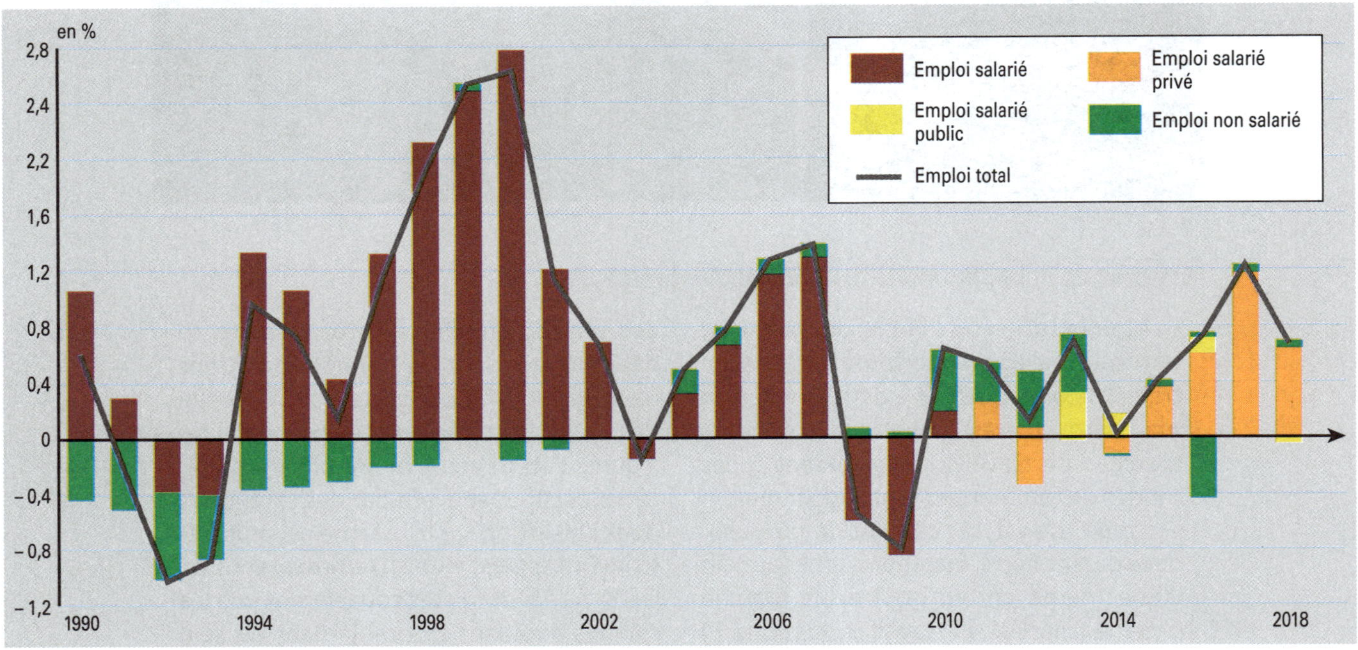

Note : le partage entre emploi salarié privé et public n'est pas disponible avant 2010 (en niveau).
Champ : France hors Mayotte, personnes de 15 ans ou plus.
Lecture : en 2008, l'emploi a reculé de 0,5 %. La baisse de l'emploi salarié a contribué pour -0,6 point à cette baisse, tandis que la hausse de l'emploi non salarié a contribué pour + 0,1 point.

Source : Insee, estimations d'emploi, 2019.

DOCUMENT 2 Statut d'activité en 2019

	Ensemble		Sexe (en %)		Âge (en %)		
	en milliers	en %	Femmes	Hommes	15-24 ans	25-49 ans	50-64 ans
Actifs	29 246	71,7	68,2	75,3	36,9	87,8	66,9
Ayant un emploi	26 751	65,5	62,4	68,8	29,7	80,9	62,6
Chômeurs	2 495	6,1	5,8	6,5	7,2	6,8	4,3
Inactifs	11 569	28,3	31,8	24,7	63,1	12,2	33,1
Ensemble	40 815	100,0	100,0	100,0	100,0	100,0	100,0

Champ : France hors Mayotte, population des ménages, personnes de 15 à 64 ans.

Source : Insee, enquête Emploi 2019.

DOCUMENT 3 Salaire net annuel moyen en équivalent temps plein

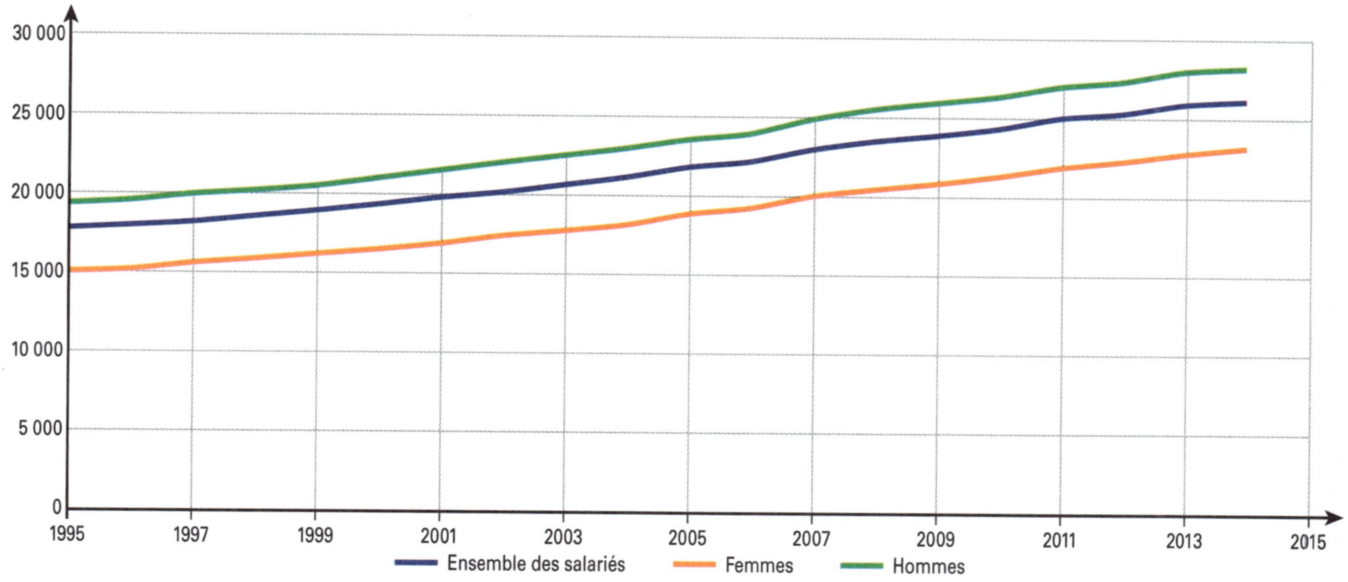

Source : www.journaldunet.fr

DOCUMENT 4 Les salariés rémunérés au SMIC en France : portrait

Selon une étude de la Dares (Direction de l'animation de la recherche, des études et des statistiques), organisme chargé de produire des statistiques pour le ministère du Travail, 2,32 millions de salariés français étaient rémunérés au SMIC (Salaire minimum interprofessionnel de croissance) au 1er janvier 2019, soit plus d'un salarié sur dix (13,4 %). *« Il s'agit de la plus forte proportion de salariés bénéficiaires des 11 dernières années »,* ainsi que l'a souligné le service statistique du ministère du Travail. L'étude montre que les femmes sont particulièrement concernées : plus de la moitié des bénéficiaires du SMIC, en 2019, sont des femmes. Ainsi, 58,5 % des smicards sont des smicardes, alors qu'elles représentent moins de la moitié du salariat (48,4 %).

Les différences sont aussi importantes selon la taille des entreprises : 38 % des bénéficiaires de la hausse du SMIC du 1er janvier 2019 travaillaient dans des entreprises de moins de 10 salariés. Plus l'entreprise est de petite taille, *« plus la proportion de salariés bénéficiaires de la revalorisation du SMIC est élevée »,* lit-on dans ce rapport de la Dares (36,6 %, pour les entreprises ne comptant qu'une personne salariée, mais seulement 7,3 %, pour celles de 500 salariés et plus).

Au niveau sectoriel, les activités d'hôtellerie, de restauration et de tourisme continuent de placer ce secteur d'activité parmi ceux où l'on retrouve la proportion la plus élevée de salariés rémunérés au SMIC (41 %).

Enfin, la part de salariés à temps partiel est bien supérieure à celle des salariés à temps complet (29,8 % contre 9,3 %). Cette différence s'expliquerait, à en croire l'analyse de la Dares, par *« la forte concentration de salariés à temps partiel dans les petites entreprises et dans certaines branches professionnelles (comme l'hôtellerie, la restauration et le tourisme, ou encore l'habillement, le cuir et le textile), dans lesquelles le nombre de bénéficiaires du SMIC est important ».*

D'après www.www.capital.fr.

5 Appréhender les finalités des politiques de l'emploi

SAVOIRS ASSOCIÉS

- L'offre et la demande de travail
- La segmentation du marché du travail
- Les déséquilibres du marché du travail et la politique de l'emploi

Situation simulée

Dans le cadre de vos travaux, vous vous intéressez aux mesures annoncées pour accompagner les mutations du marché du travail et pallier les déséquilibres (surabondance et pénurie de main-d'œuvre) suivant les secteurs.

Missions

1. **Au regard des déséquilibres et des mutations observés sur le marché du travail, justifiez la nécessité d'une action des pouvoirs publics en matière d'emploi.**
2. **Dans un tableau, présentez les objectifs et moyens respectifs des différentes politiques de l'emploi. Vous veillerez à distinguer interventions générales et mesures ciblées, politique active et politique passive.**

DOCUMENT 1 Les 7 grandes mutations du travail depuis Mai 68

Un temps de travail fortement réduit. [...] Le premier président socialiste de la Ve République instaure la semaine de 39 heures et la 5e semaine de congés payés. [...] Martine Aubry, ministre de l'Emploi et de la Solidarité, donne son nom aux lois qui instaurent la semaine de travail à 35 heures. Cette réduction [...] visait un partage du travail dans le but de lutter contre le chômage. [...]

Une organisation plus horizontale. [...] Avec les premières formes de modernisation et l'injection de l'électronique et de l'informatique dans les outils de production, **les années 1980 voient émerger le toyotisme** : *« C'est l'heure de la production à flux tendu avec l'idée que c'est le consommateur qui décide du moment où l'on met en chantier une forme de production »*, [note Michel Lallement]. [...]

Informatique et électronique : la troisième révolution industrielle. [...] La crainte de voir l'homme remplacé par les IA [intelligence artificielle, ndlr] est une nouvelle fois présente. Les études qui avancent que l'automatisation de l'emploi pourrait supprimer ou transformer largement les postes sont contredites par des rapports qui montrent, à l'inverse, que les mêmes technologies créeraient de nouveaux métiers. [...]

Des droits pour les représentants des salariés, mais des syndicats affaiblis. [...] En 1968, entre 17 % et 25 % des salariés sont syndiqués. Le collectif au travail, notamment auprès d'un syndicat, est vu comme un moyen de se construire en tant qu'individu, rappelle Michel Lallement : *« C'est ce qui permet de redonner du sens au travail un peu déshumanisé »*. Mais [...] le taux de syndicalisation se met à reculer dès les années 1970, tendance qui s'accentue la décennie suivante. [...] En 1990, une nouvelle façon de voir le travail apparaît. Avec la fin du Conseil national du patronat français (CNPF), remplacé par le Mouvement des entreprises de France (Medef), *« les employeurs s'identifient avant tout comme des entrepreneurs »*, analyse Michel Lallement. [...]

CDD, intérim, contrats aidés… L'emploi davantage précarisé. [...] L'insertion dans le monde du travail passe souvent par des contrats courts : CDD, intérim, temps partiel, contrats aidés et autres statuts précaires. *« 80 % à 90 % des embauches se font aujourd'hui en CDD »*. [...] Rémi Bazilier [professeur d'économie à l'université Panthéon-Sorbonne] ajoute : *« La formation est plus que jamais un défi, les non qualifiés étant cantonnés à des formes d'emplois précaires et de mauvaise qualité lorsqu'ils ont un emploi »*. [...]

[...] **Une vision individualiste de l'emploi.** Baisse de la durée du travail, précarisation de l'emploi, réformes impopulaires, stress, burn-out sont autant d'arguments qui deviennent des critiques du travail aujourd'hui. [...]

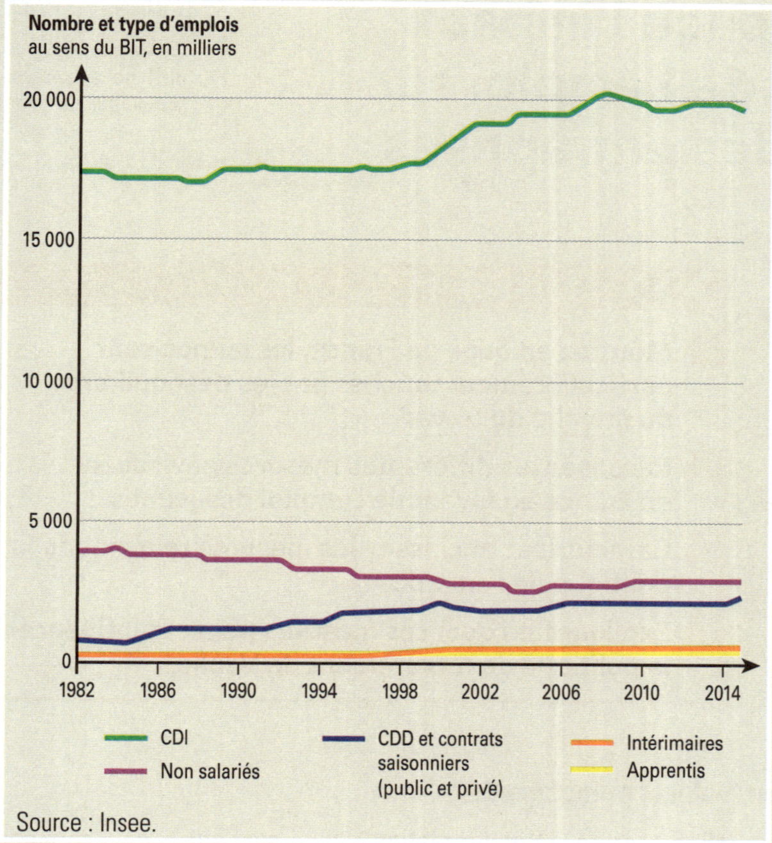

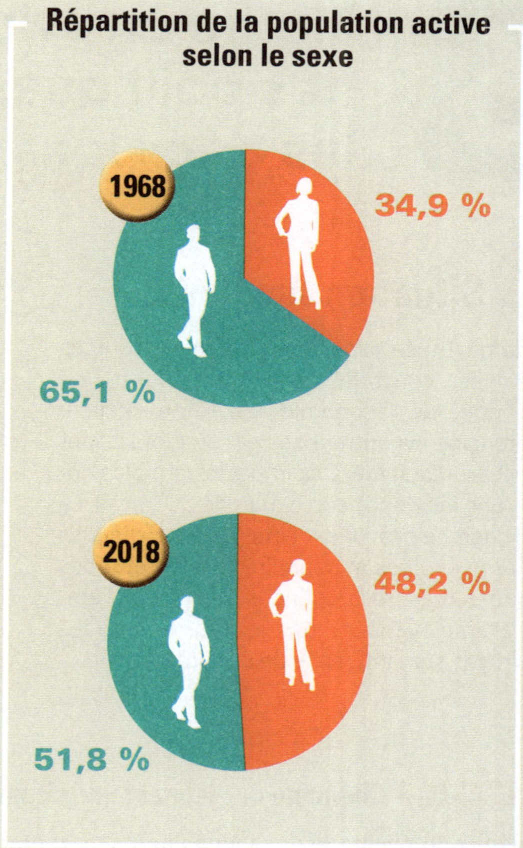

Audrey Fisne, www.latribune.fr, 25 mai 2018.

RESSOURCE 1 Politique de l'emploi

On entend par politique de l'emploi les interventions publiques qui ont pour objectif de corriger les déséquilibres [...] du marché du travail. Les politiques de lutte contre le chômage en sont un des éléments parmi d'autres. En effet, le champ d'intervention est vaste et les mesures mises en œuvre nombreuses.

Les **interventions générales** bénéficient à l'ensemble des salariés [...] en lien avec leur situation sur le marché du travail [...] : dispositifs d'allègements généraux de cotisations sociales ou d'impôts en faveur des bas salaires ou des heures supplémentaires ; incitations financières à l'emploi ; exonérations de cotisations sociales ou fiscales en faveur de certaines zones géographiques ou de certains secteurs économiques (hôtels-cafés-restaurants, services à la personne, agriculture). Ces politiques visent à abaisser le coût du travail dans le but de maintenir ou d'encourager la création d'emplois. Elles permettent également d'améliorer la compétitivité des entreprises en diminuant le coût de la main-d'œuvre ou de redynamiser économiquement certaines zones géographiques en incitant les entreprises à s'y implanter.

Parmi les **mesures ciblées**, on trouve les dispositifs s'adressant à des catégories particulières, telles que les jeunes, les chômeurs de longue durée, les seniors, les personnes handicapées... Ces mesures permettent de compenser des difficultés spécifiques (manque ou absence de qualification, nécessité d'aménager un poste de travail par exemple) afin de rendre les populations cibles plus « employables ».

À ce premier niveau d'analyse, on peut en ajouter un second selon que ces mesures sont :

- **actives**, c'est-à-dire qu'elles incitent le bénéficiaire à reprendre une activité professionnelle (par exemple la prime à l'emploi ou le RSA activité, remplacé en 2016 par la prime d'activité), à se former pour mieux répondre aux besoins du marché de l'emploi (dispositifs de formation professionnelle), à soutenir l'emploi (politiques d'exonération de charges sur les bas salaires) ;
- **passives**, c'est-à-dire qu'elles permettent au bénéficiaire de faire face financièrement à la période de chômage (politiques d'indemnisation du chômage), ou qu'elles soutiennent les retraits d'activité (politiques de prise en charge des préretraites).

www.vie-publique.fr, 8 avril 2016.

Vidéo 3'34
D'où vient le chômage ? Y a-t-il un remède ?
www.lienmini.fr/C559-chomage

6 Mettre en évidence l'impact des politiques de l'emploi sur les décisions des entreprises

SAVOIRS ASSOCIÉS
- Les déséquilibres du marché du travail et la politique de l'emploi

Situation simulée

Madame Anhée, la responsable des ressources humaines, constate que la transformation numérique de l'économie affecte de manière différenciée les entreprises et l'emploi suivant le secteur d'activité. Ces impacts variables ont alors une incidence sur le marché du travail. La RRH cherche à favoriser l'intégration de jeunes dans ses équipes et souhaite faire un état des lieux des mesures destinées à favoriser l'emploi (l'employabilité) des jeunes. Vous vous interrogez sur l'influence de ces actions.

Missions

1. **Montrez en quoi, en France, les jeunes sont particulièrement touchés par les déséquilibres du marché du travail.**
2. **Recensez les différentes mesures envisagées en France en faveur de l'emploi des jeunes.**
3. **Caractérisez et classez les mesures relevant de la politique de l'emploi.**
4. **Expliquez en quoi ces mesures peuvent influencer la politique de recrutement de Veolia.**

DOCUMENT 1 Chômage des jeunes : une situation toujours préoccupante

Le taux de chômage des jeunes actifs s'est établi à 22,6 % à la fin du premier semestre 2017, selon les récents chiffres du ministère du Travail. [...] Le chômage des jeunes reste particulièrement marqué en France. [...] Ce taux de chômage au sens du BIT (est) en hausse de 0,9 % par rapport au premier trimestre. Au même moment, le taux de chômage de la population active s'élevait à 9,5 %. [...]

Un taux d'emploi inférieur à la moyenne européenne

La comparaison du taux d'emploi[1] des jeunes Français avec ceux des autres pays européens est particulièrement révélatrice des difficultés d'insertion de la jeunesse française sur le marché du travail. [...]

Pourquoi de telles difficultés ?

Le chômage des jeunes en France est particulièrement alarmant.[...] Les experts soulignent que près d'un million de jeunes sont à la dérive en France. « *Cette situation désastreuse prévaut depuis près de trente ans sans qu'aucune politique, aucun plan pour l'emploi, ne soit parvenu à l'améliorer.* [...] »

Les économistes soulignent les difficultés pour les non-diplômés d'accéder au marché du travail et recommandent pour cela de prendre (la situation) à bras-le-corps :
- les insuffisances de l'enseignement professionnel, trop difficile d'accès pour les jeunes non qualifiés ;
- la faiblesse de l'accompagnement vers l'emploi des jeunes les moins qualifiés. [...]

Les plans du gouvernement

[...] L'exécutif veut mettre la priorité sur :
- des formations longues et qualifiantes ;
- un accompagnement individualisé des personnes admises en formation ;
- une transformation du système de formation professionnelle.

Le gouvernement veut particulièrement mettre l'accent sur la réforme de l'apprentissage (afin de) :
- « renforcer la transparence et l'attractivité du système d'apprentissage ;
- placer les entreprises au cœur du système grâce à une refonte des règles permettant de proposer davantage d'offres d'apprentissage ;
- réformer la taxe d'apprentissage et les aides à l'apprentissage pour les orienter vers les besoins de court et moyen termes des entreprises. »

1. Le taux d'emploi est défini comme la part des personnes ayant un emploi parmi les personnes âgées de 15 à 64 ans, exprimée en pourcentage.

Grégoire Normand, www.latribune.fr, 24 janvier 2018.

DOCUMENT 2 Les mesures en faveur des jeunes

Pour les jeunes de moins de 26 ans, le cadre d'accompagnement unique et adaptable par les missions locales est le Parcours contractualisé d'accompagnement vers l'emploi et l'autonomie (PACEA). Il permet notamment de s'inscrire dans l'accompagnement collectif et intensif de douze mois de la garantie jeunes.

Les dispositifs « deuxième chance »

Les dispositifs deuxième chance financés par le ministère du Travail, l'EPIDE et les écoles de la deuxième chance (E2C) offrent, selon des approches et modalités originales qui font leur spécificité, une remise à niveau sur les fondamentaux scolaires, notamment en lecture, écriture et calcul, et accompagnent des jeunes motivés dans la construction de leur projet personnel et professionnel, afin qu'ils gagnent en autonomie et s'insèrent socialement.

La formation professionnelle : apprentissage et contrat de professionnalisation

Le contrat d'apprentissage repose sur le principe de l'alternance entre enseignement théorique en centre de formation d'apprentis (CFA) ou en établissement de formation et l'enseignement du métier chez l'employeur avec lequel l'apprenti a signé son contrat, en vue d'acquérir un diplôme d'État (CAP, bac, BTS, licence, master…) ou un titre à finalité professionnelle inscrit au répertoire national des certifications professionnelles (RNCP).

L'apprentissage est une priorité gouvernementale

Sa transformation est l'un des trois piliers de la loi « Liberté de choisir son avenir professionnel ».

Le contrat de professionnalisation est un contrat de travail conclu entre un employeur et un salarié. Il permet l'acquisition – dans le cadre de la formation continue – d'une qualification professionnelle (diplôme, titre, certificat de qualification professionnelle…) reconnue par l'État et/ou la branche professionnelle. L'objectif est l'insertion ou le retour à l'emploi des jeunes et des adultes.

Les initiatives pour l'emploi des jeunes

Le parrainage pour l'emploi facilite l'insertion professionnelle des jeunes pour qui l'entreprise est un monde difficile d'accès.

Pour les entreprises, « Tous gagnants » propose des outils pratiques et adaptables, pour accompagner, étape par étape, le processus d'accès à l'entreprise des jeunes, en priorité peu ou pas qualifiés, et conseille sur les moyens à mobiliser.

www.travail-emploi.gouv.fr

Vidéo 1'39
La garantie jeunes, qu'est-ce que c'est ?
www.lienmini.fr/C559-jeunes

Vidéo 2'03
Le témoignage de Sandra et de Loïc
www.lienmini.fr/C559-temoignage

7 Appréhender la situation européenne du marché du travail

SAVOIRS ASSOCIÉS

- Les déséquilibres du marché du travail et la politique de l'emploi

Situation simulée

Veolia recrute dans le monde entier, mais principalement en Europe. Afin de déterminer dans quels pays européens Veolia peut envisager de recruter de jeunes diplômés, vous souhaitez comparer la situation française du marché du travail à la situation européenne, du double point de vue du taux de chômage et du coût du travail.

Missions

1. **Montrez que les pays de l'Union européenne sont diversement touchés par le chômage, en 2019.**
2. **Expliquez en quoi les disparités observées et les politiques européennes de l'emploi peuvent influer sur la politique de recrutement de Veolia.**

DOCUMENT 1 Le taux de chômage en Europe (janvier 2019)

Source : Eurostat. Pour le Royaume-Uni, les chiffres datent de novembre 2018, pour l'Estonie, la Grèce et la Hongrie, les données datent de décembre 2018. Pour l'Irlande, les chiffres datent de février 2019.

DOCUMENT 2 Emploi, salaire minimum : un état des lieux européen

Coût horaire du travail en 2018

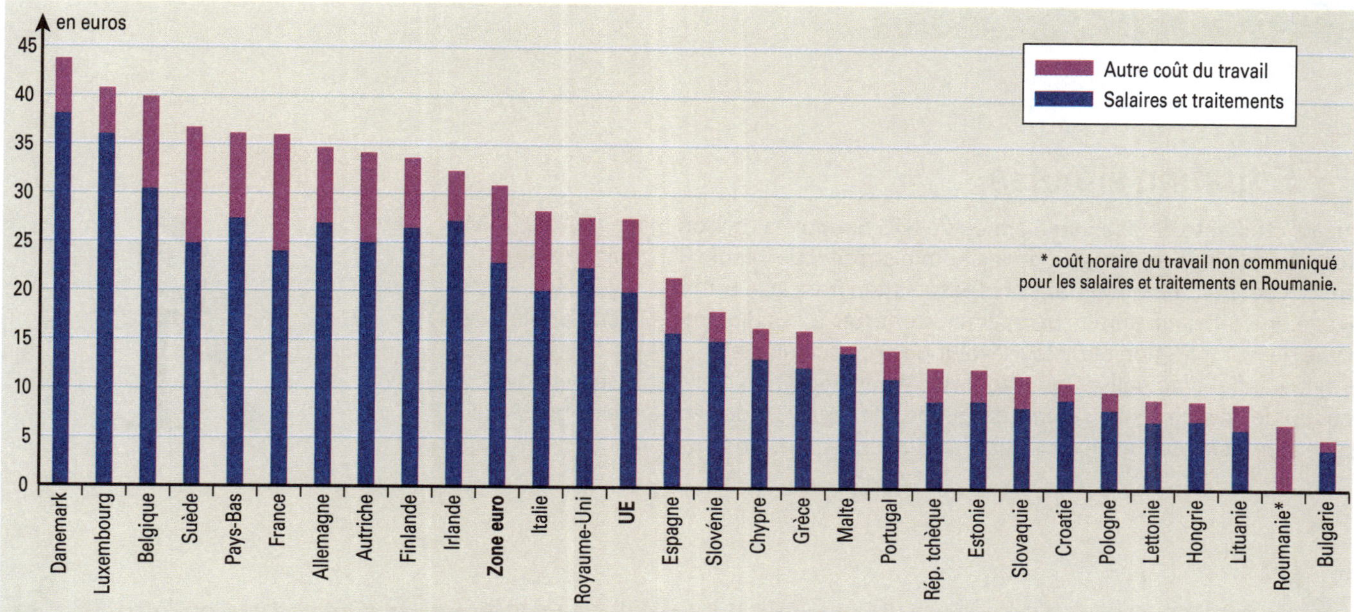

Ensemble de l'économie à l'exclusion de l'agriculture et des administrations publiques, entreprises de 10 salariés ou plus.

Source : Eurostat.

La hausse du salaire minimum en Europe

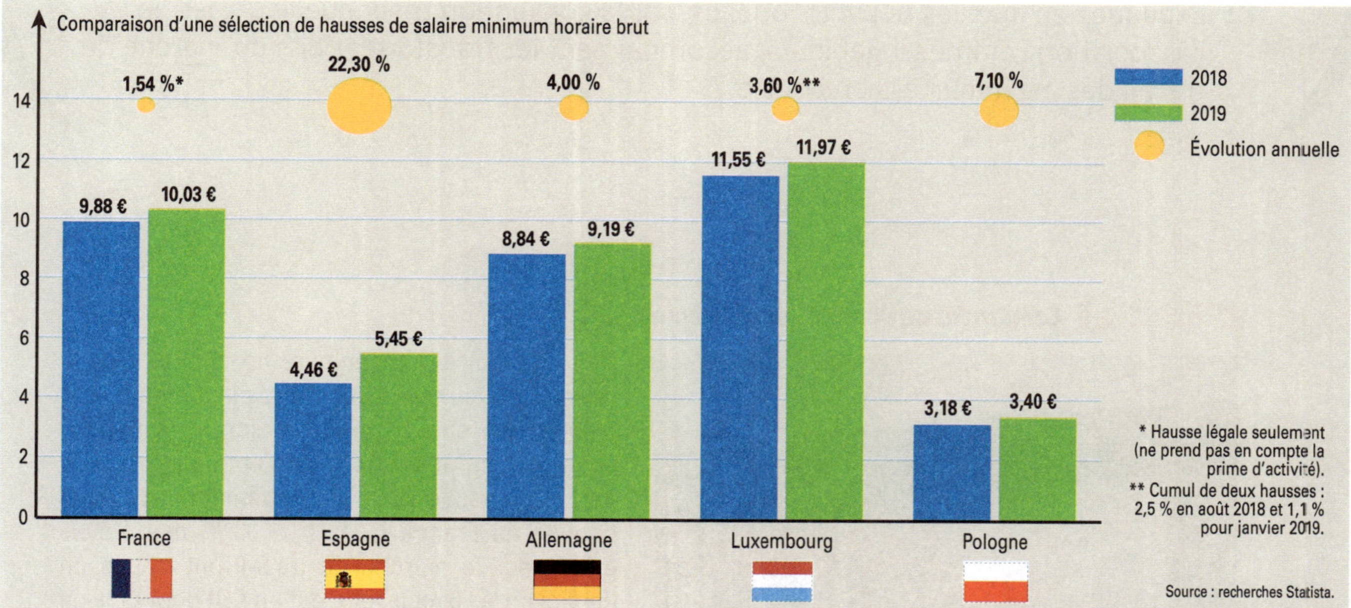

Source : Statista.

DOCUMENT 3 Les politiques d'emploi en Europe

Les politiques sociales et d'emploi n'ont acquis leur dimension européenne qu'assez tardivement, à partir des années 1980. […] En 1989, la Charte communautaire des droits sociaux fondamentaux est adoptée, permettant la mise en œuvre d'accords-cadres contraignants, comme sur le congé parental, le travail à temps partiel ou encore les contrats à durée déterminée. […] La lutte contre le chômage devient également un sujet de préoccupation majeur pour l'Union européenne. En 1993 est créé le réseau EURES, qui permet d'échanger les offres et demandes d'emplois au niveau européen et qui favorise la mobilité des travailleurs. Puis, en réaction à la crise économique et financière de 2008, est lancée la Garantie européenne pour la jeunesse, dont l'objectif est de garantir à tous les moins de 25 ans un emploi, un stage ou une formation dans les quatre mois suivant la fin de leurs études ou de leur dernière expérience professionnelle. Depuis 2014, indique la Commission européenne, 14 millions de jeunes ont pu bénéficier du dispositif, dont 9 millions avec un emploi. […]

www.touteleurope.eu

APPLICATION

Situation simulée

Amelle, étudiante en deuxième année de BTS Support à l'action managériale (SAM), effectue son stage au sein du service administratif d'une école d'ingénieur(e)s.
Dans le cadre d'un partenariat avec l'association française Femmes ingénieurs, l'école engage une réflexion sur les perspectives offertes à ses diplômé(e)s du double point de vue de leur insertion et de leur évolution professionnelles.
Il s'agit en effet d'actualiser les plaquettes de présentation de l'établissement avec un focus sur le devenir professionnel des jeunes diplômé(e)s de l'école. De ce fait, Amelle étudie le marché du travail accessible aux ingénieur(e)s en France.

1. Dressez un panorama du marché du travail accessible aux ingénieur(e)s en France.
2. À la lumière des éléments statistiques dont vous disposez, montrez que la situation de l'emploi des ingénieur(e)s en France, en 2017, apparaît relativement contrastée.
3. Expliquez en quoi les pouvoirs publics, par la convention trisannuelle qui les lie à l'association Femmes ingénieurs, accompagnent les transformations du marché du travail des ingénieur(e)s en France.

DOCUMENT 1 Le marché de l'emploi des ingénieur(e)s

[...] L'emploi des ingénieurs ne connaît pas la crise. [...] Deux tiers des jeunes ingénieurs sont embauchés en CDI dès leur sortie de l'école, soulignait en juin 2018 ainsi l'enquête annuelle de l'IESF (association des Ingénieurs et scientifiques de France [...]). [...] 90 % des élèves entrés sur le marché du travail ont trouvé un emploi après 6 mois (et c'est un CDI pour plus de 80 % d'entre eux) et 100 % à 12 mois. Des chiffres en progression par rapport à 2017. [...] Une insertion exemplaire qui perdure tout au long de la carrière : le taux de chômage des ingénieurs est ainsi évalué à 3,4 % en 2017 par l'IESF, en baisse par rapport à 2016 (3,9 %). [...]
Quels sont les métiers et secteurs qui embauchent le plus ? [...] Sur les 10 premiers intitulés de métier retenus, quatre relèvent directement de l'ingénierie informatique (développeur, ingénieur en développement informatique, chef de projet informatique, ingénieur en étude et développement informatique) et représentent 9 608 offres, soit à peu près 50 % des offres d'emplois de ces 10 premiers

métiers recensés. Le reste des offres se répartissant entre des fonctions commerciales, de recrutement ou comptable. Dans les secteurs qui recrutent le plus, on retrouve cette tendance avec le secteur de « *programme, conseil et autres activités informatiques) qui tient le haut du pavé (12 131 postes), devançant les "activités d'architecture et d'ingénierie" (8 860 postes) et les "conseils de gestion" (7 158). Un tableau qui concorde avec les prévisions présentées par le cabinet McKinsey en mai 2018 dans son rapport sur l'automatisation et l'avenir du travail* », qui anticipe les nouveaux besoins en compétences d'ici à 2030. [...] L'Apec étudie d'ailleurs l'évolution des compétences des cadres et ingénieurs avec l'arrivée de la digitalisation et de l'usine 4.0. Le constat est sans appel : tous les métiers industriels sont impactés, qu'il s'agisse de la maintenance, de la production, de l'organisation même du travail. [...]

Sophie Hoguin, www.techniques-ingenieur.fr, 25 septembre 2018.

DOCUMENT 2 **Évolution des proportions de cadres et de professions intermédiaires parmi les personnes en emploi, selon le sexe, en %**

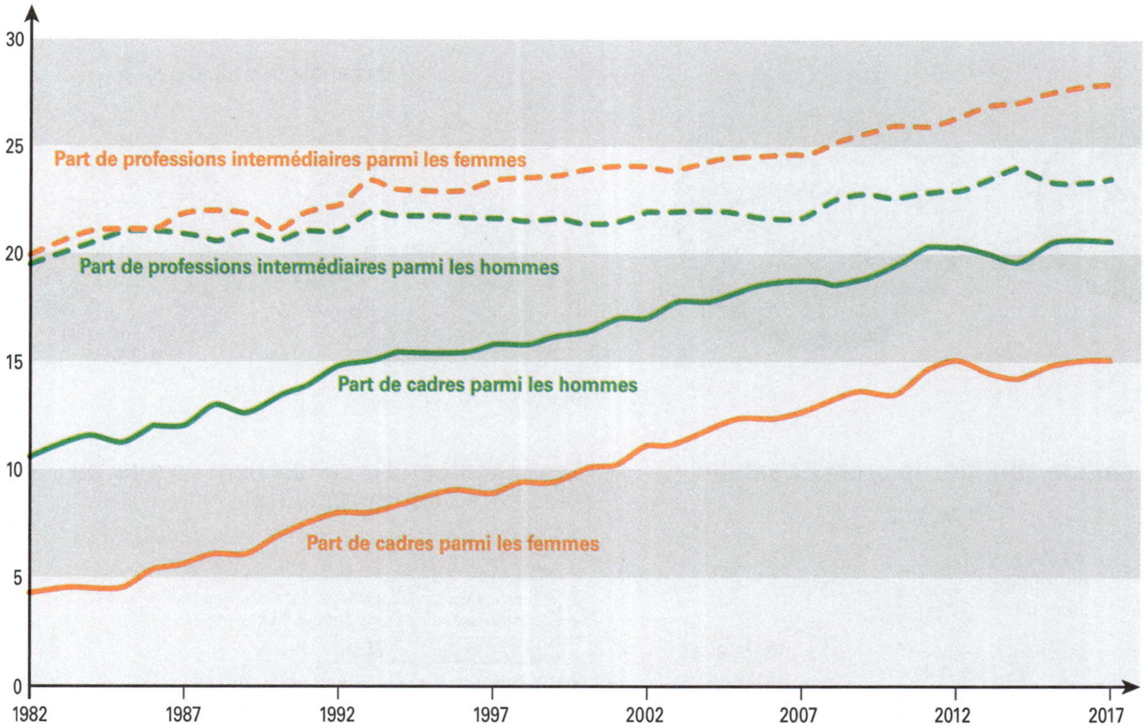

Champ : France métropolitaine, population des ménages, personnes de 15 ans et plus en emploi.

Source : Insee, enquête Emploi.

DOCUMENT 3 Quelle(s) rémunération(s) sur le marché de l'emploi des ingénieur(e)s ?

[...] L'industrie a recruté 41 000 ingénieurs en 2017, soit quasiment autant que les activités tertiaires *stricto sensu*. Elle n'en avait embauché que 34 000 un an auparavant. Près d'un ingénieur sur trois travaille dans l'industrie *stricto sensu* : ils sont 324 000. Il faut leur ajouter les 33 000 embauchés par les sociétés de services qui travaillent dans le secteur industriel. [...] Cette bonne santé de l'emploi se reflète dans les salaires observés. Le salaire médian d'un ingénieur en 2017 était de 56 400 euros (contre 48 000 euros pour l'ensemble des cadres et 29 500 euros pour l'ensemble des salariés). Le salaire médian de l'ingénieur est donc quasiment le double de celui du salarié français. Toutefois, IESF [Ingénieurs et scientifiques de France] remarque « qu'en euros constants, le salaire des ingénieurs de moins de 50 ans a baissé entre 2008 et 2017 ». [...]

Le salaire médian de l'ingénieure est de 33 000 euros quand il atteint 34 800 euros pour son homologue masculin. L'écart existe quelle que soit la tranche d'âge considérée. Toutefois, la part de femmes n'a cessé de croître depuis 1947 [...]. IESF a cherché à expliquer ce différentiel et n'y voit pas tant le résultat de pratiques discriminatoires que des différences dans les marchés du travail des femmes et des hommes.

Ainsi, une partie de la différence de salaires entre les deux sexes proviendrait du différentiel d'expérience et donc de la féminisation plutôt récente de la profession. Il en résulte relativement moins de femmes dans les tranches d'âge les plus élevées, c'est-à-dire quand les salaires sont les plus élevés. Ensuite, les femmes sont plus nombreuses dans les secteurs relativement moins rémunérateurs. Et cette présence se renforce avec le temps. 47 % des femmes travaillent au sein du trio « agroalimentaire », « chimie » et « autres bois, textiles et environnement ». Or ces trois secteurs ne sont pas de ceux qui paient le mieux. [...] Cette deuxième explication n'est pas pleinement satisfaisante. Rien ne dit que les hommes n'ont pas déserté cette filière moins rémunératrice, ce qui expliquerait que les femmes y soient surreprésentées. [...]

IESF a demandé aux femmes ingénieures dans quelle mesure le fait d'être femme avait été un handicap dans leur carrière. 4 femmes sur 10 considèrent que cela a eu une influence défavorable ou très défavorable sur leur carrière. Chez les femmes âgées de 50 à 64 ans, la proportion atteint même 50 %.

Christophe Bys, www.usinenouvelle.com, 26 juin 2018.

DOCUMENT 4 Les chiffres clés du métier d'ingénieur(e) en France

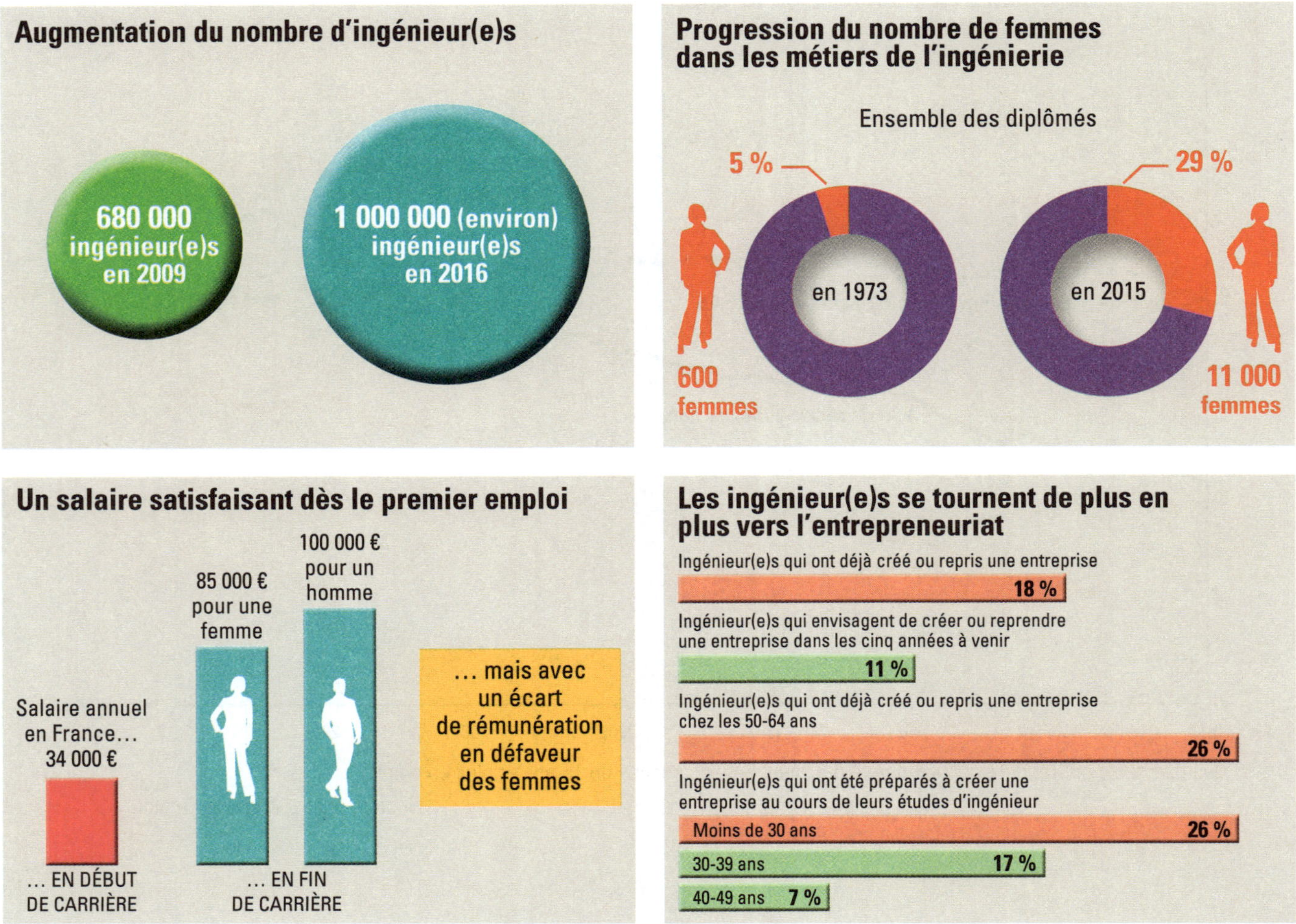

Source : Enquête de l'association des Ingénieurs et scientifiques de France (IESF).

DOCUMENT 5 Le salaire médian des ingénieur(e)s (suivant l'âge) en 2017

Tranche d'âge	Femmes	Hommes	Ensemble	Écart
< 30 ans	36 500 €	39 000 €	38 000 €	6 %
30-39 ans	48 000 €	52 400 €	51 600 €	8 %
40-49 ans	64 500 €	74 200 €	71 500 €	13 %
50-64 ans	80 000 €	93 500 €	90 000 €	14 %
Ensemble	48 000 €	59 000 €	56 000 €	19 %

Source : Femmes ingénieurs.

DOCUMENT 6 La promotion du métier d'ingénieur au féminin

Femmes ingénieurs a pour mission de promouvoir les métiers d'ingénieurs auprès des filles comme des garçons pour les attirer vers les métiers des sciences et technologies et promouvoir la place de la femme ingénieur dans le monde du travail. À cet effet, Femmes ingénieurs a signé une convention trisannuelle avec le ministère de l'Enseignement supérieur et de la Recherche et est agréée par le ministère de l'Éducation nationale pour intervenir dans les établissements scolaires. […]

Ses actions servent la promotion du métier de l'ingénieur au féminin :

- auprès des jeunes filles pour les inciter à entreprendre des études d'ingénieur ;
- auprès des femmes ingénieurs professionnelles pour les inciter à faire reconnaître leurs compétences et leurs réalisations probantes ;
- auprès des entreprises pour aider à la promotion des femmes ingénieurs et pour défendre leurs intérêts ;
- avec le monde politique et le ministère des Droits des femmes pour favoriser les politiques en faveur de l'accès des femmes aux carrières scientifiques ;
- auprès du monde de l'éducation pour combattre les stéréotypes qui freinent l'accès des jeunes femmes aux métiers scientifiques au plan international, européen et aussi national, par notre fonctionnement en réseau. […]

Femmes ingénieurs,
www.egalite-femmes-hommes.gouv.fr.

FAIRE LE POINT

SKETCHNOTE
www.lienmini.fr/30920-sk06

Quelles sont les principales évolutions du marché du travail ?

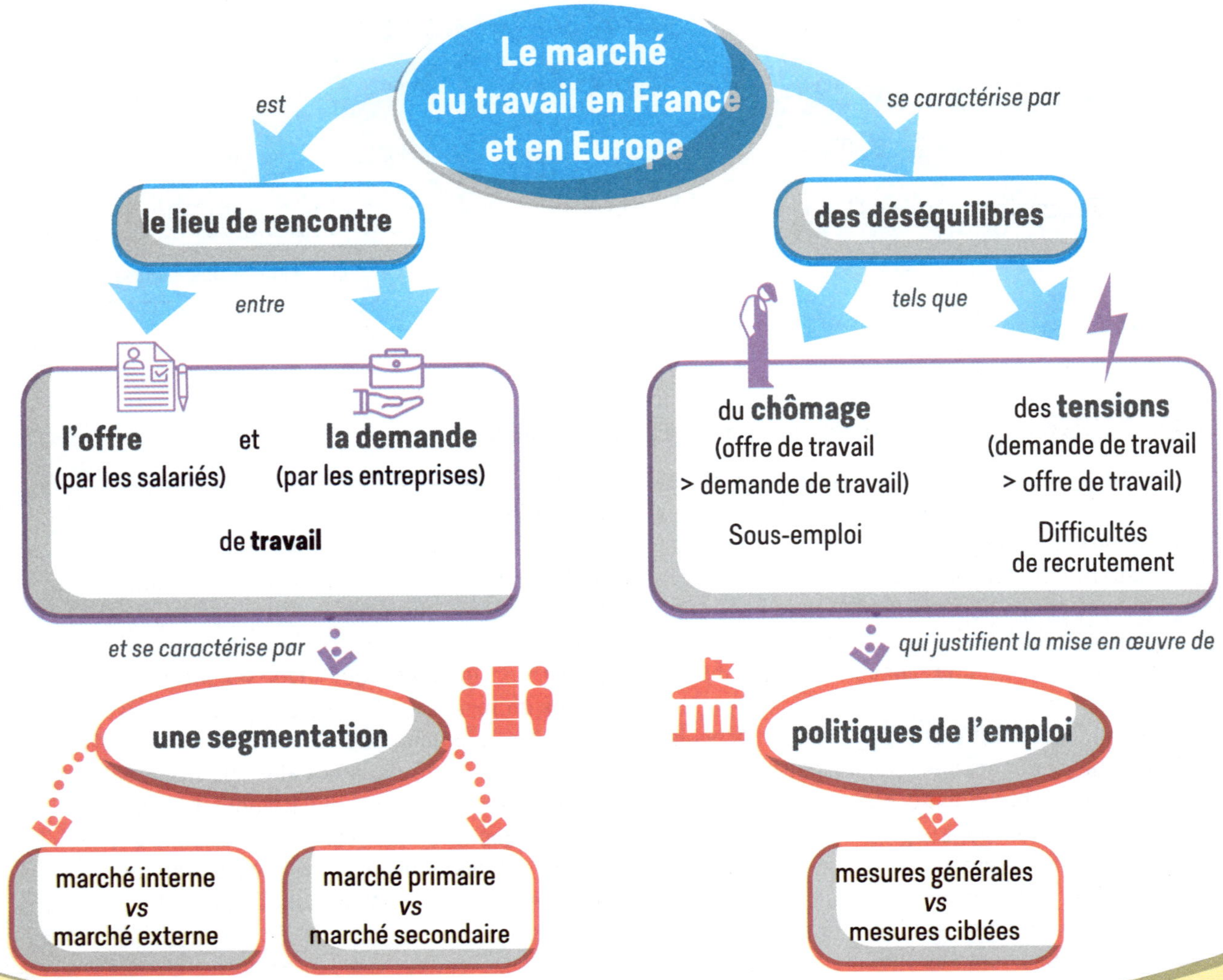

LEXIQUE

- **Marché du travail :** lieu de rencontre entre l'offre de travail (par les salariés) et la demande de travail (par les entreprises) :
  - **offre de travail :** prestations de travail apportées par les salariés (= demandes d'emplois) ;
  - **demande de travail :** postes de travail proposés par les entreprises (= offres d'emplois).
- **Segmentation du marché du travail :** existence de compartiments distincts aux caractéristiques différentes sur le marché du travail.
- **Marché primaire (du travail) *versus* marché secondaire (du travail) :** compartiment de marché correspondant à des emplois stables *versus* compartiment relatif aux emplois précaires.
- **Marché externe (du travail) *versus* marché interne (du travail) :** compartiment concurrentiel du marché du travail *versus* compartiment non soumis à la concurrence (régi par des règles internes aux entreprises).
- **Politiques de l'emploi :** ensemble des interventions publiques qui visent à corriger les déséquilibres qui se manifestent sur le marché du travail.
- **Politiques actives (de l'emploi) :** mesures en faveur de l'emploi qui incitent au retour à l'emploi.
- **Politiques passives (de l'emploi) :** mesures d'indemnisation du chômage et/ou de financement des préretraites.
- **Chômage :** situation de déséquilibre qui, sur le marché du travail, se traduit par une offre de travail supérieure à la demande.
- **Tensions sur le marché du travail :** situation de déséquilibre qui, sur le marché du travail, se traduit par une demande de travail supérieure à l'offre, de sorte que des postes ne sont pas pourvus.

SYNTHÈSE DU THÈME 5

LES MUTATIONS DU TRAVAIL

Les mutations du travail concernent tant le **contenu des emplois**, les évolutions rapides des **métiers**, la **numérisation** et **l'automatisation** du travail que l'évolution des dispositifs législatifs et réglementaires dont les entreprises doivent tenir compte.

Les mutations du travail dans un contexte de révolution numérique

- renouvellent les **enjeux de la GRH** ;
- rendent insuffisante **la GPEC** dans sa conception traditionnelle ;
- bouleversent la **communication**, **l'organisation du travail** ;
- nécessitent la mise en œuvre d'une **gestion des talents**, le recours à des **leviers de motivation** : en phase avec les **attentes des nouvelles générations** de salariés.

- conduisent à distinguer **travail salarié** et **travail indépendant** (qui, pour une même personne, peuvent coexister) ;
- s'inscrivent, pour les salariés, dans le **cadre législatif et réglementaire original du droit du travail** :
  – dépendant des **normes internationales et européennes**,
  – imprégné des **principes constitutionnels**,
  – largement **négocié**,
  – émanant aussi de **l'employeur** ;
- relèvent de **contrats de travail** divers caractérisés par :
  – leur **caractère successif**,
  – l'existence de règles spécifiques applicables au **contenu** de différentes **clauses** et à la **rupture** de la relation individuelle de travail,
  – des **limites** imposées **au pouvoir de direction de l'employeur** (en dépit de sa pleine reconnaissance juridique) ;
- rendent obligatoire la possibilité pour les salariés de bénéficier d'une « formation tout au long de la vie ».

- bouleversent le **marché du travail** (national et européen) :
  - de plus en plus **segmenté** ;
- accentuent les **déséquilibres**
  - **emplois « en tension »** *versus* **« hors tension »**
  - **chômage** (en particulier pour certaines catégories) ;
- font évoluer les **politiques de l'emploi** (globales et ciblées) :
  - qui visent à :
    – lutter contre le **chômage**,
    – favoriser **l'employabilité**, notamment des jeunes, par l'accès à la **formation**, y compris via l'apprentissage,
  - qui se déclinent en :
    – **politiques actives**,
    – **politiques passives**.

VERS L'EXAMEN

Techné

Techné est une entreprise créée en 1981 par Georges Fontaines, installée dans le sud du Beaujolais, à Morancé. Tout d'abord société de négoce, Techné a évolué vers la production à la fin des années 1980. Elle fabrique des joints usinés standards (joints hydrauliques, par exemple) ou sur mesure dans le domaine de l'étanchéité ou du glissement. Des rachats d'entreprises et des implantations à l'étranger ont permis à la société Techné de devenir le partenaire fiable de très nombreuses entreprises de référence dans divers secteurs d'activité tout en préservant les valeurs historiques et managériales d'un groupe international familial.
Elle mise sur les technologies les plus avancées : conception de produits, développement des matières, produits innovants, production, contrôle, stockage, logistique, R&D, certificats à la pointe des exigences légales, sites de production diversifiés, support commercial de pointe et des compétences salariales expérimentées… dans un seul but : la satisfaction des clients. Elle met également en œuvre des politiques de développement respectueuses de l'environnement et des personnes afin d'élaborer les savoir-faire dont les clients auront besoin demain.
Georges Fontaines, puis Marie Fontaines, l'actuelle directrice générale du groupe, ont misé sur les ressources humaines. Sa réussite tient en grande partie à sa transparence sur les informations concernant l'entreprise et à son système de rémunération. La politique sociale de Techné privilégie les jeunes (moyenne d'âge : 40 ans), la responsabilisation et la motivation des collaborateurs. Les possibilités d'expression des salariés et la prise en compte de leurs besoins d'évolution permettent à l'entreprise de s'appuyer sur une équipe d'encadrement stable qui a pris, à son tour, des responsabilités dans le domaine du management de l'entreprise. Le système de rémunération mis en place traduit clairement les valeurs qui ont régi le développement de l'entreprise en intéressant les salariés aux résultats de l'entreprise et en favorisant les systèmes responsabilisants (commission individualisée, intéressement sur l'augmentation de l'excédent brut d'exploitation, plan d'épargne entreprise, SCI dont les salariés sont actionnaires).
Aujourd'hui, l'entreprise s'interroge sur l'origine des difficultés de recrutement qu'elle rencontre et se demande quelles modalités adopter pour fidéliser ses salariés.

Mission 1 Étudier l'environnement au sein duquel évolue Techné

Les mutations rapides de l'environnement global, fortement concurrentiel, de Techné font l'objet d'une veille permanente destinée à repérer les évolutions qui se dessinent et à faciliter l'adaptation de l'entreprise aux changements. Depuis quelques années, la direction des achats veille à inscrire dans la durée et à sécuriser toujours davantage les relations avec les fournisseurs. C'est pourquoi elle développe des partenariats, gages d'une confiance réciproque entre les différents acteurs. Toutefois, Techné est confrontée à un problème. Le directeur des achats négocie depuis plus de trois mois avec un fabricant de composants industriels. Alors que les négociations étaient très avancées (quantité minimum commandée par an, prix maximum à l'unité…), ce fournisseur potentiel a cessé brutalement toute relation avec Techné.

Documents à exploiter : Documents 1, 3 et 6

1. Caractérisez les différentes parties prenantes de l'entreprise Techné.
2. Présentez les caractéristiques du chômage en France entre 2010 et 2017.
3. Proposez l'argumentation juridique sur laquelle pourra s'appuyer Techné en réponse à la décision du fabricant de composants industriels de rompre les négociations.

Mission 2 Analyser l'organisation de l'activité de Techné

Dans une logique managériale, le directeur de la production cherche en permanence à optimiser la combinaison productive de Techné et le processus de production. La mise en œuvre des facteurs de production (travail et capital) doit répondre à de nouveaux enjeux tels que le développement durable et la gestion des risques, notamment industriels, qui conduit à une mobilisation renouvelée des ressources et des compétences au sein de l'entreprise. Dans le cadre de la gestion des risques, une entreprise cliente a annoncé à Techné qu'elle avait reçu de nombreuses réclamations de clients dont certains avaient été blessés. Selon l'entreprise cliente, ces derniers envisagent une action en justice. L'entreprise précise que le problème rencontré est lié à la défectuosité d'une pièce fournie par Techné.

Documents à exploiter : Documents 1, 4, 5 et 8

1. Identifiez les ressources et compétences de l'entreprise Techné.
2. Montrez en quoi le développement de l'éco-conception en France est de nature à influer sur le mode de production de Techné.
3. Vérifiez, à l'aide d'un raisonnement juridique, la possibilité de mettre en œuvre la responsabilité de Techné.

Mission 3 Apprécier comment Techné adapte sa politique de ressources humaines aux mutations du travail

Dans le contexte actuel de mutations rapides et nombreuses du travail, en France, mais également dans l'ensemble des pays européens notamment, Techné entend attirer les jeunes talents et développer une politique de ressources humaines qui puisse favoriser sa performance économique, sociale et sociétale. À cet égard, la direction des ressources humaines suit avec la plus grande attention l'évolution des mesures gouvernementales relevant des politiques de l'emploi et, en particulier, les mesures ciblées en faveur des jeunes. Quatre commerciaux récemment recrutés vont bénéficier dès leur embauche d'une formation longue (2 mois à partir du 1er mars). Le service ressources humaines, afin de protéger les intérêts de Techné, envisage de faire signer aux nouveaux salariés un avenant spécifique afin de protéger l'entreprise de départs anticipés (coût de la formation par salarié : 3 000 euros).

Documents à exploiter : Documents 1, 2, 4 et 7

1. Montrez que les leviers de motivation mis en place concilient à la fois l'objectif de l'entreprise et les attentes des salariés.
2. Indiquez en quoi la politique de l'emploi mise en œuvre par l'État pourrait influencer les décisions de recrutement de Techné.
3. Rédigez la clause de dédit-formation qui pourra être insérée dans les avenants au contrat de travail pour les quatre commerciaux nouvellement recrutés.

DOCUMENT 1 Techné, l'usine autogérée

[...] Georges Fontaines, le fondateur de l'entreprise, a appliqué à la lettre le précepte de la Bible selon lequel il ne faut jamais faire à autrui ce qu'on ne souhaite pas qu'il vous fasse. « *Je n'aime pas commander, car je n'aime pas être commandé* », explique l'homme qui ne voulait pas être garde-chiourme. Alors, il a créé sa société en s'en tenant à ce qu'il appelle lui-même « *deux ou trois idées farfelues* ». Pas si farfelues que cela, car trente ans après, la PME est toujours là, employant 130 salariés et réalisant un chiffre d'affaires de 27 millions d'euros en France. Un changement notable cependant : Georges Fontaines ne dirige plus l'entreprise. Il l'a transmise à sa fille, Marie.

En toute liberté

Direction l'atelier, pour découvrir la méthode Fontaines en application. Ici, pas de pointeuse, chacun est libre de ses horaires et de ses mouvements. Dans cet espace ultrapropre, une quinzaine d'opérateurs s'activent dans une ambiance sereine. Taylor n'y retrouverait pas les siens. Ici, chacun va chercher la matière première sur une étagère, à son rythme. Il est accompagné d'une fiche détaillant le plan du produit attendu par le client, le temps de production estimé et le coût de fabrication. « *C'est important de savoir combien coûte la pièce* », explique Aziz Baakrim, opérateur régleur qui usine un joint à plus de 75 euros. « *Moins il y a de rebut, mieux on sera payé.* » Le salarié est libre de ses mouvements et gère son planning, mais il rend des comptes : pour chaque pièce, il indique le temps qui lui a été nécessaire pour la produire. En cas d'écart, il en discutera avec Nicolas Scotti, le responsable de la production, installé dans un bureau en verre au centre de l'atelier. « *La liberté ne pose pas de problème. Les gens sont adultes et responsables* », confie-t-il.

Même ambiance studieuse mais détendue à l'étage au-dessus dans le bureau d'études, tout aussi lumineux mais moins bruyant. Céline Coston, qui prépare les réponses aux appels d'offres, apprécie l'autonomie : « *Je gère ma journée. Mon mari a du mal à comprendre que mon travail n'est pas systématiquement validé par un N + 1* ». Dans le même service, on peut découvrir une autre particularité de l'entreprise : la variabilité du salaire mensuel. [...] Chez Techné, tous perçoivent un fixe et une part variable indexée sur la marge brute de l'entreprise qui mesure le travail réel. En décembre, l'activité est réduite. Les salaires aussi. « *Pour les salaires les plus bas, la variation est de 7 %* », assure Georges Fontaines. L'écart des rémunérations va de 1 à 5 et la P-DG n'est pas la mieux payée.

Rien de tout cela ne serait possible sans une pratique de la transparence. Depuis son ordinateur, chacun peut suivre des données financières habituellement ignorées des salariés, comme l'état de la trésorerie, les commandes en cours, les engagements fournisseurs ou la valorisation des stocks. À proximité de la machine à café [...] tout le monde peut consulter sur le tableau d'affichage des smileys, ces petits personnages à l'expression joyeuse ou mécontente. Ils indiquent, mois après mois, les performances obtenues par les services en fonction des objectifs définis en début d'année. Tous sont notés, patronne comprise. Ces derniers temps, elle doit se contenter d'un « peut mieux faire » pour la marge totale réalisée. [...]

Force de proposition

À quelques centaines de mètres se trouve la preuve de la réussite de l'entreprise : deux nouveaux bâtiments construits récemment pour accompagner sa croissance. Dans l'un d'eux, une équipe travaille sur le traitement de surface pour améliorer les performances des joints. C'est Frédérik Braga, le responsable de la nouvelle activité, qui en a eu l'idée à la fin 2006 et en a parlé au dirigeant. Ce dernier a dit banco. L'approche n'est pas unique. « *On a commencé l'export de cette façon, à l'initiative d'une assistante commerciale. Aujourd'hui, cela représente la moitié de notre chiffre d'affaires* », rappelle Marie Fontaines. Autonomie et écoute des salariés sont la base de ce que ni Georges ni Marie Fontaines n'oseraient appeler le « système Techné », tant le mot évoque une organisation rigide et figée. Tous deux sont partisans de l'amélioration en continu. « *Il faut beaucoup expliquer* », résume Marie Fontaines, qui ne passe pas une journée sans faire le tour des sites pour prendre la température et rassurer les uns et les autres. Surtout si elle accepte une commande avec une faible marge, car cela a un impact sur les salaires.

[...] Marie Fontaines décrit le défi qui l'attend : « *Plus on grossit, plus on a de management intermédiaire et plus il faut communiquer* ». Une difficulté qu'elle a déjà rencontrée lors d'opérations de croissance externe : « *J'évalue l'effort humain à accomplir pour faire entrer les salariés d'une nouvelle entreprise dans une logique de responsabilisation* ». Difficile, la mission n'est pas impossible pour le fondateur : « *On m'a toujours dit, "Tu réussis parce que tu es petit", et j'ai grossi. Le refrain est devenu "Tu réussis parce que tu fais du négoce", et j'ai gardé mes idées farfelues en intégrant la production* ». Farfelues, ses idées le sont peut-être. La force de Techné c'est d'avoir su les faire vivre. Le taux d'absentéisme est inférieur à 2 %, soit deux fois moins que la moyenne nationale.

La vraie bonne idée

Chez Techné, les salariés possèdent les murs de l'entreprise, qui leur paie un loyer. Ils sont rassemblés dans plusieurs sociétés civiles immobilières (SCI), une par site. Des parts de la dernière en date, créée il y a deux ans, ont été achetées par 45 salariés. Aucun ne dit combien cela lui rapporte, mais tous se félicitent du mécanisme. « *C'est un moyen de s'impliquer dans l'entreprise. Je viens chez moi, pas au travail* », s'amuse Samuel Robe, qui s'occupe de qualité et de méthode à l'atelier. « *C'est un bon investissement,* confie un autre, *et on voit l'autre côté de l'entreprise. Quand il y a eu des problèmes en 2009, on a accepté de baisser les loyers.* » Pour la direction, c'est aussi un bon moyen de faire de la pédagogie.

Christophe Bys, www.usinenouvelle.com, 7 juin 2012.

DOCUMENT 2 Les avantages de l'alternance pour l'entreprise

Outil de recrutement pour faire face à des besoins de mains-d'œuvre qualifiées ou à une pénurie de compétences sur ses métiers, l'alternance présente de nombreux avantages pour l'entreprise. La formation d'un salarié en alternance facilite son intégration dans l'entreprise et lui permet d'acquérir des savoir-faire spécifiques. Elle favorise ainsi une embauche en confiance à l'issue de sa formation.

Une solution de recrutement adaptée aux besoins

La formation en alternance permet à l'entreprise de former de nouveaux salariés pour adapter leurs compétences à ses métiers et pérenniser le développement de ses activités. La durée des formations en alternance varie de 6 mois minimum à 3 ans au maximum et permet à l'employeur d'accompagner l'intégration des candidats et suivre leur évolution en conditions de travail.

Le contenu et l'organisation des formations en alternance s'ajustent aux problématiques de recrutement que rencontrent les entreprises sur leur secteur d'activité. L'alternance est ainsi un moyen de faire face à un manque de candidatures sur des métiers pénuriques.

Une gestion prévisionnelle des emplois et des compétences

Adaptée aux besoins des entreprises qui font face à un besoin immédiat de recrutement, l'alternance est aussi un moyen de préparer l'embauche à terme de salariés compétents pour répondre à des besoins futurs. Recruter un jeune en alternance est une bonne façon d'anticiper sur la croissance de l'entreprise, sans prendre le risque de la fragiliser financièrement car l'employeur n'est pas tenu de proposer une embauche à la fin du contrat d'alternance. La formation en alternance peut représenter un investissement en vue de préparer une embauche à terme en CDI pour répondre aux objectifs de développement de l'entreprise.

Une maîtrise des coûts salariaux

La formation d'un salarié en alternance permet à l'entreprise de réaliser des économies substantielles en comparaison de l'embauche d'un salarié classique. Pour compenser l'effort consenti dans la formation des alternants, les contrats en alternance proposent des niveaux de rémunération minimale inférieurs à ceux du salariat de droit commun et l'entreprise ne comptabilise pas ses alternants dans le calcul des effectifs (et des obligations qui en découlent).

Dans le cadre du contrat d'apprentissage, le niveau de rémunération minimale d'un apprenti représente de 25 à 78 % du Smic selon l'âge du candidat et son niveau de qualification à la signature du contrat (de 41 % du Smic en 1re année à 65 % du Smic pour un apprenti de 3e année). Le contrat de professionnalisation encadre également la rémunération des alternants : de 65 % du Smic au minimum pour un bachelier de moins de 21 ans à 85 % du salaire minimal conventionnel de branche pour un candidat âgé de plus de 26 ans.

Le bénéfice d'aides et exonérations spécifiques

En contrepartie des efforts consentis par l'entreprise pour la formation de salariés en alternance, un ensemble d'aides et d'exonérations permet de diminuer le coût de l'alternance pour l'employeur.

Les contrats d'apprentissage permettent ainsi à l'entreprise de bénéficier d'une aide régionale, d'exonération totale ou partielle des charges sociales du contrat (en fonction de la taille de l'entreprise) et du crédit d'impôt apprentissage. La formation pédagogique des maîtres d'apprentissage, responsable des candidats dans l'entreprise, est couverte par la cotisation à la formation professionnelle continue.

Les contrats de professionnalisation ouvrent droit pour l'entreprise à un allègement des cotisations patronales sur les bas et moyens salaires, à une exonération totale des cotisations patronales si l'alternant est âgé de 45 ans et plus, et à une aide à l'embauche des candidats de 26 ans et plus ou des demandeurs d'emploi. […]

www.alternance-professionnelle.fr

DOCUMENT 3 Extraits du Code civil

Article 1112

L'initiative, le déroulement et la rupture des négociations précontractuelles sont libres. Ils doivent impérativement satisfaire aux exigences de la bonne foi. En cas de faute commise dans les négociations, la réparation du préjudice qui en résulte ne peut avoir pour objet de compenser ni la perte des avantages attendus du contrat non conclu, ni la perte de chance d'obtenir ces avantages.

Article 1240

[…] tout fait quelconque de l'homme qui cause à autrui un dommage, oblige celui par la faute duquel il est arrivé à le réparer.

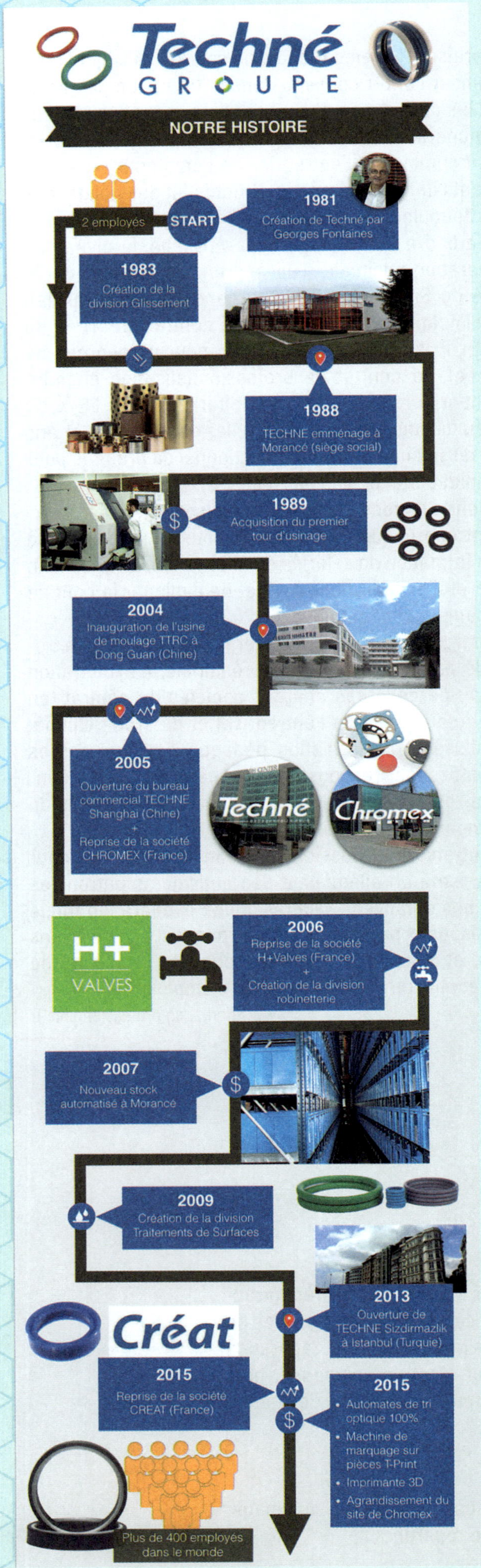

DOCUMENT 4 Techné récompensé aux Trophées de l'apprentissage 2018

Après un partenariat qui dure depuis plus de 20 ans, l'Institut des ressources industrielles de Lyon et ses jurées ont choisi Techné comme lauréat des Trophées de l'apprentissage 2018 dans la catégorie « Entreprise », aux côtés de trois autres sociétés.

C'est avec honneur que nous recevons ce trophée, qui vient mettre en lumière notre implication dans la formation des jeunes. Avec 5 à 10 % de notre effectif en contrat d'alternance chaque année, cette formule est pour nous un levier de recrutement primordial.

Nous recrutons dans de nombreux domaines : des formations bac pro Usinage aux formations ingénieurs, en passant par les formations commerciales/achats/logistique, sans oublier les formations destinées à nos services support : informatique, qualité, comptabilité ou RH.

Développer les compétences techniques, tout en « faisant grandir » nos apprentis par la transmission de nos valeurs d'entreprise, c'est le rôle essentiel que jouent tous nos maîtres d'apprentissage.

www.techne.fr

DOCUMENT 5 Pourquoi favoriser l'éco-conception

- **Gestion des risques :**

Aujourd'hui de nombreux impératifs se sont construits en faveur de l'éco-conception. Qu'il s'agisse de l'image de votre entreprise, des obligations légales (avec les REP notamment qui, dans plusieurs domaines, rendent le producteur responsable de la fin de vie de son produit), voire économiques et opérationnelles. Favoriser l'éco-conception, c'est une façon de réduire les risques et de prévenir d'éventuelles situations de crise pour votre entreprise.

- **Maîtrise des coûts :**

Plusieurs études ont été réalisées sur la profitabilité de l'éco-conception. L'une d'entre elles, datant de 2014 et produite par le Pôle éco-conception et management de cycle de vie et l'Institut de développement de produit, est particulièrement intéressante. Cette étude, menée sur 119 entreprises en France et au Québec, montre que 96 % d'entre elles ont remarqué un effet économique positif ou du moins neutre à la suite de leur engagement en faveur de l'éco-conception.

- **Accroissement des ventes :**

Aujourd'hui, l'éco-conception est un véritable atout dans l'image d'une entreprise et dans sa stratégie marketing car elle ouvre la porte à de nouveaux marchés et à un nouveau public déjà sensibilisé à ces préoccupations. Telles que le sur-emballage et la recyclabilité, par exemple.

- **Fédération des équipes :**

Passer à l'éco-conception est un projet commun qu'on ne peut cantonner à un seul service. En affichant des objectifs clairs à l'ensemble de l'entreprise, cela peut être l'occasion de remotiver les équipes et de les fédérer autour d'un projet commun porteur de sens, tant pour eux que pour l'entreprise.

www.easyrecyclage.com/blog/pourquoi-favoriser-eco-conception/

DOCUMENT 6 Le taux de chômage en France selon le sexe et l'âge, en %

	15 - 24 ans			25 - 49 ans			50 ans ou plus			Ensemble		
	F	H	Ensemble	F	H	Ensemble	F	H	Ensemble	F	H	Ensemble
2017	21,3	23,1	22,3	9,2	8,4	8,8	6,2	6,9	6,6	9,3	9,5	9,4
2016	24,1	25,1	24,6	9,4	9,2	9,3	6,5	7,3	6,9	9,9	10,2	10,1
2015	23,4	25,8	24,7	9,6	9,9	9,7	6,5	7,5	7,0	9,9	10,8	10,4
2014	23,1	25,2	24,3	9,6	9,8	9,7	6,8	7,0	6,9	10,0	10,5	10,3
2013	24,4	23,8	24,1	9,2	9,3	9,2	6,4	6,7	6,6	9,8	10,0	9,9
2012	23,1	24,1	23,7	8,9	8,5	8,7	5,8	6,1	5,9	9,4	9,4	9,4
2011	22,6	21,4	21,9	8,6	7,7	8,1	5,6	5,4	5,5	9,1	8,5	8,8
2010	23,0	22,2	22,6	8,4	7,7	8,0	5,5	5,4	5,5	9,1	8,7	8,9

Source : Insee.

DOCUMENT 7 Les intérêts de l'entreprise et la clause de dédit-formation

Le dédit-formation est une clause, insérée dans le contrat de travail (dans un avenant à celui-ci ou dans un accord écrit), par laquelle le salarié s'engage, en cas de départ de l'entreprise avant un certain délai fixé par la clause, à rembourser à celle-ci tout ou partie des dépenses effectivement réalisées par son employeur pour sa formation. La clause de dédit-formation est généralement utilisée lorsque l'entreprise finance, dans le cadre du plan de formation, une formation longue et coûteuse. [...]

Les tribunaux ont défini plusieurs principes à respecter lors de la mise en œuvre d'une telle clause et notamment :

- **un écrit doit être signé préalablement au départ en formation** : la clause de dédit-formation doit être signée et acceptée par le salarié avant le début de la formation. L'accord écrit (ou l'avenant au contrat de travail) la prévoyant doit donc, sous peine de nullité, être antérieur au démarrage de l'action. La clause doit préciser les dates, nature, durée et coût réel de la formation financée par l'entreprise, ainsi que les modalités précises de remboursement à la charge du salarié. Une dégressivité du remboursement peut être prévue en fonction de la durée d'engagement du salarié. Le montant doit correspondre aux frais réellement engagés par l'employeur (ce montant devant clairement figurer dans l'engagement signé par le salarié) et ne doit pas être « manifestement excessif ». Les tribunaux considèrent généralement comme « nulles et non avenues » les clauses ne comportant aucune information sur le coût réel de la formation pour l'entreprise ou fixant un montant de remboursement forfaitaire ;
- **la durée d'engagement du salarié ne doit pas être excessive** : cette durée peut être variable (généralement de 2 à 5 ans) et doit être en rapport avec la durée de la formation suivie et des frais engagés par l'employeur. Les juges vérifient que la durée de l'engagement du salarié n'est pas « manifestement excessive » ou disproportionnée au regard des frais engagés par l'entreprise. La clause ne doit pas priver le salarié de sa faculté de démissionner ;
- **la clause de dédit-formation ne s'applique qu'en cas de démission du salarié.**

www.opcalia.com

DOCUMENT 8 Extraits du Code civil

Article 1242

On est responsable non seulement du dommage que l'on cause par son propre fait, mais encore de celui qui est causé par le fait des personnes dont on doit répondre, ou des choses que l'on a sous sa garde.

Article 1245

Le producteur est responsable du dommage causé par un défaut de son produit, qu'il soit ou non lié par un contrat avec la victime.

Article 1245-1

Les dispositions du présent chapitre s'appliquent à la réparation du dommage qui résulte d'une atteinte à la personne.

Elles s'appliquent également à la réparation du dommage supérieur à un montant déterminé par décret, qui résulte d'une atteinte à un bien autre que le produit défectueux lui-même.

Article 1245-3

Un produit est défectueux au sens du présent chapitre lorsqu'il n'offre pas la sécurité à laquelle on peut légitimement s'attendre.

Dans l'appréciation de la sécurité à laquelle on peut légitimement s'attendre, il doit être tenu compte de toutes les circonstances et notamment de la présentation du produit, de l'usage qui peut en être raisonnablement attendu et du moment de sa mise en circulation.

Un produit ne peut être considéré comme défectueux par le seul fait qu'un autre, plus perfectionné, a été mis postérieurement en circulation.

Article 1245-7

En cas de dommage causé par le défaut d'un produit incorporé dans un autre, le producteur de la partie composante et celui qui a réalisé l'incorporation sont solidairement responsables.

Article 1245-8

Le demandeur doit prouver le dommage, le défaut et le lien de causalité entre le défaut et le dommage.

LES CHOIX STRATÉGIQUES DE L'ENTREPRISE

CONTEXTE PROFESSIONNEL

UBISOFT®

PRÉSENTATION

L'histoire d'Ubisoft commence en Bretagne, au sein d'une entreprise parentale tournée vers les machines agricoles. En 1984, Michel Guillemot, l'aîné de cinq frères, commence à introduire la vente de petits ordinateurs pour diversifier l'entreprise. Au cours d'un voyage en Angleterre, Michel Guillemot s'aperçoit que les jeux vidéo y sont trois fois moins chers qu'en France. De retour dans l'Hexagone, il achète une page de publicité dans un magazine spécialisé pour proposer un service de distribution de jeux. Les retombées dépassent largement les attentes et Michel Guillemot réalise le potentiel énorme du marché. En 1986, il saisit l'opportunité et se lance dans une activité d'import et de distribution de jeux vidéo en France. Puis il confie les rênes d'Ubisoft à son frère Yves pour, lui-même, reprendre la direction de Gameloft, leader mondial de la création de jeux sur mobiles, entreprise créée deux ans auparavant par un autre frère Guillemot (Gérard).

www.lesnumeriques.com

Vidéo 2'08
Ubisoft
www.lienmini.fr/C559-ubisoft

THÈME 6

FICHE D'IDENTITÉ

- Date de création : **1986**
- Fondateurs : **Yves (Marie), Michel, Claude, Gérard et Christian Guillemot**
- Dirigeant : **Yves (Marie) Guillemot**
- Effectif : **13 742**
- Siège social monde : **Montreuil-sous-Bois**
- Champ d'action géographique : **Mondial**
- Chiffre d'affaires : **1 595 000 euros (2019-2020)**

LES DATES CLÉS D'UBISOFT

1986	Création d'Ubisoft
1990	Lancement du premier jeu vidéo développé en interne : *Zombi*
1992	Ouverture du studio Ubisoft Paris
1995	Sortie de *Rayman*
1996	Entrée d'Ubisoft Entertainment S.A. sur le second marché de la bourse de Paris
2000	Entrée d'Ubisoft sur le premier marché de la bourse de Paris
2005	Campus d'Ubisoft créé à Montréal
2007	Sortie d'*Assassin's Creed*
2009	Sortie de *Just Dance*
2011	Création de Ubisoft Motion Pictures, chargée d'adapter les franchises internes en films et séries TV
2018	Association avec Tencent, géant chinois de l'Internet, pour accélérer la distribution des franchises d'Ubisoft en Chine

Problématique
Thème 6

Les choix stratégiques d'Ubisoft

CHAP 7

MANAGEMENT

Comment le diagnostic éclaire-t-il les choix stratégiques de l'entreprise ?

1. Caractériser la démarche stratégique
2. Identifier la place du diagnostic stratégique dans la démarche stratégique
3. Présenter les principaux éléments d'un diagnostic externe
4. Présenter les principaux éléments d'un diagnostic interne
5. Comprendre comment est effectivement définie la stratégie finalement mise en œuvre

- **Objectifs :** Comprendre comment, dans un environnement complexe et dynamique, l'entreprise doit mettre en œuvre une démarche d'analyse stratégique. Montrer que la démarche de diagnostic externe et interne de l'entreprise constitue un préalable indispensable à toute décision et conditionne ses choix.
- Michel Guillemot, l'un des fondateurs d'Ubisoft, en démocratisant dans les années 1980 la distribution de jeux vidéo, a su saisir une opportunité de marché. Le développement exponentiel d'Ubisoft est le fruit d'une démarche d'analyse stratégique rigoureuse. Une analyse régulière de l'environnement, au travers d'un diagnostic stratégique externe, a conduit les dirigeants d'Ubisoft, qui ont également pris appui sur un diagnostic stratégique interne, à allouer et mobiliser des ressources et compétences pertinentes.

CHAP 8

MANAGEMENT

Quels sont les choix stratégiques opérés par l'entreprise ?

1. Caractériser les processus de décision stratégique
2. Identifier les options stratégiques globales et leurs modalités de croissance
3. Comprendre le lien entre DAS et stratégie de domaine

- **Objectifs :** Montrer que compte tenu du diagnostic stratégique l'entreprise est amenée à prendre des décisions stratégiques en opérant des choix stratégiques tant au niveau global qu'au niveau de chaque domaine d'activité (DAS). Montrer que quelle que soit l'orientation stratégique choisie, l'entreprise doit trouver des modalités de développement pertinentes.
- **Ubisoft**, sur la base d'un diagnostic stratégique précis, est amené à formuler et à mettre en oeuvre des choix stratégiques précis.

CHAPITRE 7

Comment le diagnostic éclaire-t-il les choix stratégiques de l'entreprise ?

Situation simulée

L'entreprise française Ubisoft, créée en 1986, a connu dès son origine une formidable croissance qui l'a conduite aujourd'hui à être le troisième éditeur de jeux vidéo au niveau mondial.
Cette formidable croissance n'est pas le fruit du hasard mais le résultat d'une analyse stratégique rigoureuse, tant au niveau externe qu'interne. Le succès d'Ubisoft tient aussi à la capacité de son dirigeant, Yves Guillemot, à saisir les opportunités stratégiques qui émergent de l'environnement.

Vous êtes assistant auprès de Mme Degraf, commissaire générale du Salon des entrepreneurs Lyon Auvergne-Rhône-Alpes. Cette dernière vous demande, à l'occasion de Salon des entrepreneurs, de l'aider à préparer l'interview de M. Guillemot, le P-DG actuel d'Ubisoft, en réalisant un dossier d'étude portant sur la démarche stratégique de l'entreprise.

Compétences

- Identifier les différentes étapes d'une démarche d'analyse stratégique (Objectifs 1, 2, 3, 4 et 5)
- Présenter les principaux éléments d'un diagnostic interne et/ou externe de l'entreprise (Objectifs 3, 4 et 5)

1 Caractériser la démarche stratégique

SAVOIRS ASSOCIÉS
- Décision et niveau de décision

Situation simulée

Madame Degraf vous demande de caractériser la démarche stratégique de l'entreprise Ubisoft en identifiant les différentes étapes du processus.

Missions

1. **Caractérisez les décisions du groupe Ubisoft évoquées dans le document 1, en vous référant aux trois horizons temporels des niveaux de décision définis par Igor Ansoff.**
2. **Montrez en quoi les décisions du groupe Ubisoft sont en accord avec les objectifs et la finalité de l'entreprise.**

DOCUMENT 1 Ubisoft : des choix stratégiques gagnants

À peine né, Ubisoft ambitionne de devenir éditeur de jeux vidéo. En parallèle de la distribution des jeux, Ubisoft développe sa propre structure de création.
Le premier jeu développé et édité par Ubisoft, *Zombi*, sort sur Amstrad CPC et Atari ST. À l'époque, les jeux ne nécessitaient pas de gros budgets, ce qui tombe bien, puisqu'au lancement *Zombi* n'est vendu qu'à 600 exemplaires en France. Les frères Guillemot, en bons visionnaires, se rendent compte très vite de l'intérêt d'externaliser l'activité du jeu vidéo. Le succès commercial permet néanmoins une croissance rapide d'Ubisoft qui enchaîne les sorties de jeux.
Rapidement la société investit plusieurs millions de francs dans le développement du jeu *Rayman,* la mascotte de l'éditeur. *Rayman* sur Playstation se retrouve classé dans les 10 premières ventes mondiales et, chaque année, Ubisoft vend plus de jeux que les années précédentes. La société fait son entrée en bourse et s'exporte en Europe puis aux États-Unis. Le déploiement s'accélère avec l'ouverture de studios à Shangai, au Québec, à Hong Kong, en Espagne, en Italie, au Maroc… [ainsi que par l'intermédiaire des recrutements de développeurs, graphistes, infographistes, *game designers*, etc.] Dans les années 2000, le chiffre d'affaires d'Ubisoft atteint 186 millions d'euros. L'objectif d'Yves Guillemot – créer des marques très fortes pour pérenniser l'activité – est atteint. La croissance des revenus annuels atteint aujourd'hui la fourchette des prévisions visées par la société : 1,06 milliard d'euros. Un succès que l'éditeur doit aux jeux en vogue (*Les Lapins crétins, Beyong good & evil, Splinter Cell, Prince of Persia, Just dance* et l'incontournable *Assassin's Creed*) et aux acquisitions (*Tom Clancy* et *Driver* notamment).

www.lesnumeriques.com

DOCUMENT 2 Historique économique et financier de l'entreprise Ubisoft

Pour comprendre comment le cours de l'action Ubisoft réagit aux différentes annonces économiques et financières, il est intéressant de se plonger dans l'historique récent avec les événements les plus marquants de ces dernières années. Voici donc un récapitulatif de ces derniers événements.

- En 2010, Electronic Arts revend ses parts dans Ubisoft de 14,8 % pour un montant de 94,36 millions d'euros. La Société générale de financement du Québec prend alors 4,5 % des parts et le fond d'investissement Harbinger Capital Partners prend 9 % et devient le deuxième actionnaire du groupe.
- En 2011, après une perte de 48 % de la valeur de son titre, Ubisoft rachète 286 000 de ses titres. Il annonce ensuite la création de sa propre société de production pour adapter ses jeux vidéo au cinéma ou à la télévision. La même année, le groupe rachète Owlient et Redlynx et ouvre Ubisoft Abu Dhabi.
- En 2012, Ubisoft signe une convention avec le gouvernement français autour d'un projet de recherche et de développement d'une nouvelle génération de jeux vidéo. L'aide financière de l'État se monte à 3,5 millions d'euros.
- En 2013, Ubisoft rachète Future Games of London et Ivory Tower et Longtail Studios puis annonce le report de la sortie de deux de ses jeux vidéo et perd alors 23 % de la valeur de son titre boursier.
- En 2015, le groupe Vivendi prend une participation de 6,6 % dans l'entreprise Ubisoft et rachète 7,36 millions d'actions pour un montant de 140,3 millions d'euros. La participation de Vivendi dans le groupe Ubisoft atteindra les 25 % en 2016.
- Toujours en 2016, la famille Guillemot augmente sa participation à hauteur de 13,22 % pour contrôler ce nouvel actionnaire et éviter un rachat lors d'une OPA hostile.

www.strategie-bourse.com

RESSOURCE 1 Pyramide d'Igor Ansoff : les 3 types de décision

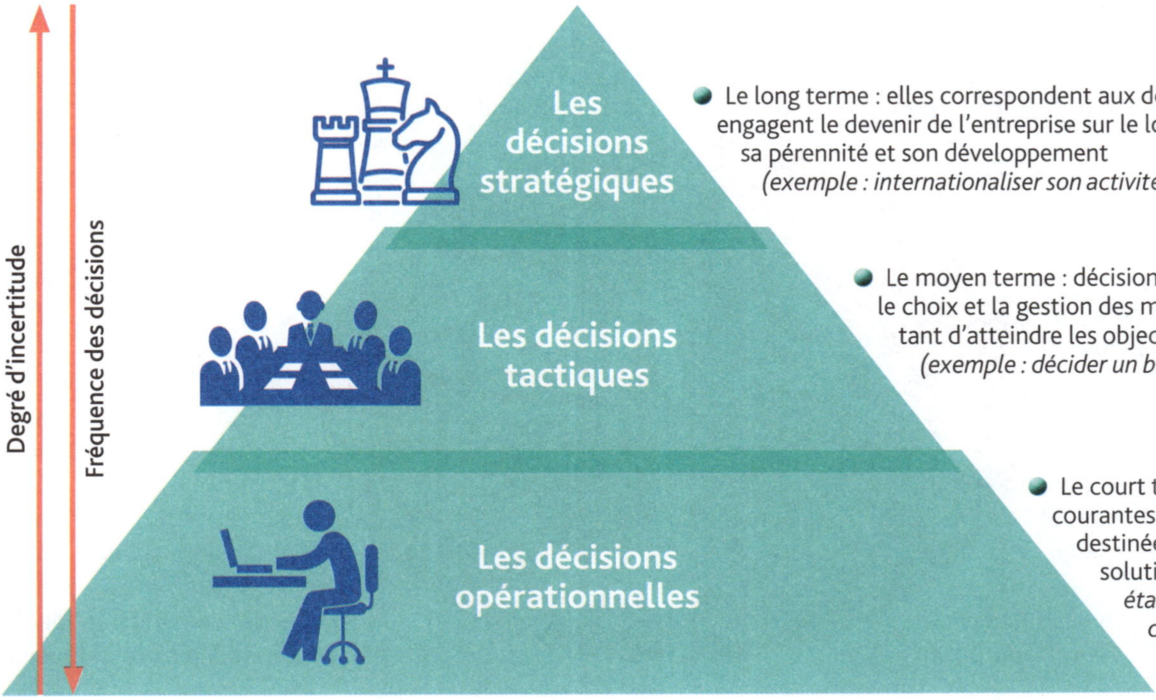

- Le long terme : elles correspondent aux décisions qui engagent le devenir de l'entreprise sur le long terme, sa pérennité et son développement *(exemple : internationaliser son activité)*.
- Le moyen terme : décisions qui portent sur le choix et la gestion des moyens permettant d'atteindre les objectifs stratégiques *(exemple : décider un budget)*.
- Le court terme ou décisions courantes dans l'entreprise destinées à piloter et à solutionner *(exemple : établir un planning d'activités)*.

2 Identifier la place du diagnostic stratégique dans la démarche stratégique

SAVOIRS ASSOCIÉS
- Le diagnostic externe et l'analyse de l'environnement
- Le diagnostic interne et les ressources stratégiques de l'entreprise

Situation simulée

Afin de mettre en évidence les enjeux et les modalités du diagnostic stratégique conduit par la direction d'Ubisoft, Mme Degraf vous invite à caractériser chacune des dimensions de l'analyse – diagnostic interne et diagnostic externe – avant d'en présenter la complémentarité.

Missions

1. **Montrez l'importance et la place spécifique de l'étape de diagnostic stratégique dans le processus stratégique tel que le décrit le modèle LCAG.**
2. **Expliquez en quoi le bras de fer entre Vivendi et Ubisoft illustre la conflictualité possible entre deux formes de gouvernance.**
3. **En vous référant aux analyses de Cyert et March d'une part, de Crozier et Friedberg d'autre part, proposez un diagnostic de la situation évoquée.**

DOCUMENT 1 Ubisoft-Vivendi, la fin de deux ans et demi de feuilleton

Depuis octobre 2015, Ubisoft vivait dans la menace d'un rachat par Vivendi. […] Le raid de Vincent Bolloré débute en octobre 2015, par une prise de participation surprise de 6,6 % des actions d'Ubisoft et une entrée au capital de Gameloft, société indépendante également créée par les frères Guillemot. C'est un coup de tonnerre. Mais Yves Guillemot ne se laisse pas faire. En interne, mobilisation générale : dans un e-mail envoyé à ses collaborateurs, il affiche sa volonté de préserver l'indépendance du groupe et se dit *« confiant et déterminé »*. En externe, il égratigne publiquement les méthodes du P-DG de Vivendi : […] *« Prendre un pourcentage dans notre société sans discuter avec nous au préalable, ce sont des méthodes d'un autre temps. On n'entre pas dans une société en cassant la porte ! »* S'engage dès lors une guerre psychologique autant qu'un bras de fer financier entre Vivendi et Ubisoft.

Sur le principe, des synergies peuvent exister entre les deux groupes. Le premier possède de nombreux canaux (DailyMotion, Canal+) et a besoin de contenus à forte notoriété pour se développer à l'international. […] Ubisoft, de son côté, est inspiré par le modèle de Disney et transforme depuis quelques années ses marques de jeux vidéo en univers de divertissement. […] Mais le courant ne passe pas. […] Vincent Bolloré […] continue de grappiller des parts. En mai 2016, il réussit son OPA sur Gameloft. Ce spécialiste du jeu vidéo mobile lui permet d'expérimenter plusieurs synergies, comme l'adaptation de sa franchise cinématographique Paddington. […] Dans le même temps, Vivendi monte de 11 à désormais 17 % du capital, et exige un siège au conseil d'administration. L'indépendance d'Ubisoft semble alors condamnée.

Mais le groupe […] déploie […] une énergie spectaculaire à communiquer sur l'adhésion de ses équipes à la marque Ubisoft et à sa direction actuelle. Plusieurs pontes créatifs menacent publiquement de quitter le navire en cas de rachat par Vivendi. Lors des événements internationaux, les salariés du groupe s'affichent avec des tee-shirts « We are Ubisoft » ou « I BelYves ».

L'assemblée générale des actionnaires d'Ubisoft, en septembre 2016, marque le tournant majeur du feuilleton […]. Tout en promettant d'être présent au capital sur le long terme, le groupe de Vincent Bolloré ne demande pas le siège au conseil d'administration. […]. La menace est pourtant toujours présente. […] Vivendi monte à nouveau au capital, pour se porter désormais à 24 % des actions. Mais dans le même temps, Ubisoft connaît le début d'une période de réussite commerciale exceptionnelle.

[…] L'entreprise, qui a entamé avec succès sa mue vers des modèles économiques fondés sur des revenus plus réguliers, grimpe en Bourse. Un rachat paraît de plus en plus onéreux. En novembre 2017, Vivendi […], après avoir porté sa participation à 27,7 % du capital, s'engage à ne pas lancer d'OPA sur Ubisoft durant six mois. En coulisses, le temps des négociations débute. Finalement, trente mois après son entrée fracassante, Vincent Bolloré se retire, empochant au passage une plus-value de 1,2 milliard d'euros. Pour l'irréductible famille Guillemot, c'est une victoire.

William Audureau, www.lemonde.fr, 21 mars 2018.

Vidéo 5'17
We are Ubisoft
www.lienmini.fr/C559-weare

RESSOURCE 1 Le modèle LCAG reposant sur l'analyse FFOM ou SWOT

Le modèle LCAG (initiales des noms des quatre professeurs de la Harvard Business School : Learned, Christensen, Andrews et Guth qui ont proposé ce modèle) est l'un des plus anciens de tous les modèles d'analyse de la démarche stratégique de l'entreprise.

Il propose une démarche séquentielle en 5 étapes qui suppose une anticipation de l'action stratégique seulement compatible avec des environnements stables et prévisibles :

1. Analyse et diagnostic interne
2. Analyse et diagnostic externe
3. Envisager les actions ou stratégies possibles
4. Identifier les valeurs environnementales et celles des dirigeants
5. Effectuer des choix stratégiques et mettre en œuvre des choix effectués.

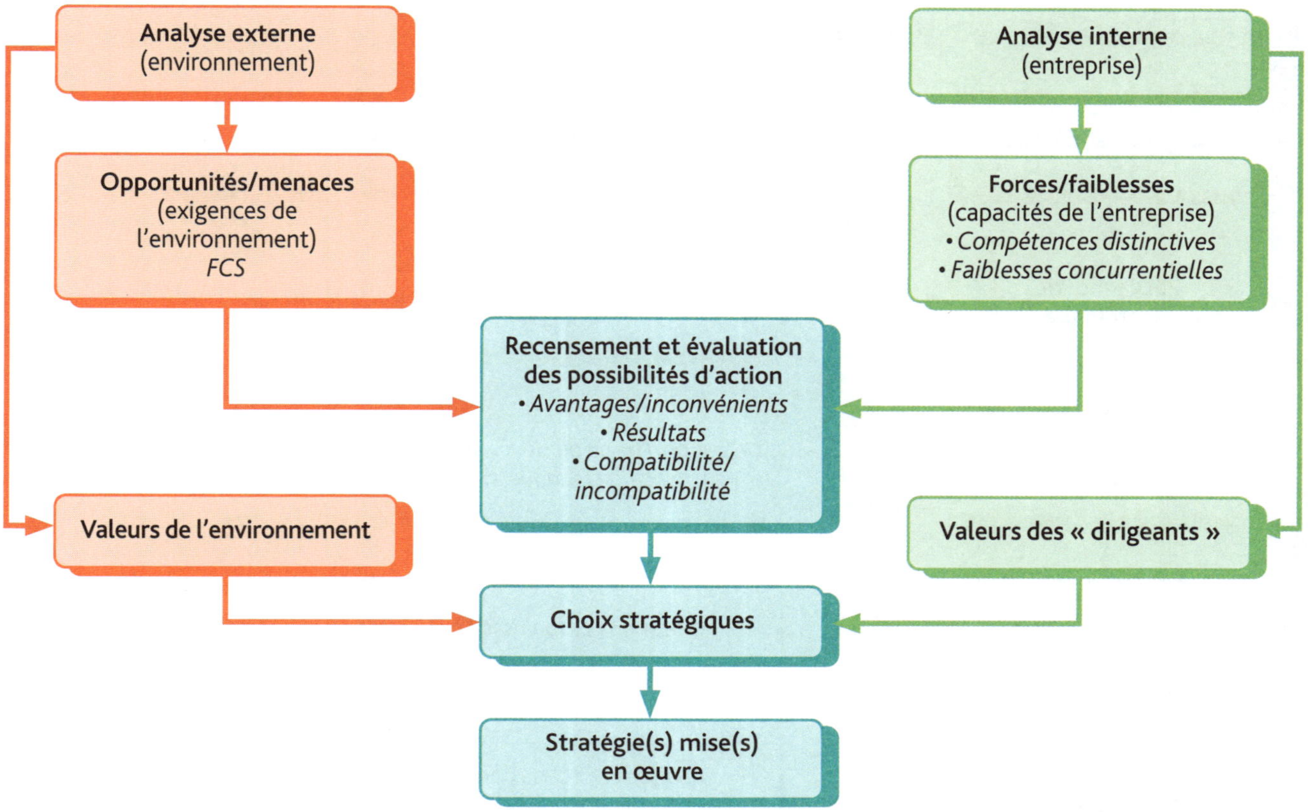

D'après www.glossaire-international.com

RESSOURCE 2 Le processus de décision : le modèle IMC de Herbert Simon

Herbert Simon décompose le processus de décision en 3 étapes : le modèle IMC – Intelligence (étudier l'environnement et identifier les problèmes), Modélisation (trouver les modes d'action possibles) et Choix (sélectionner une décision parmi l'ensemble des alternatives possibles).

Intelligence Prise de conscience du problème	Collecte d'informations sur l'environnement, réflexion et mise en évidence de « symptômes » de problèmes.
Modélisation Recherche de solutions	Formulation de différentes solutions à partir des connaissances et d'hypothèses. Certaines décisions apparaissent comme plutôt programmables ou structurées et d'autres comme plutôt non programmables ou faiblement structurées, souvent peu répétitives.
Évaluation des solutions	Analyse de toutes les informations et solutions correspondant aux options envisagées par l'entreprise : avantages, inconvénients, coût, rapidité, éthique…
Choix Mise en œuvre	Élaboration de critères de sélection, hiérarchisation des solutions et choix d'une solution (le plus souvent, la sélection porte sur la première solution convenable qui se présente : c'est un choix satisfaisant selon le principe de la rationalité limitée).
et contrôle	Les plans d'action sont élaborés et mis en œuvre. Ils nécessitent la participation des intéressés. Cette étape conduit à évaluer l'efficacité des décisions : permettent-elles la réalisation des objectifs ?

© Delagrave, 2021.

RESSOURCE 3 Les étapes de la démarche stratégique

1. Objectif et décision	*Finalité(s) et modèle IMC*
2. Diagnostic stratégique	*Diagnostic externe et diagnostic interne*
3. Stratégie et plan d'action	*Définition d'un ou plusieurs axe(s) stratégique(s), décomposé(s) en objectif(s) tactique(s) et décliné(s) en plan(s) d'action*
4. Mise en œuvre	*Allocation et mobilisation des ressources nécessaires*
5. Pilotage et évaluation	*Analyse des écarts par rapport aux objectifs initiaux et conduite des mesures correctrices*

© Delagrave, 2021.

RESSOURCE 4 Richard Cyert et James March : l'entreprise, une coalition de groupes

Richard Cyert et **James March**, les fondateurs du courant béhavioriste, décrivent l'entreprise comme une coalition de groupes (les dirigeants, les commerciaux, les financiers, les industriels, etc.) eux-mêmes saisis dans des structures internes (départements, divisions, sites…) et poursuivant des objectifs propres.

L'entreprise est considérée comme une organisation où l'objectif général n'est pas préalablement défini mais se construit au travers de nombreux échanges entre groupes de pression, c'est-à-dire que les membres de l'entreprise négocient en permanence les objectifs afin qu'ils soient non seulement acceptés par tous mais qu'ils puissent également aboutir à des résultats satisfaisants. La firme est donc une organisation complexe, elle « […] *apparaît comme une coalition de groupes dont le destin est commun mais qui manœuvrent chacun pour son propre compte* » (B. Coriat et O. Weinstein, *Les Nouvelles Théories de l'entreprise*, Le Livre de poche, 1995).

© Delagrave, 2021.

RESSOURCE 5 Le gouvernement d'entreprise

Le gouvernement d'entreprise peut se définir comme l'ensemble des règles qui régissent la manière dont les entreprises sont contrôlées et dirigées. Il répartit les droits et les obligations des différents intervenants au sein de l'entreprise, tels que les actionnaires ou les dirigeants, et pose les règles et les procédures de prise de décision.

www.economie.gouv.fr

RESSOURCE 6 Michel Crozier et Erhard Friedberg : les jeux de pouvoir et les zones d'incertitude

Michel Crozier définit le pouvoir comme une relation entre deux individus ou groupes : « *Le pouvoir en effet n'existe pas en soi. La relation de pouvoir ne s'établit que si les deux parties s'intègrent au moins temporairement dans un ensemble organisé* ». Le pouvoir est une relation de dépendance, réciproque, déséquilibrée et non transitive (**Erhard Friedberg**, 1992).

Chaque groupe d'acteurs, quel que soit son niveau hiérarchique, possède toujours une certaine marge de liberté, avec des ressources et des comportements qui ne sont pas complètement contrôlables par les autres groupes et que l'on appelle « zones d'incertitude ».

Les « zones d'incertitude » des groupes d'acteurs dépendent de quatre sources du pouvoir (**Crozier** et **Friedberg**, 1981) :

- des compétences particulières (par exemple, un groupe d'ingénieurs réseaux, qui seuls peuvent décrypter la documentation technique d'un fournisseur informatique) ;
- des contacts particuliers avec l'extérieur (par exemple, un groupe de commerciaux, qui seuls peuvent avoir la confiance de certains clients) ;
- un accès à certaines informations avec une rétention volontaire (par exemple, un groupe de secrétaires, qui seuls peuvent gérer des priorités ou des urgences) ;
- ou une maîtrise des règles organisationnelles (par exemple, un groupe de chefs de service, qui seuls peuvent gérer un planning).

L'entreprise, dotée de règles formelles et informelles de fonctionnement, est une organisation au sein de laquelle s'exercent des « jeux de pouvoir » et des jeux d'alliances entre les individus et groupes d'acteurs cherchant à satisfaire des objectifs individuels (promotion, conditions de travail, rémunération…).

© Delagrave, 2021.

3 Présenter les principaux éléments d'un diagnostic externe

SAVOIRS ASSOCIÉS
- Le diagnostic externe et l'analyse de l'environnement
- Domaine d'activité stratégique (DAS)

Situation simulée

Madame Degraf vous demande de présenter successivement les différents niveaux d'analyse qui relèvent du diagnostic externe mené par Ubisoft.

Missions

1. **Identifiez les opportunités et les menaces du macro-environnement d'Ubisoft à l'aide de la méthode PESTEL.**
2. **Caractérisez les DAS sur lesquels est présent le groupe Ubisoft, puis analysez l'intensité des forces concurrentielles qui s'imposent au niveau du micro-environnement de l'activité stratégique jeu vidéo d'Ubisoft.**

DOCUMENT 1 Le marché du jeu vidéo en France en léger recul mais en bonne santé

Au niveau mondial, en 2019, avec un chiffre d'affaires de plus de 150 milliards de dollars, le jeu vidéo a dépassé les industries de la vidéo, du cinéma et de la musique cumulées. Le segment du marché qui croît le plus vite, et qui devrait générer près de la moitié des revenus, est le *mobile gaming* (jeu sur mobile).

La France est le 7e marché du jeu vidéo au niveau mondial avec 4,8 milliards d'euros de recettes ; c'est aussi un des gros producteurs avec, en tête, Ubisoft.

Les chiffres d'affaires 2019 du marché français du jeu vidéo, publiés par le Syndicat des éditeurs de logiciels de loisirs (SELL), affichent un léger repli de 2,7 % par rapport à 2018. Il s'agit de la première année où ce chiffre est en baisse depuis une croissance ininterrompue affichée depuis 2012. En effet, l'année 2013 avait été marquée par le lancement des PS4 et Xbox One, aujourd'hui en fin de vie. Ce léger recul provient du fait que les joueurs attendent le lancement, fin 2020, de consoles majeures (PS5 et Xbox Series X) qui faciliteront le streaming.

Mais l'essentiel du marché du jeu vidéo est porté par la vente des jeux (Software). En France, en 2019, le SELL souligne les bonnes ventes de jeux vidéo qui représentent plus des 2/3 du marché, avec 69,2 % du chiffre d'affaires global, soit un peu plus de 3,3 milliards d'euros. Alors que les ventes physiques de jeux représentent 43 % du marché, celles des jeux dématérialisés constituent, quant à elles, 57 %.

Autre enseignement de cette étude du SELL : le marché du jeu sur mobile se porte à merveille. Celui-ci enregistre une croissance de 28 % par rapport à 2018.

© Delagrave, 2021.

DOCUMENT 2 2019, l'année du streaming

Les attentes des consommateurs en matière de jeu vidéo ont fortement évolué depuis le début des années 2000. Ces derniers privilégient le jeu dématérialisé, souhaitent s'affranchir de l'obligation de détenir la bonne console, de la lourde installation du jeu. Les joueurs veulent pouvoir jouer « quand ils veulent et où ils veulent » et sans débourser une fortune.

De ce fait, les acteurs du marché du jeu vidéo ont dû modifier leur modèle économique (l'achat de jeux) en développant le *Free-to-play*[1] et le *Gaming as a Service*[2] (GaaS). Après Microsoft Xbox Game Pass, lancé en 2014, c'est Google qui s'y est mis en lançant Play Pass, puis Apple, qui a lancé Arcade en octobre 2019.

Mais la nouveauté majeure de 2019, c'est le *Cloud Gaming*, qui rend possible le fait de jouer à des jeux vidéo en streaming, c'est-à-dire sans disque et sans avoir à les télécharger, puisque les jeux sont stockés sur les serveurs de la plateforme, auxquels le joueur accède grâce à une connexion Internet *via* n'importe quel appareil connecté (y compris sur un mobile).

Récemment, CareGame a inventé le *One-click Gaming* depuis un mobile : en cliquant sur un lien Internet depuis un smartphone, il est possible de jouer instantanément, sans téléchargement ni abonnement. Grâce à une technologie de *Cloud Mobile Gaming* innovante, la solution s'émancipe du système des stores pour proposer une expérience de jeu instantanée et universelle.

Cette innovation majeure dans le monde du jeu vidéo lève de nombreuses barrières. Les GAFAM[3] l'ont adoptée. Microsoft teste actuellement sa propre solution, tout comme Amazon ou même Walmart et Netflix.

1. *Free-to-play* (F2P) : jeux gratuits avec possibilité d'achat de contenus supplémentaires (objets, personnages, sorts, ressources, etc.).
2. *Game as a Service* (ou *Gaas*) : l'éditeur propose, tout au long de la vie du jeu, des mises à jour et un enrichissement du contenu.
3. GAFAM : l'acronyme désigne les cinq entreprises les plus puissantes du monde de l'Internet (Google, Apple, Facebook, Amazon et Microsoft).

© Delagrave, 2021.

DOCUMENT 3 Jeux vidéo et RGPD : quel impact sur la collecte des données ?

Le secteur du jeu vidéo n'a pas échappé à l'entrée en vigueur, le 25 mai 2018, du Règlement général sur la protection des données (RGPD).

L'industrie du jeu vidéo est particulièrement concernée par la nouvelle réglementation puisqu'elle est amenée à « consommer » énormément de données personnelles de joueurs, afin de connaître leurs habitudes de jeu et, éventuellement, d'interagir avec eux.

La multiplication des supports de jeux (tablette, smartphone, ordinateur portable, etc.) ouvre également la voie à la collecte de données sur l'environnement des joueurs, telle que leur géolocalisation.

D'après l'Agence française pour le jeu vidéo (AFJV).

DOCUMENT 4 Ubisoft, un des leaders mondiaux du jeu vidéo

Ubisoft, le leader français de l'édition de jeux vidéo, a su sortir de son cœur de métier afin d'asseoir et développer sa notoriété. L'entreprise est présente sur le marché du cinéma, des séries TV et sur le marché de la bande dessinée, ainsi que dans le secteur du divertissement hors du domicile (salles d'arcade, parcs d'attractions et spectacle vivant).

Dans le domaine de l'édition de jeux vidéo, Ubisoft occupe la troisième place derrière deux géants, EA (Electronic Arts) et Vivendi. Ces trois éditeurs ont tous réalisé des investissements dans le *Cloud Gaming*.

En France, Ubisoft doit faire face à deux concurrents : Focus Home Interactive (FHI) et Bigben Interactive. Ces deux éditeurs, tout en gagnant des parts de marché, restent néanmoins loin derrière Ubisoft. Ils développent des jeux de « niches » (Bigben Interactive s'est spécialisé dans les jeux de sports autres que le football).

RESSOURCE 1 L'analyse de l'environnement

L'analyse de l'environnement d'une entreprise s'opère à deux niveaux : celui du macro-environnement et celui du micro-environnement. Les variables du macro-environnement et/ou du micro-environnement peuvent influer sur la pérennité de l'entreprise. Si l'entreprise peut agir sur les facteurs de son micro-environnement, elle ne peut pas envisager d'actions sur les facteurs du macro-environnement. C'est pourquoi ces facteurs s'analysent en termes d'opportunités ou de menaces.

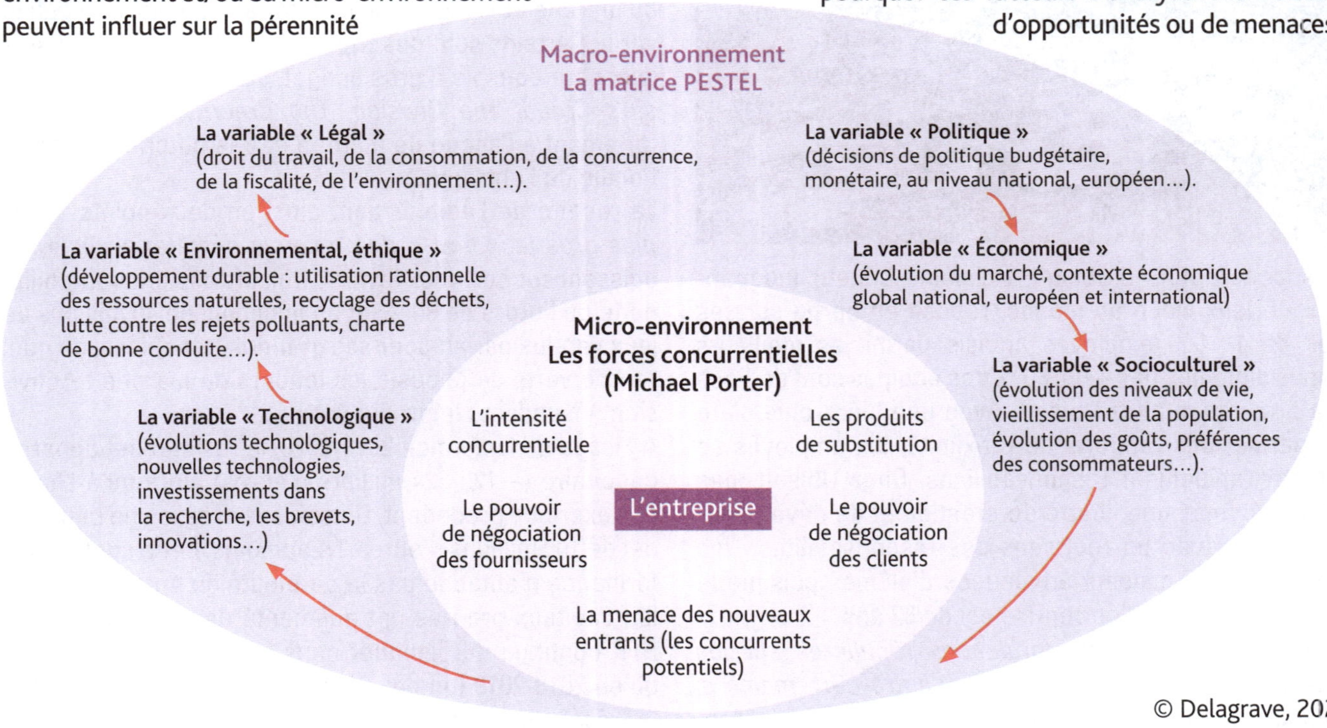

RESSOURCE 2 Domaine d'activité stratégique (DAS)

Un DAS est un ensemble homogène de produits proposés sur un même marché, répondant aux mêmes facteurs clés de succès et pour lesquels il est possible de formuler une stratégie. On dit que c'est un couple produits/marché ou un ensemble homogène d'activités en synergie.

Les entreprises, et tout particulièrement les plus grandes, exercent de multiples activités proposant des produits différents sur des marchés qui peuvent être eux-mêmes différents (plusieurs couples produits/marché).

Ces entreprises sont ainsi amenées à segmenter (diviser) leur organisation en divers domaines d'activité stratégiques (DAS ou *Business Unit*). Chacun des DAS forme une unité indépendante au sein même de l'entreprise, dispose d'une certaine autonomie, est doté de sa propre direction, de ses propres ressources et, donc, d'une stratégie spécifique.

4 Présenter les principaux éléments d'un diagnostic interne

SAVOIRS ASSOCIÉS

- Le diagnostic interne et les ressources stratégiques de l'entreprise

Situation simulée

Vous vous attacherez à présenter à Mme Degraf le diagnostic interne sur lequel doit s'appuyer la direction d'Ubisoft afin de déterminer les ressources stratégiques du groupe, celles qui sont à l'origine d'un avantage concurrentiel durable.

Missions

1. **En vous appuyant sur l'analyse d'E. Penrose relative aux ressources, identifiez les forces et faiblesses de l'entreprise Ubisoft.**
2. **À l'aide du modèle de G. Hamel et C. K. Prahalad, identifiez les compétences distinctives d'Ubisoft.**
3. **En mobilisant la chaîne de valeur selon M. Porter, déterminez les principales sources de l'avantage concurrentiel du groupe Ubisoft.**
(Voir la définition de la chaîne de valeurs p. 183)

DOCUMENT 1 Ubisoft, une entreprise à succès

Le succès actuel d'Ubisoft, troisième éditeur indépendant de jeux vidéo au monde, repose en partie sur ses plus de 13 000 employés choisis parmi les meilleurs jeunes diplômés bac +4/5. 80 % des équipes sont dédiées à la production chez Ubisoft. Avec une hiérarchie plate qui permet des rapports de proximité, les employés se sentent rapidement responsabilisés. Chez Ubisoft, pas de *dress code*, une liberté de création et de développement mais avec un réel sens des responsabilités. Des arguments qui plaisent aux jeunes diplômés puisque la moyenne d'âge de l'entreprise est de 32 ans.

« *Nous bénéficions de formations régulières sur les divers outils et logiciels utilisés. D'autre part, même si tous les studios d'Ubisoft dans le monde sont interconnectés, tous les employés de tous les studios d'Ubisoft se rassemblent une fois par an pour l'événement de l'UDC (Ubisoft Developer's Conference) de façon à partager des connaissances sur toutes sortes de thèmes allant de la gestion à la présentation de nouveaux outils ou technologies* », précise un développeur.

Ubisoft impose sa présence dans le monde vidéoludique avec ses 35 studios répartis sur la planète. En développant ses propres technologies et ses propres ressources Web, Ubisoft édite des jeux à l'ADN multinational. Nombreux sont les jeux qui ont un peu de France, de Roumanie, de Canada, de Singapour ou des États-Unis. Ubisoft propose des « *games for everyone* », des jeux de renommée mondiale destinés à tous publics sur différents segments du marché et arrive ainsi à capter et à fidéliser un public varié. Certains sont des triples A (AAA), c'est-à-dire des jeux pour console à gros budget, comme *Far Cry*, *Assassin's Creed*, *The Division*, *The Crew*... et contribuent fortement à l'image de marque et à la notoriété internationale de l'entreprise.

La recette de l'éditeur tient ainsi en deux points : « *de plus gros jeux* » et « *des revenus dématérialisés* ». En agissant sur ces deux leviers, Ubisoft vise une rentabilité nette de l'ordre de 30 %, et un minimum de 40 millions de jeux vendus par an pour ses grandes franchises, de quoi rendre verts de jalousie les leaders du marché : Activision, Vivendi et Electronic Arts.

À l'issue de l'exercice 2019-2020, le résultat net apparaît déficitaire (– 125 624 milliers d'euros) alors qu'à l'issue de l'exercice précédent, Ubisoft avait réalisé un bénéfice net de 100 millions d'euros. Néanmoins, cette contre-performance n'entache pas la pérennité du groupe puisque les capitaux propres ont augmenté de plus de 43 %, le BFR continue de diminuer dans les mêmes proportions qu'en 2018-2019 (un peu plus de 83,4 millions d'euros) et la trésorerie a augmenté de près de 3 %. En revanche, la capacité d'autofinancement du groupe est devenue négative, en partie due au fait de l'acquisition à 70 % de Green Panda Games et à 75 % de Kolibri Games, deux éditeurs de jeux mobiles *Free-to-play*.

Depuis 2016, au classement réalisé par le site de recherche d'emploi Glassdoor, Ubisoft a toujours été en tête des entreprises françaises les mieux notées par ses salariés et, en 2019, Ubisoft obtient la troisième place. Enfin, Ubisoft occupe la sixième place au palmarès 2019 des *Great Places to Work*, édité par la société Best Workplaces France.

© Delagrave, 2021.

DOCUMENT 2 Alchimie du jeu

Il ne suffit pas d'être un bon gestionnaire pour donner naissance à une société comme Ubisoft, il faut aussi « avoir du nez », innover, fédérer. La création d'un jeu prend en moyenne entre un et deux ans et s'élabore en grande partie sur les *« specs »* des futures consoles. Les dirigeants peuvent décider d'arrêter un projet en cours de route, cela arrive régulièrement. À Montreuil et à Montréal, [...] le *Games Lab* est spécialement conçu pour accueillir des joueurs-testeurs, filmés lors des parties. [...]

www.lesnumeriques.com

RESSOURCE 1 L'analyse des ressources selon Edith Penrose (1959)

Edith Penrose distingue les ressources tangibles et intangibles de l'entreprise.

Les ressources tangibles

- **Ressources physiques** : terrains, sites de production, équipements, machines, stocks
- **Ressources humaines** : nombre de salariés, niveau des qualifications...
- **Ressources financières** : capital social, capacité d'autofinancement, résultat...

Les ressources intangibles

- **Ressources humaines** : compétences individuelles
- **Ressources technologiques** : brevets, licences, savoir-faire technologique
- **Ressources organisationnelles** : système d'information, qualité, réseau de relations, culture d'entreprise
- **Ressources liées à la valeur perçue** : notoriété, réputation, image de marque
- **Les marques**

© Delagrave, 2021.

RESSOURCE 2 Les compétences distinctives ou compétences clés : Hamel et Prahalad

Dans un contexte professionnel, les compétences correspondent à l'ensemble des savoirs (connaissances acquises par la formation initiale et continue, l'expérience...), des savoir-faire (transposition des savoirs dans le contexte professionnel) et des savoir-être (comportements professionnels).

Le concept de compétences distinctives développé par **G. Hamel et C. K. Prahalad** complète l'analyse des ressources proposée par Edith Penrose. En effet, une compétence est une combinaison de ressources.

Les compétences distinctives (compétences clés, compétences fondamentales) sont une **combinaison de ressources spécifiques**, « uniques » à une entreprise. Une compétence, pour être distinctive, doit être : pertinente (répondre aux objectifs et finalités de l'entreprise), rare, difficilement imitable, transférable à d'autres métiers (activités), sans substitut, et augmenter les avantages perçus par le client.

© Delagrave, 2021.

5 Comprendre comment est effectivement définie la stratégie finalement mise en œuvre

SAVOIRS ASSOCIÉS
- Le diagnostic interne et les ressources stratégiques de l'entreprise
- Le diagnostic externe et l'analyse de l'environnement

Situation simulée

Les étapes précédentes de votre travail ont permis de mettre en lumière la complémentarité entre les deux dimensions du diagnostic stratégique. Si ce diagnostic constitue une étape préalable de la réflexion stratégique, il apparaît que la direction générale du groupe doit réfléchir en permanence au bien-fondé des choix stratégiques opérés.
C'est pourquoi Mme Degraf vous charge de montrer que le diagnostic stratégique relève aussi d'un processus continu d'adaptation du groupe à des conditions nouvelles.

Mission

Identifiez la raison qui a conduit le groupe Ubisoft à infléchir sa stratégie délibérée pour aboutir à sa stratégie réalisée.

DOCUMENT 1 Ubisoft se développe en marge de son cœur de métier

Dès sa création, en 1986, les cinq frères Guillemot ont l'ambition de faire d'Ubisoft un éditeur de jeux vidéo influant sur le marché. Ambition servie grâce à la création et l'acquisition de 25 studios de développement interne répartis dans le monde. Ubisoft édite ses propres jeux vidéo. Aujourd'hui, Ubisoft, troisième éditeur mondial de jeux vidéo derrière deux géants, EA (Electronic Arts) et Activision Blizzard, souhaite poursuivre sa conquête du marché en continuant à développer des jeux à succès.
L'entreprise peut s'enorgueillir de posséder des jeux appelés AAA (*Assassin's Creed, Far Cry, Les Lapins crétins, Just Dance, Splinter Cell*) ; des jeux qui, tout en étant capables de générer beaucoup de revenus, participent activement à entretenir la notoriété de l'entreprise. En s'appuyant sur ce capital, Ubisoft vise à faire grandir l'aura de ses franchises en dehors de son cœur de métier. Un département spécifique, SVP New Business Development, dirigé par Deborah Papiernik, est chargé de dénicher de nouveaux marchés innovants qui pourraient, à terme, rapporter gros à Ubisoft. *« Nous sommes déjà présents sur le marché du cinéma, des séries TV ou de la bande dessinée, il s'agit d'autres façons pour nos fans de retrouver nos univers et qui nous permettent aussi d'acquérir de nouveaux clients »*, commente Deborah Papiernik. En 2009, Ubisoft lance sa maison d'édition : Les Deux Royaumes. En 2013, la série télévisée *Les Lapins crétins : Invasion*, produite par Ubisoft Motion Pictures, en association avec France Télévisions et Nickelodeon, voit le jour. Et à la fin de l'année 2016, le film *Assassin's Creed* sort au cinéma.
L'un des principaux vecteurs de développement d'Ubisoft est le divertissement hors du domicile (les salles d'arcade, parcs d'attraction et spectacle vivant). Le groupe a fourni une attraction au Futuroscope en 2013, puis s'est intéressé à la réalité virtuelle en 2014, en créant une attraction de montagnes russes virtuelles sur le thème des *Lapins crétins*, baptisée « Virtual Rabbids : The Big Ride ». Le groupe a d'ailleurs ouvert, à Montréal, à l'été 2016, un parc d'attractions dédié aux *Lapins crétins*.
Ubisoft s'intéresse aussi au potentiel de la réalité virtuelle « *room scale* », c'est-à-dire un casque avec lequel on peut se déplacer librement dans un espace. *« Nous avons développé une nouvelle attraction*, détaille Deborah Papiernik. *Il s'agit d'un labyrinthe situé dans un espace de 3 mètres x 3 mètres ou de 4 mètres x 6 mètres, avec des parois à mi-hauteur. »* La première expérience à avoir été mise au point est basée sur la franchise des *Lapins crétins*, qui a l'avantage de toucher un très large public (l'attraction est accessible à partir de 6 ans). Une seconde expérience, tirée cette fois-ci de la franchise

Assassin's Creed, sera également bientôt commercialisée. *« Nous capitalisons sur l'existant en reprenant des éléments d'*Assassin's Creed Origins. *Cela nous permet d'avoir une qualité incroyable. »*
Outre l'arcade et les attractions, Ubisoft cherche aussi à se lancer dans le spectacle vivant. Et son choix logique pour le premier show a été la licence *Just Dance*. Le spectacle, qui s'intitule « Just Dance Live », dure 90 minutes et reproduit l'ambiance d'un concert de musique, avec 20 danseurs sur scène. L'expérience sera interactive et communautaire, les membres de l'audience seront invités à chanter et danser et le spectacle se déroulera tout autour d'eux. *« Les innovations viennent du terrain chez Ubisoft et celle-ci n'a pas fait exception »,* déclare Deborah Papiernik.

En mars 2018, le départ de Vivendi du capital social d'Ubisoft a permis à la famille Guillemot de retrouver le plein contrôle du groupe et de faire rentrer à son capital un partenaire stratégique chinois, le géant d'Internet Tencent, première plateforme mondiale. Cet accord avec Tencent va permettre à Ubisoft d'accélérer son développement en Chine dans les années à venir « *et d'exploiter un marché dont le potentiel est considérable* », a déclaré Yves Guillemot, P-DG d'Ubisoft.

© Delagrave, 2021.

RESSOURCE 1 Stratégie délibérée et stratégies émergentes : Henry Mintzberg

Les organisations développent des plans pour le futur et elles voient émerger des structures de leurs actions passées. Nous pouvons appeler la première partie la stratégie intentionnelle et l'autre la stratégie réalisée. La question importante devient alors : faut-il nécessairement que les **stratégies réalisées** soient intentionnelles ? [...] les intentions qui ont été complètement réalisées peuvent s'appeler les **stratégies délibérées**. Celles qui n'ont pas été réalisées peuvent s'appeler les stratégies non réalisées. La littérature concernant la planification reconnaît l'existence de ces deux possibilités avec une préférence évidente pour la première. Ce qu'elle ne reconnaît pas est la troisième possibilité, celle que nous avons appelée la **stratégie émergente** ; lorsque la forme qui apparaît n'a pas été expressément voulue. Des actions ont été entreprises, une à la fois, qui ont progressivement convergé au fil du temps en une sorte de cohérence ou de forme. [...] Il n'y a que très peu de stratégies purement délibérées ou purement émergentes, si même il en existe. Le premier cas suggère qu'il n'y a pas eu apprentissage ; le second suggère qu'il n'y a pas eu contrôle. Toutes les stratégies du monde réel exigent le mélange de ces deux types d'une façon ou d'une autre, pour maintenir un certain contrôle sans arrêter le processus d'apprentissage.

Henry Mintzberg, *Le Management. Voyage au centre des organisations*, Éditions d'organisation, coll. « EO Poche », 2004.

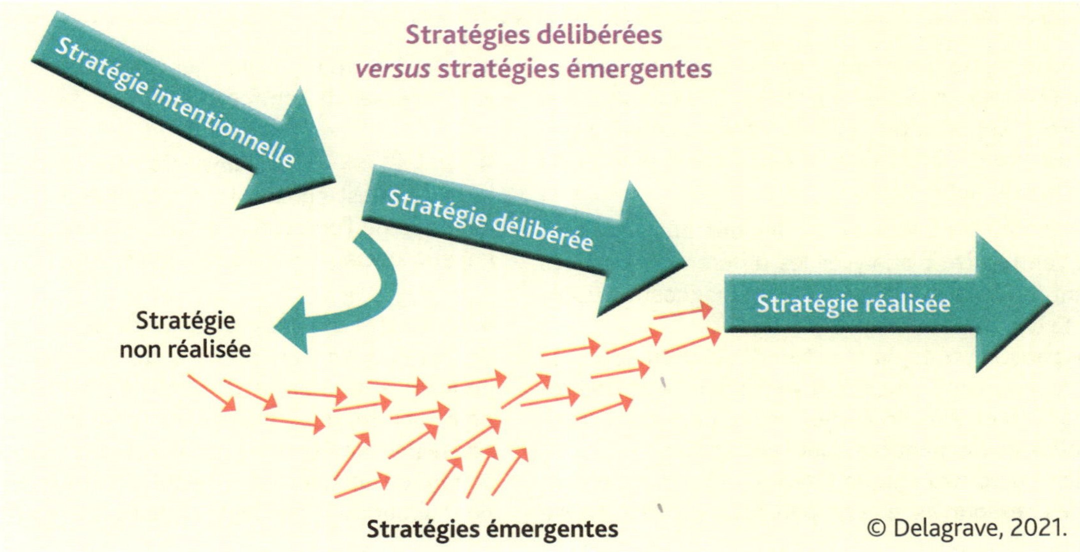

© Delagrave, 2021.

FAIRE LE POINT

SKETCHNOTE
www.lienmini.fr/30920-sk07

Comment le diagnostic éclaire-t-il les choix stratégiques de l'entreprise ?

La démarche stratégique de l'entreprise

menée par les dirigeants, qui tient compte des finalités et objectifs, vise à assurer sa pérennité.

La première étape consiste en

un diagnostic stratégique

- **un diagnostic stratégique externe** basé sur **une veille stratégique**
  - *permettant d'évaluer*
  - les **menaces (contraintes) et opportunités** issues de l'environnement
  - *au niveau du*
    - **macro-environnement** (PESTEL)
    - **micro-environnement** (forces concurrentielles)
- un **diagnostic stratégique** interne
  - *permettant d'évaluer*
  - les **forces et faiblesses** de l'entreprise
  - *en matière de*
    - ressources
    - compétences (compétences distinctives)

qui conduisent à

la formulation de choix stratégiques réalisables : la stratégie délibérée

qui peut faire l'objet de réajustements successifs en tenant compte des changements observés au niveau de l'environnement et de la capacité stratégique de l'entreprise : ***stratégies émergentes.***

menant à

la stratégie réalisée

LEXIQUE

Décision stratégique : décision qui engage la pérennité de l'entreprise sur le long terme. Elle mobilise des ressources importantes, elle est généralement prise par le sommet hiérarchique et est, dans la plupart du temps, irréversible.

Diagnostic stratégique : c'est une démarche qui permet à l'entreprise d'analyser les différentes variables pouvant influer sur son activité. Le diagnostic stratégique se décompose en deux parties :
- le **diagnostic stratégique externe**, qui permet d'analyser les variables du macro-environement et du micro-environnement afin de cerner celles porteuses d'opportunités ou de menaces pour l'entreprise ;
- le **diagnostic stratégique interne**, qui permet d'analyser les ressources et compétences de l'entreprise afin de déterminer celles qui constituent les forces ou les faiblesses de l'entreprise.

Stratégie délibérée : une stratégie est dite **délibérée** lorsqu'elle est construite et planifiée par la direction générale de l'entreprise à l'issue d'une phase de diagnostic stratégique (Henry Mintzberg).

Stratégies émergentes : ces stratégies proviennent des évolutions non prévues de l'environnement qui peuvent être sources d'opportunités ou de menaces pour l'entreprise, auxquelles elle doit réagir. Des **stratégies émergentes** se dessinent alors, qui vont conduire l'entreprise à infléchir sa stratégie délibérée pour aboutir à la **stratégie réalisée** (Henry Mintzberg).

CHAPITRE 8

Quels sont les choix stratégiques opérés par l'entreprise ?

Situation simulée

L'interview avec Yves Guillemot, actuel P-DG du groupe Ubisoft, a été publiée et peut être considérée comme un réel succès éditorial.
Madame Degraf qui, sur la base de ce résultat très favorable, envisage la poursuite de publications sur le groupe, vous sollicite à nouveau.
Il s'agit alors de vous intéresser aux choix stratégiques opérés par le groupe, à la fois au niveau global et pour chacun de ses domaines d'activité.

Madame Degraf souhaite que vous proposiez, pour chaque choix stratégique évoqué, une présentation sous forme de tableau de ses avantages et de ses limites. Chaque tableau sera intégré dans un document de synthèse.

Compétences

- Présenter les étapes de la décision stratégique (Objectif 1)
- Identifier et analyser les choix stratégiques de l'entreprise (Objectifs 2 et 3)

1 Caractériser le processus de décision stratégique

SAVOIRS ASSOCIÉS
- Processus de décision stratégique

Situation simulée

Madame Degraf vous demande de reconstituer les étapes du processus de décision stratégique mis en œuvre chez Ubisoft.

Mission

Montrez que la décision de lancement du jeu *Free-to-play Hyper Scape*, prise par Ubisoft, illustre le processus de décision stratégique présenté par H. Simon et J. March.

DOCUMENT 1 Ubisoft concurrence le roi du *Free-to-play, Fortnite*

Les attentes des consommateurs en matière de jeu vidéo ont fortement évolué depuis le début des années 2000. Ces derniers privilégient le jeu dématérialisé, souhaitent s'affranchir de l'obligation de détenir la bonne console et de la lourde installation du jeu. Les joueurs veulent pouvoir jouer « quand ils veulent et où ils veulent », et sans débourser une fortune.
De ce fait, les acteurs du marché du jeu vidéo ont dû modifier leur business model (l'achat de jeux) en développant le *Free-to-play* et le *Game as a Service*[1] (GaaS).

Le *Free-to-play* : un modèle économique du jeu vidéo très rentable
Le *Free-to-play*, que l'on peut traduire par « *jouer gratuitement* », est une catégorie de jeux vidéo gratuits avec possibilité d'achat, au sein d'une boutique virtuelle, de contenus supplémentaires (des personnages, des sorts, des ressources, des « vies », des accessoires pour les personnages, le mode multijoueur…). Ce modèle économique, longtemps réservé aux jeux sur smartphones, tend à se développer sur consoles de jeu (PS4, Xbox One ou Nintendo Switch) et sur PC.

Les avantages du *Free-to-play*
Pour l'utilisateur : le téléchargement et l'utilisation du jeu dans sa version la plus basique sont entièrement gratuits (prix d'achat égal ou très proche de zéro), mais il est proposé aux joueurs une multitude de micropaiements, au sein d'une boutique virtuelle, afin de faciliter leur évolution dans le jeu, par exemple.
Pour le concepteur : au-delà d'un coût de développement généralement moindre, la publicité est un excellent moyen de générer des bénéfices. Lors du lancement du jeu ou à des moments clés de la partie, la publicité peut apparaître, offrant à l'afficheur une visibilité et au propriétaire une rémunération à chaque visionnage. Plus le jeu sera populaire, plus le montant déboursé par le publicitaire sera élevé. Et enfin, il est extrêmement rentable pour le concepteur de créer une boutique virtuelle qui permet aux utilisateurs d'acquérir des options liées au jeu.
On estime que près d'un quart des joueurs a recours aux micropaiements via la boutique virtuelle après le téléchargement d'un jeu vidéo *Free-to-play*.

Marché en pleine croissance, le *Free-to-play* connaît son heure de gloire.
Des jeux basiques aux plus sophistiqués, le modèle *Free-to-play* semble bien gagner du terrain dans l'industrie du jeu vidéo, représentant bientôt 20 % de parts de marché.

Avec 2,4 milliards de dollars en 2018, *Fortnite* est de loin le jeu roi de ce modèle économique. Gratuit sur tous les supports (consoles de jeu, PC ou smartphones), les bénéfices engendrés par l'éditeur, Epic Games, sont colossaux.

Les incertitudes du *Free-to-play*

Même si le modèle économique du *Free-to-play* est en pleine croissance, il présente des risques. Un jeu *Free-to-play* est bien plus dépendant de ses joueurs qu'un opus payant. Encore trop peu de joueurs achètent du contenu complémentaire à l'offre gratuite, obligeant ainsi les éditeurs à attirer toujours plus d'utilisateurs. D'autre part, le principe *Free-to-play* n'est pas accepté par tous les joueurs, à cause de considérations éthiques. Une grande majorité des joueurs refuse de dépenser un centime dans un jeu gratuit et le côté addictif du jeu *Free-to-play* est largement démontré.

Une fois le choix fait de « *jouer, de passer du temps à faire évoluer nos héros, ou encore à avoir dépensé de l'argent* », il devient difficile de cesser. Le plaisir de jouer disparaît progressivement, mais le joueur est obligé de continuer à jouer d'une certaine manière car il y a investi trop de temps et d'argent pour arrêter.

D'après Hiroki Totoki, le directeur financier de Sony, l'explosion du marché des jeux *Free-to-play* pourrait représenter un risque, d'ici cinq ans, pour les fabricants de consoles. Pour contrer ces menaces, Hiroki Totoki propose que les fabricants s'associent aux éditeurs et développeurs afin d'offrir aux joueurs des expériences les plus immersives possibles et un partage de revenus plus avantageux.

***Hyper Scape*, le jeu *Free-to-play* d'Ubisoft**

C'est le 12 juillet 2020 qu'Ubisoft a rendu accessible, en version bêta, son premier Battle Royale FPS[2] *Free-to-play* en milieu urbain, nommé *Hyper Scape*, avant de lancer, le 11 août 2020, la saison 1. *Hyper Scape* a été développé par Ubisoft Montréal, le studio déjà connu pour le développement des jeux *Assassin's Creed* et *Rainbow Six*.

Ce jeu, destiné notamment à concurrencer le célèbre *Fortnite*, sera également publié sur PS5 et Xbox Series X au lancement de ces consoles.

Afin d'attirer un maximum de joueurs, Ubisoft a établi un partenariat privilégié avec la plateforme de streaming Twitch. « *Le chat Twitch, entre autres, pourra avoir un impact direct sur la partie, avec des événements qui changent le jeu en temps réel* », explique Rod Breslau (consultant en e-sport et jeux).

© Delagrave, 2021.

1. *Game as a service (GaaS)* s'applique aux jeux en ligne. Le principe : l'éditeur du jeu propose, tout au long de la vie du jeu, des mises à jour et un enrichissement du contenu. L'éditeur profite de cet afflux continu de mises à jour pour communiquer autour du titre et, ainsi, attirer toujours plus de joueurs.

2. FPS ou *First Person Shooting* (jeu à la première personne) : jeu vidéo où le joueur incarne un personnage qu'il ne voit pas, comme s'il était lui-même dans le jeu, par opposition à un jeu à la troisième personne, où le joueur incarne un personnage qu'il voit bouger.

RESSOURCE 1 Herbert Simon et la rationalité limitée

La rationalité au sens large fait référence à la façon dont l'individu, soumis à certaines conditions et contraintes, va analyser et agir pour atteindre son objectif.
Pour les économistes classiques, la rationalité se doit d'être [« *pure et parfaite* ». C'est-à-dire que] les choix se font en situation d'informations complètes et objectives (omniscience du décideur), et sont censés aboutir à une logique d'utilité ou de profit maximal(e). La décision est donc prise, à la suite d'une période d'analyse approfondie, et ne relève en aucun cas du hasard ou des circonstances.
La rationalité pure et parfaite repose sur :
- la possibilité de connaître l'ensemble des options,
- la capacité à appréhender les conséquences des choix,
- la certitude de pouvoir évaluer l'impact de ces choix,
- la capacité à établir des comparaisons à travers un indicateur unique.

Herbert Simon va confronter les hypothèses de la théorie classique à la réalité, en tenant compte des capacités limitées du décideur. Il va décomposer le processus de décision en étapes clés : identification du problème – I (Intelligence), formulation des différentes solutions à partir des connaissances et d'hypothèses – M (Modélisation) et choix et évaluation des solutions – C (Choix). Or un tel processus est influencé par de multiples facteurs personnels, organisationnels et environnementaux, qui peuvent impacter la prise de décision. La capacité de décision peut en effet être altérée par un ensemble de contraintes comme l'absence d'informations, des biais cognitifs ou encore le manque de temps. Une telle incertitude explique l'impossibilité de prendre une décision parfaitement rationnelle et objective. Pour Herbert Simon, le décideur est par conséquent doté d'une **rationalité limitée**, en raison de son incapacité à saisir l'ensemble des éléments relatifs à la décision. Soumis à de multiples contraintes, il va donc avoir tendance à choisir des solutions satisfaisantes plutôt qu'optimales.

www.rse-magazine.com

RESSOURCE 2 Extrait de « De l'hypothèse de rationalité aux apports récents de la neurobiologie... comment décider dans un environnement de plus en plus incertain ? »

[...] Pour dépasser l'approche de Simon et intégrer le facteur comportemental, Cyert et March remettent en question l'hypothèse de la décision optimale. Ils considèrent l'entreprise comme une organisation complexe soumise aux pressions de multiples coalitions. Leur ouvrage : « *A behavioral theory of the firm* » insiste sur le facteur comportemental. On appelle ainsi leur approche « *modèle politique et comportemental* ». Les problèmes sont traités les uns après les autres, à chaque niveau (on parle alors de rationalité locale). Ainsi, les objectifs sont issus des négociations, donc des jeux de pouvoir. Cette approche a le mérite d'être pragmatique et peut assez facilement se vérifier dans les pratiques managériales de nos entreprises. Le critère de choix d'une action n'est donc pas sa contribution à la satisfaction d'objectifs préexistants mais bien le degré d'accord qu'elle suscite. On peut trouver une belle illustration de cette approche pour certaines décisions prises dans des grandes multinationales issues de grosses fusions et mélangeant différentes cultures nationales (EADS, L'Oréal, Daimler-Chrysler avant la cession de Chrysler) [...].

www.creg.ac-versailles.fr

2 Identifier les options stratégiques globales et leurs modalités de croissance

SAVOIRS ASSOCIÉS
- Les options stratégiques globales
- Internationalisation
- Modalités de croissance
- Les domaines d'activité stratégiques (DAS)

Situation simulée

Madame Degraf souhaite disposer, dans un premier temps, d'éléments relatifs à la stratégie globale du groupe Ubisoft.

Missions

1. **Identifiez les domaines d'activité stratégiques (DAS) actuels du groupe Ubisoft et caractérisez les options stratégiques globales.**
2. **Présentez les modalités de croissance permettant la mise en œuvre des options stratégiques d'Ubisoft.**
3. **Montrez les avantages et les limites, pour Ubisoft, de ces modalités de développement.**

DOCUMENT 1 Cinéma, séries, patrimoine, santé, attractions... Ubisoft veut dépasser le jeu vidéo

Fin avril 2019, Deborah Papiernik, responsable du « New Business » chez Ubisoft, détaille pour Korii les axes stratégiques d'Ubisoft. Ubisoft explore des domaines qui vont au-delà de son cœur de métier. Patrimoine, édition, films, séries, objets dérivés, attractions, santé, réalité virtuelle ou industrie automobile, l'entreprise française expérimente tous azimuts, cherchant à diversifier ses revenus, à faire mûrir un média encore jeune et souvent décrié.

Dans le domaine de l'*entertainment* (divertissement)

Après avoir produit un spectacle basé sur *Just Dance* et organisé une tournée de vingt dates aux États-Unis, Ubisoft propose « *Assassin's Creed Symphony* ». Une tournée de concerts symphoniques, avec projections de scènes des différents épisodes du jeu, qui a débuté le 29 juin 2019 au Palais des congrès de Paris et qui a continué par une dizaine de villes en Europe et en Amérique du Nord.

Avec pour support, les *Lapins Crétins*, très populaires, Ubisoft a créé une véritable attraction, clés en mains en association avec un partenaire : une borne d'arcade deux places. Son prix ; de l'ordre de 50 000 euros, mais « *nous pouvons dire à nos clients potentiels que pour eux, elle sera rentable en trois mois* ». Il y a désormais plusieurs centaines d'attractions installées dans le monde, notamment une expérience en réalité virtuelle (VR) autour d'*Assassin's Creed Origins* et *Assassin's Creed Odyssey* en escape rooms.

Dans le domaine de l'automobile et de l'aéronautique

Ubisoft a travaillé avec Renault autour des véhicules autonomes. Avec son savoir-faire dans le domaine de la réalité virtuelle (VR), Ubisoft a contribué au développement du prototype autonome Symbioz.

Dans l'aéronautique, en partenariat avec Latécoère et Air France, Ubisoft a présenté au Bourget un projet autour du LiFi[1] et de l'*in-flight entertainment*, avec la possibilité de jouer pendant les vols à *Trackmania* en multijoueur.

Dans le domaine culturel

Ubisoft a présenté l'exposition « Cité millénaires, voyage virtuel de La Palmyre à Mossoul », à l'Institut du monde arabe en 2018. Cet événement vise à alerter sur l'importance de préserver un patrimoine de l'humanité. « *On parle de zones de guerre, d'endroits touchés par le terrorisme ; on peut s'entendre dire que le jeu vidéo n'a rien à faire là-dedans. Et pourtant si, il a sa place : le jeu vidéo peut montrer des choses, faire vivre des expériences ou faire ressentir des émotions que d'autres médias ne sont pas capables de faire.* »

En collaboration avec Ubisoft, la chaîne TV5 Monde utilise quelques éléments d'*Assassin's Creed*. Ubisoft, à la demande de TV5 Monde, a filmé des scènes à l'intérieur du jeu, des dialogues entre un père et son fils, entre Cléopâtre et César, par exemple. « *On apprend des choses quand on joue à nos jeux, sur l'Égypte, la Grèce Antique, la Bolivie.* »

Dans le domaine de la santé

Ubisoft a contribué à la création de la brosse à dents connectée « ara by Kolibree ». Cette brosse à dents est la première dotée d'une intelligence artificielle.

Ubisoft Montréal est associé à un projet autour de l'amblyopie. Un chercheur de l'université

McGill avait développé un petit jeu vidéo, avec un point rouge et un point bleu, qui se jouait avec des lunettes 3D, pour essayer de faire travailler les deux yeux à la fois et de développer la fonction binoculaire.

Son souci était que son jeu n'était pas très intéressant et que les petits patients abandonnaient au bout d'une demi-heure, alors que plusieurs semaines d'entraînement étaient nécessaires pour avoir des résultats. Ubisoft a décidé de développer un jeu plus abouti, *Dig Rush*.

Les nombreux tests cliniques effectués aussi bien sur des enfants que des adultes ont montré des résultats remarquables en six semaines à raison d'une heure de jeu par jour. Le jeu conduit les patients à faire travailler la plasticité du cerveau.

Dans les domaines de la télévision et de l'édition

Ubisoft a une série télévisée basée sur les *Lapins Crétins*, qui cartonne un peu partout dans le monde ; le groupe a sorti, en 2016, un film autour d'*Assassin's Creed*.

Grâce à sa propre maison d'édition, Les Deux Royaumes, Ubisoft édite des romans, des BD, des « beaux livres ». « *C'est là encore une prolongation de nos univers, qui peut toucher des gens qui n'ont jamais joué à nos jeux comme les fans de ces séries.* »

Ubisoft a dévoilé lors de l'*E3 Mythic Quest*, sa série documentaire pour Apple, une comédie qui tourne autour de l'industrie de la création du jeu vidéo.

D'après www.korii.slate.fr

1. Le Lifi (ou Li-Fi), pour *Light Fidelity*, désigne une technologie de communication sans fil basée sur la lumière. Concrètement, le Li-Fi fonctionne grâce à l'éclairage des ampoules LED qui disposent d'une intensité lumineuse modulable. Il permet, sous réserve de se situer à proximité de cette source lumineuse, de connecter entre eux des appareils mobiles et des objets connectés, pour transmettre notamment des données (photos, fichiers, etc.) vers un appareil électronique.

Vidéo 4'15
Comprendre les domaines d'activité stratégiques
www.lienmini.fr/C559-das

DOCUMENT 2 La présence internationale d'Ubisoft

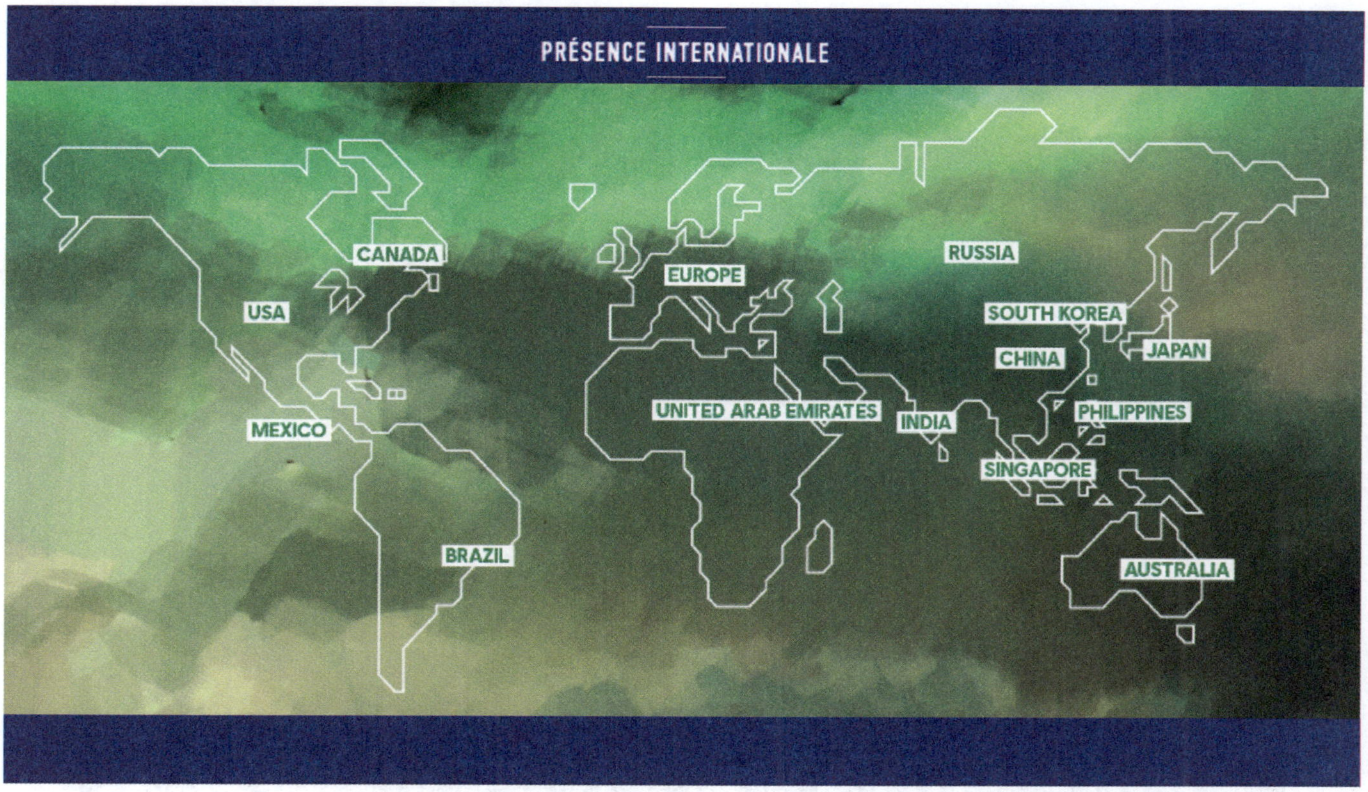

Source : www.ubisoft.com

DOCUMENT 3 Ubisoft, une société à l'ADN international

Depuis la création d'Ubisoft Entertainment SA en 1986, les cinq frères Guillemot n'ont cessé de développer leur présence partout dans le monde ; soit en autofinançant leur création de studios soit en procédant à des acquisitions. Après avoir ouvert, en 1992, le premier studio international à Bucarest, en Roumanie, c'est en Chine, à partir de 1996, que les frères Guillemot ont décidé de se développer, à Shanghai, tout d'abord, puis à Hong Kong, en 1998, et à Chengdu, dans la province de Sichuan, en 2007.
Tout en intensifiant sa présence en Europe, Ubisoft cherchait à exploiter le continent américain. Après les résultats mitigés de la création d'un bureau commercial à San Francisco, les frères Guillemot songeaient à s'implanter ailleurs en Amérique du Nord lorsqu'un consultant, proche du parti québécois, a proposé aux dirigeants de l'entreprise de s'installer à Montréal. Afin de les inciter à s'installer au Québec, le gouvernement québécois leur a accordé des subventions très significatives pour toute création d'emploi (à hauteur de 25 000 dollars canadiens par an pendant trois ans). Dans le contexte canadien/québécois, une offre de la province de Québec pour une implantation si prestigieuse est rapidement médiatisée, incitant l'échelon fédéral à renchérir. Ce dernier a doublé la proposition. Les frères Guillemot ont ainsi créé le studio de Montréal en 1997.
Le studio montréalais d'Ubisoft s'est rapidement imposé comme l'un des plus importants lieux de création et de développement de jeux vidéo au monde. Son succès est dû à la clairvoyance de son management, qui a su créer un lien original entre l'univers organisé de l'entreprise et l'effervescence de la culture *underground* qui prospère dans la ville de Montréal.
Ce n'est qu'en 2000 que les États-Unis voient l'ouverture effective du premier studio.
Par ailleurs, en 2002, après l'ouverture d'une filiale business en Corée, Ubisoft a poursuivi son développement en Amérique du Sud, à partir de 2007.
Au troisième trimestre 2019, Ubisoft a renforcé sa présence sur les jeux mobiles et ouvert un nouveau studio à Da Nang, au Vietnam. Cette ouverture est venue compléter les équipes d'Ubisoft Mobile présentes en Asie (Chine et Inde) et réaffirmer ainsi le développement d'Ubisoft sur ce segment en pleine croissance. Le groupe français a développé des partenariats avec plusieurs institutions et universités locales afin d'établir une coopération fructueuse et une intégration réussie dans la région.

© Delagrave, 2021.

RESSOURCE 1 Stratégies de spécialisation ou de diversification

Une entreprise est condamnée à la croissance pour ne pas être mise à mal par une concurrence plus dynamique. Cette capacité à croître est cependant déterminée par l'état du marché et de sa propre croissance.
Deux possibilités s'offrent alors à l'entreprise pour créer de la croissance : la spécialisation ou la diversification.
Créée par **Igor Ansoff** en 1957, la matrice produits-marchés permet, dans un environnement en mutation, de classifier les différentes stratégies de croissance pour l'entreprise en croisant les produits actuels et nouveaux avec les marchés actuels et nouveaux.

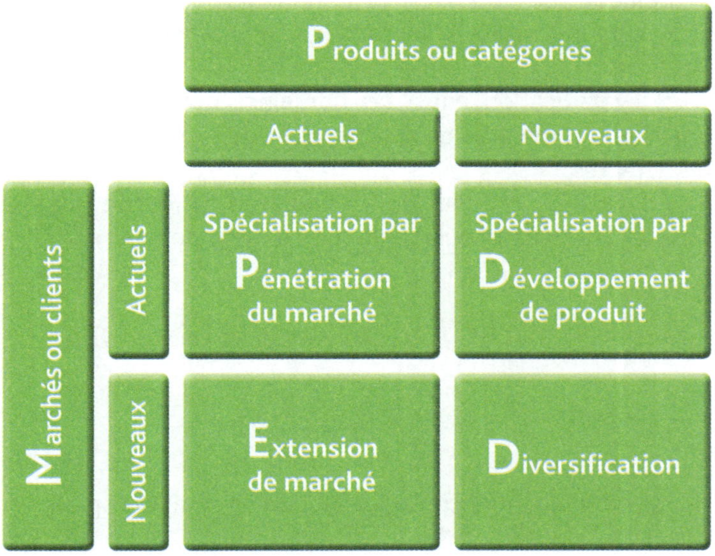

La stratégie de spécialisation
La spécialisation ne s'entend pas sur un produit, mais sur des ressources et des compétences précises. Par exemple, Coca-Cola, spécialisé dans la production de boissons non alcoolisées, en développant la gamme Honnest (Ice-Tea), mobilise les mêmes ressources (usines d'embouteillage, marques…) et les mêmes compétences (logistique, distribution intensive…).
La spécialisation peut prendre trois formes et concerner le produit ou le marché.

La pénétration de marché
Cette stratégie consiste, pour une entreprise, à chercher à prendre des parts de marché à ses concurrents afin de devenir leader du marché. L'entreprise, dans ce cas, peut pratiquer une politique tarifaire de prix bas en réduisant ses coûts, grâce à une production de masse et des économies d'échelle, afin de pénétrer rapidement un marché en vendant de grandes quantités et décourager la concurrence.
Cette stratégie nécessite toutefois de posséder des moyens de production conséquents et disposer d'un réseau de distribution à grande échelle.

L'extension du marché
Elle consiste à identifier et à exploiter de nouveaux marchés pour les produits existants.
Elle peut s'opérer :
• par expansion géographique : dans ce cas, l'entreprise choisira un mode de développement à l'international.
• par l'élargissement de la clientèle : c'est l'exemple des constructeurs d'ordinateurs qui, après avoir séduit la clientèle des entreprises, se sont tournés vers les particuliers.

Le développement de produit ou la diversification marketing
Le développement de produit passe par une diversification marketing, une extension de gamme, qui reste de la spécialisation dès lors qu'elle ne nécessite pas la mise en œuvre de compétences nouvelles pour l'entreprise.
L'entreprise peut développer toute une panoplie de produits comparables quant à leurs facteurs clés de succès (mode de production, de distribution, image, technologie), afin de constituer une gamme étendue, mais homogène, destinée à sa clientèle traditionnelle. Par exemple, Nutella avec les produits B-ready, ou Nutella biscuits.

La diversification
Cette stratégie consiste à proposer des nouveaux produits sur des nouveaux marchés qui présentent des opportunités et qui sortent du périmètre d'activité habituel de l'entreprise. Cette stratégie nécessite d'intégrer de nouvelles compétences et de capitaliser de l'expérience sur les nouvelles lignes de produits et les nouveaux marchés ciblés.
L'entreprise peut suivre les axes de développement suivants :
• La diversification verticale : l'entreprise va intégrer les métiers et les missions de ses propres clients et/ou fournisseurs.
• La diversification horizontale : l'entreprise va se développer sur des métiers parallèles à son cœur de métier actuel.
• La diversification concentrique : l'entreprise va se développer sur des nouveaux produits étroitement liés à son cœur de métier actuel ou se basant sur une technologie complémentaire.
• La diversification en conglomérat : l'entreprise va se développer sur des métiers et des marchés sans rapport avec ses activités actuelles.

© Delagrave, 2021.

RESSOURCE 2 Apports et risques de la spécialisation et de la diversification

Apports et risques de la spécialisation

Apports :

• En concentrant tous les efforts de l'entreprise sur un et unique métier, cela lui permet de développer de l'expérience et des savoir-faire spécifiques, ce qui lui confère une image d'expert.

• La rentabilité de l'entreprise est forte sur un marché en croissance, grâce à l'optimisation des coûts par un effet d'expérience.

• L'entreprise peut obtenir une position de leader sur le marché, et donc l'influencer ou même se rendre incontournable.

Risques :

• Une dépendance à une seule catégorie de produits peut rendre l'entreprise plus sensible à l'arrivée de nouveaux concurrents.

• La saturation d'un marché, par l'arrivée de concurrents.

• Se reposer sur son couple produit/marché et cesser l'innovation.

Exemples : Kodak, leader mondial de la photographie argentique, n'a pas anticipé l'arrivée de la photographie numérique ; Nokia, leader mondial en téléphonie mobile, a raté le virage du smartphone.

Apports et risques de la diversification

Apports :

• La diversification favorise la répartition des risques sur plusieurs domaines d'activités : si un domaine d'activité est en difficulté, un autre domaine pourra compenser et assurer la pérennité de l'entreprise.

• Permet de réaliser des économies en profitant de synergies sur un domaine d'activité ou un marché proche, tout en créant un relais de croissance sur un marché plus porteur que son marché originel.

Risques :

• Implique de lourds investissements qui peuvent endetter l'entreprise afin d'acquérir de nouvelles compétences.

• La diversification dans des domaines non liés peut entraîner un manque de cohérence et de synergie entre les activités.

• La diversification peut donc conduire l'entreprise (ou pousser les investisseurs) à un mouvement de repli.

D'après www.pascalkermarrec.com

RESSOURCE 3 Stratégies d'intégration ou d'externalisation

Une filière est constituée de l'ensemble des acteurs économiques intervenant entre la production des matières premières, la commercialisation finale et le recyclage d'un produit.
Sur une filière, deux formes de stratégie peuvent être conduites.

La stratégie d'intégration

C'est le regroupement au sein d'une entreprise (société, groupe) d'activités complémentaires assurées par d'autres entreprises tout au long de la filière = croissance externe.

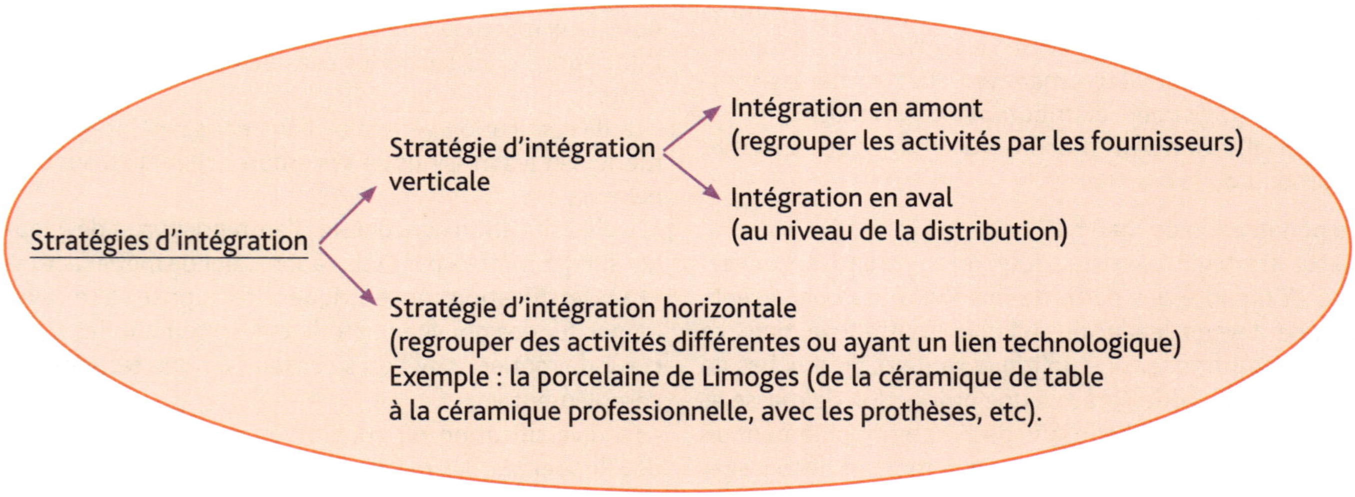

La stratégie d'externalisation

Stratégie qui consiste pour une entreprise à recourir à des partenaires extérieurs afin de leur confier tout ou partie des activités de production, de distribution ou des prestations de services :

• par un contrat de sous-traitance : sous-traitance de capacité ou sous-traitance de spécialité ;
• par un contrat de franchise ;
• par un contrat de concession :
- en mettant en place un groupement d'intérêt économique (GIE) ;
- en constituant des filiales communes.

© Delagrave, 2021.

RESSOURCE 4 Les modalités de croissance des entreprises

La croissance d'une entreprise, c'est : l'augmentation de la dimension de l'entreprise (augmentation de la rentabilité, exploitation d'un nouveau marché, développement de relations partenariales...).

Les modalités de croissance

Croissance INTERNE	Modalité de développement de l'entreprise qui repose uniquement sur l'utilisation de ses propres ressources, de ses ressources internes (humaines, technologiques, matérielles, immatérielles et financières). Comment ? • En développant un nouveau produit. • En embauchant de nouveaux salariés pour acquérir de nouvelles compétences. • En investissant dans de nouvelles technologies...
Croissance EXTERNE	Modalité de développement de l'entreprise qui s'appuie sur un rapprochement avec une autre entreprise. Comment ? • Par prise de participation (acquisition par une entreprise de plus de 10 % du capital d'une autre société ; elle peut ainsi influencer les décisions stratégiques grâce à ses droits de vote). • Par fusion (deux sociétés se rapprochent pour n'en former qu'une seule : A + B = une nouvelle société C). • Par fusion-absorption (une société prend le contrôle d'une autre société : A absorbe B pour devenir A).
Croissance CONJOINTE PARTENARIAT	Modalité de développement de l'entreprise qui consiste à coopérer avec une ou plusieurs autres entreprises, tout en restant juridiquement indépendante. Chacune des entreprises engage une partie de ses ressources pour réaliser un projet commun. Comment ? • Par la création d'une structure juridique : – Filiale commune : 2 sociétés créent une filiale dont le capital est détenu à 50 % par chacune d'entre elles. Elles apportent à cette entreprise conjointe (coentreprise, *joint-venture*) des actifs et du personnel. Les deux entreprises restent indépendantes. – GIE : accord par lequel deux ou plusieurs entreprises décident de mettre en commun des ressources dans une personne morale nouvelle (à but non lucratif), en vue d'actions communes (recherche et développement, logistique, actions commerciales). • Par la conclusion de relations contractuelles : – Contrat de sous-traitance : contrat par lequel une entreprise (donneuse d'ordre) fait exécuter par une autre entreprise (le sous-traitant), tout ou partie de sa production. – Contrat de cession : contrat par lequel une entreprise (le concédant), s'engage à approvisionner une autre entreprise (le concessionnaire) en produits de la marque et à lui apporter une assistance technique (formation...). – Contrat de franchise : contrat par lequel une entreprise, qui a mis au point un savoir-faire (marque, produit, etc.) concède à des entreprises indépendantes, en contrepartie d'une redevance calculée sur le chiffre d'affaires ou représentant un certain pourcentage des bénéfices, le droit de se présenter sous sa raison sociale et sa marque pour vendre les produits ou services.

L'internationalisation d'une entreprise

Une entreprise peut décider de s'internationaliser dans le cadre d'une modalité de croissance interne, externe ou conjointe.

Exemples : proposer son ou ses produits sur un nouveau marché à l'international, acheter des fournisseurs étrangers, s'implanter dans un pays étranger car le coût de main-d'œuvre est moins élevé et/ou pour être proche d'une source de matière première...

© Delagrave, 2021.

3 Comprendre le lien entre DAS et stratégies de domaine

SAVOIRS ASSOCIÉS
- Les options stratégiques par domaine
- Les domaines d'activité stratégiques (DAS)
- La segmentation stratégique

Situation simulée

Avec le lancement du jeu *Hyper Space* en juillet 2020, Mme Degraf vous demande de présenter, compte tenu de la segmentation stratégique du marché du jeu vidéo, la stratégie de domaine qui a prévalu pour Ubisoft.

Missions

1. **Montrez la complexité actuelle de la segmentation stratégique dans le domaine des jeux vidéo.**
2. **Caractérisez la stratégie de domaine suivie par Ubisoft avec le lancement du jeu *Hyper Space*.**

DOCUMENT 1 Représentation de la segmentation traditionnelle du marché des jeux vidéo en 2018

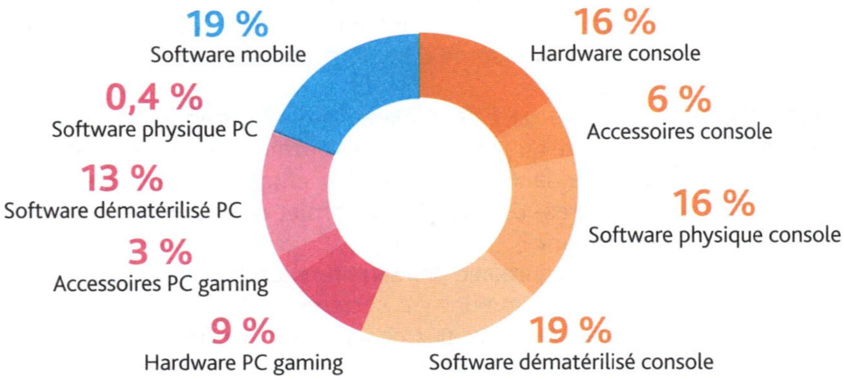

Source : données du SELL - Syndicat des éditeurs de logiciels de loisirs.

2

DOCUMENT 2 Une segmentation plus moderne du marché des *gamers*, en 2019, selon Newzoo

Peter Warman, co-fondateur et P-DG de Newzoo, explique la raison de la nouvelle typologie qui segmente les gamers en 8 « personas » : « *au cours des 10 dernières années, le marché du jeu vidéo a changé de manière drastique et pourtant, tout le monde utilise encore une segmentation qui date du début de la décennie* ». Son équipe d'experts a donc concocté une typologie de joueurs plus fidèle à l'ère actuelle, avec l'apparition de plusieurs joueurs-types absents jusqu'ici de plusieurs documents d'entreprises. L'étude porte une attention particulière aux habitudes de jeu, aux habitudes de visionnement et aux possessions d'objets vidéoludiques des répondants.

Quelques profils-types de la nouvelle segmentation des *gamers*, selon Newzoo : le *gamer* ultime, le mordu de périphériques (*hardware enthousiast*), le joueur conventionnel, le *cloud gamer*, le joueur popcorn, le joueur d'estrade (*backseat viewer*)…

Grâce à ces nouvelles nuances, il est manifeste que la dichotomie entre « *hardcore* » et « *casual* » utilisée à outrance dans les dernières années est devenue fort désuète pour comprendre l'industrie.

Ce maigre 4 %, enregistré dans la catégorie du joueur conventionnel, sur l'ensemble des profils types actuels de gamers, démontre aussi que les habitudes ont bel et bien évolué.

D'après www.jeux.ca

DOCUMENT 3 *Hyper Scape* : le Batte Royale qui ne sait pas s'arrêter

Après une phase de beta ouverte, le rendant accessible au plus grand nombre, *Hyper Scape* se lance officiellement dans le grand bain du Battle Royale (BR). Le dernier né d'Ubisoft dispose de solides arguments à faire valoir, mais le marché du BR se veut compétitif et sans pitié. Nombreux sont ceux à s'être cassé les dents face aux ténors que sont *Fortnite* et *PlayerUnknown's Battlegrounds*, rejoints par la suite par des titres comme *Call of Duty : Warzone* et *Apex Legends*. *Hyper Scape* parvient-il à se démarquer de ses concurrents ?

Développé par le studio Ubisoft de Montréal, *Hyper Scape* est clairement différent du leader *Fortnite* par sa conception, son design, ses fonctionnalités et plus particulièrement par la maîtrise de la carte par le joueur.

Dans *Hyper Scape*, le joueur peut y faire ses emplettes, rencontrer ses pairs, mais aussi, et surtout, prendre part au Crown Rush, le fameux Battle Royale où chacun peut trouver la gloire. Pour ce faire, le joueur peut, au choix, être le dernier survivant parmi les 100 participants ou récupérer la couronne apparaissant en fin de partie et la conserver durant 45 secondes. Cette condition de victoire alternative a un impact direct sur le *gameplay* et est en accord avec la philosophie de *Hyper Scape*. Cette couronne pousse le joueur à sortir de sa cachette et à rester en mouvement comme bien d'autres systèmes de jeu.

Autre particularité faisant directement écho au film *Battle Royale* de 2000, la zone de jeu se voit réduite non pas par un cercle concentrique se resserrant progressivement, mais par la condamnation des quartiers de la ville où se déroule l'action.

On le sait, la carte d'un BR est un des aspects les plus importants du genre et se doit de proposer des lieux d'intérêts facilement identifiables et des points chauds favorisant les escarmouches dès les premières minutes de jeu. De ce côté, *Hyper Scape* ne déçoit pas. […]

D'après www.jeuxvideo.com

RESSOURCE 1 La segmentation stratégique

Le terme de segmentation stratégique est généralement utilisé pour désigner une démarche qui consiste à déterminer et caractériser les domaines d'activité stratégiques de l'entreprise (DAS) pour donner aux dirigeants une vision de long terme prenant notamment en compte les avantages concurrentiels de l'entreprise. Le concept de segmentation stratégique et sa méthodologie ont été initialement développés au sein de General Electric par le cabinet de conseil McKinsey dans les années 1970.

La segmentation stratégique ne doit pas être confondue avec celle de segmentation marketing basée sur une analyse de la clientèle réelle ou potentielle, même si cette dernière peut également influencer la stratégie moyen terme de l'entreprise.

www.definitions-marketing.com

RESSOURCE 2 La différence entre la segmentation stratégique et la segmentation marketing

Qu'est-ce que segmenter ? C'est partager, diviser quelque chose en tronçons, en groupes homogènes. On distingue deux types de segmentation : la segmentation stratégique et la segmentation marketing.

La segmentation stratégique se rapporte au couple Produit-Marché. C'est la répartition des activités de l'entreprise, du « portefeuille d'activités », en domaines d'activité stratégique (DAS). En tant que segment stratégique, chaque DAS est indépendant l'un de l'autre.
Un segment stratégique intègre les produits et services qui requièrent les mêmes compétences et proposés sur des marchés possédant les mêmes facteurs clés de succès.

Facteurs clés de succès

Critères externes		Critères internes	
• Clientèle	Mêmes clients	• Technologies	Identiques
• Marché pertinent	Même marché	• Compétences	Identiques
• Distribution	Même réseau	• Synergies	Fortes
• Concurrence	Mêmes concurrents	• Structure de coûts	Coûts partagés prépondérants

La segmentation marketing se rapporte quant à elle au couple Produit-Client. Le principe de la segmentation marketing est de réunir dans un même segment des clients qui sont, certes, différents mais qui possèdent des caractéristiques communes afin de pouvoir leur proposer un produit commun pouvant répondre à leurs besoins spécifiques. Elle est donc basée sur les attentes des clients.
Les critères de segmentation marketing sont multiples et cumulatifs : l'âge, le sexe, l'appartenance à une classe sociale, l'implantation géographique, le mode de vie, les croyances... Le but est d'arriver à des sous-ensembles de la demande homogènes sur un certain nombre de critères (sociodémographiques, comportementaux, styles de vie...) et qui réagiront de manière spécifique à une offre du marché.

La segmentation stratégique et la segmentation marketing comportent des caractéristiques différentes et des objectifs différents ; elles sont pour les décideurs d'entreprises complémentaires et relèvent d'une pensée managériale commune.

	Domaine	Moyen	Objectif	Terme
Segmentation stratégique	Concerne l'ensemble des activités de l'entreprise	Diviser les métiers en groupes homogènes	• Choix du portefeuille d'activités • Organisation	Long terme
Segmentation marketing	Concerne un secteur d'activité particulier	Diviser les clients en segments homogènes	Mettre un mix en face de chaque segment de clients	Moyen terme

Après l'indentification des DAS, l'entreprise pourra définir des stratégies adéquates pour chacun.

www.d6-dz.com

RESSOURCE 3 Les options stratégiques par domaine

Michael Porter distingue trois stratégies fondamentales en croisant la nature de l'avantage concurrentiel dont l'entreprise cherche à se doter et l'étendue du marché visé (la cible) : domination par les coûts, différenciation et focalisation.

		Avantage stratégique	
		Lié au coût	Lié à la différenciation
Cible	Front large	Domination par les coûts	Différenciation
	Front étroit		Concentration

Source : Michael Porter, *L'Avantage concurrentiel*, Dunod, 2003.

La stratégie de domination par les coûts

Cela consiste à dominer les concurrents sur le plan des coûts (sans pour autant négliger la qualité des produits ou des services) en menant une politique de prix agressive et/ou en réalisant des économies d'échelle (augmenter les capacités de production pour diminuer les coûts). Cette stratégie procure une bonne protection contre les cinq forces concurrentielles (modèle de M. Porter).

Cette stratégie nécessite :

• une bonne connaissance du (des) produit(s) et du marché ;

• des investissements importants pour disposer d'équipements modernes et productifs ;

• des efforts permanents pour réduire les coûts et un certain mode d'organisation.

La stratégie de différenciation

Dans ce cas, l'entreprise fonde son avantage concurrentiel sur un paramètre autre que le prix du produit, une caractéristique particulière de son offre qui la distingue de celle de ses concurrents et présente un attrait pour les consommateurs.

Les facteurs de différenciation sont potentiellement nombreux et susceptibles de se combiner. Il peut s'agir de la qualité du produit, de son conditionnement, de l'esthétique, des services accompagnant et suivant la vente, des délais de livraison, d'un effet d'image, etc. Une différenciation réussie procure une protection contre les forces concurrentielles. Cette stratégie autorise des marges plus élevées dans la mesure où le consommateur accepte de payer un prix supérieur pour bénéficier de l'avantage unique proposé.

Attention : les concurrents peuvent copier la différenciation, il convient donc d'innover en permanence afin d'améliorer les produits et services.

La stratégie de focalisation (ou de concentration ou de niche)

Lorsqu'une entreprise ne peut se permettre de prendre le leadership ni par les coûts ni par une différenciation, une stratégie de niche pourrait être plus appropriée. Dans ce cas, elle concentre ses efforts et ressources sur un segment étroit et défini. La stratégie de niche est souvent employée par les PME.

Cette fois, l'entreprise cible une partie des acheteurs potentiels d'un secteur donné, qui peut être un groupe de clients particulier, une fraction de la gamme de produits ou une zone géographique déterminée.

Bien entendu, la conquête de la cible doit reposer sur un avantage que ne peuvent offrir ces derniers. Il peut s'agir d'une supériorité au niveau des coûts, d'une offre différenciée au plan technique ou du service proposé, ou encore d'une combinaison des deux.

D'après Alain Desreumaux, *Stratégie*, Dalloz, 2006.

APPLICATION

Situation simulée

À l'occasion de la prochaine Foire de Paris, le magazine en ligne *Cuisine 3.0* souhaite profiter de la venue de la célèbre marque de pianos de cuisson La Cornue pour rédiger un article sur ce qui fait le succès de cette entreprise labellisée « Entreprise du patrimoine vivant ».
Vous êtes stagiaire au sein de ce magazine. Mme Deprez, rédactrice en chef du magazine, vous charge d'étudier la démarche stratégique adoptée par l'entreprise La Cornue afin d'en identifier les principaux axes.

1. Après avoir établi un diagnostic externe de l'environnement dans lequel évolue La Cornue, identifiez les facteurs clés de succès de cette entreprise.
2. Montrez les forces des ressources et compétences de La Cornue constitutives de son ou ses avantage(s) concurrentiel(s).
3. En vous référant au modèle d'Ansoff, présentez les options stratégiques globales de l'entreprise La Cornue et ses modalités de croissance.
4. Identifiez les différents domaines d'activité stratégiques (DAS) de La Cornue.
5. En prenant appui sur la typologie de Porter, présenter la stratégie de domaine mise en œuvre par La Cornue pour ses pianos de cuisson.

DOCUMENT 1 La carte d'identité de l'entreprise La Cornue

La Cornue est une entreprise familiale créée en 1908 à Saint-Ouen-l'Aumône (95), connue dans le monde entier et spécialisée dans la fabrication d'appareils de cuisson haut de gamme.
Cette société par actions simplifiée (SAS), au capital social de 333 120 euros, emploie sur son site de 2 200 m² pas moins de 62 salariés. Quarante d'entre eux sont affectés dans l'atelier d'où sortent 900 fourneaux par an.
La Cornue a réalisé, en 2019, un chiffre d'affaires de près de 20 millions d'euros et un résultat net de 1 885 360 euros.
Chaque piano est réalisé à la commande avec des matériaux nobles (laiton, cuivre), par des compagnons suivant une méthode artisanale. Les modèles fabriqués sur le site de Saint-Ouen sont disponibles en 29 couleurs et 12 finitions, soit 30 000 combinaisons possibles.
La réputation de La Cornue, qui a obtenu le label EPV (Entreprise du patrimoine vivant), a dépassé les frontières de l'Hexagone. Présente dans 70 pays, grâce à son actionnaire The Middleby Corporation, la société réalise aujourd'hui 75 % de son chiffre d'affaires à l'étranger : les États-Unis, qui représentent près de la moitié du chiffre d'affaires, le Moyen-Orient, Séoul, Hong Kong, le Brésil, la Chine…

« *Depuis 1908, de génération en génération, nous partageons le feu sacré qui fait le prestige de chacune de nos cuisinières. Savoir-faire de nos compagnons, choix des matériaux, beauté de chaque détail, performance des techniques, amélioration permanente – la qualité de notre travail et notre désir d'excellence sont les moteurs qui nous animent et nous conduisent chaque jour à fabriquer artisanalement des produits exceptionnels et personnalisés qui donneront vie à vos rêves culinaires* ».

© Delagrave, 2021.

DOCUMENT 2 Le marché de l'électroménager en 2018 et son secteur des appareils de cuisson

Avec 63,2 millions d'appareils électroménagers vendus qui ont généré un chiffre d'affaires de 8,2 milliards d'euros, en 2018, le marché de l'électroménager en France est globalement stable. Dans le détail, c'est le secteur du GEM (gros électroménager) qui connaît un net repli alors que le secteur du PEM (petit électroménager) augmente de 0,5 % contre 2,8 % en 2017.

Les raisons sont les suivantes, selon Brigitte Petit, présidente du GIFAM (Groupement des marques d'appareils pour la maison) : « *repli des achats de produits manufacturés, augmentation des prix à la consommation, coup de frein de la construction et, en fin d'année, fréquentation des magasins impactée par les mouvements sociaux* ».

Le secteur du gros électroménager, tout en se valorisant à 5,2 milliards d'euros, enregistre un léger ralentissement (- 0,9 %) par rapport à 2017. Sur le marché du GEM, le secteur de la cuisson, qui représente 34 % du marché, affiche un recul de - 2,1 %.

L'étude conjointe menée en 2018 par le GIFAM et Toluna dévoile les leviers d'avenir en électroménager. Cette étude a permis de dégager les tendances majeures en termes d'attentes des consommateurs français :

– trouver des alternatives pour consommer mieux (consommer du « fait maison », limiter la consommation d'énergie, durabilité des appareils…) ;

– améliorer la facilité d'utilisation des appareils (les consommateurs veulent des équipements électroménagers qui s'insèrent parfaitement dans leur quotidien et leur facilitent la vie… Cela peut être l'enjeu, entre autres, du connecté et de la digitalisation des appareils) ;

– disposer d'appareils « professionnels » à la maison ;

– avoir plus de possibilités, pour différents usages (les consommateurs sont à la recherche de modularité et d'appareils multifonctions, multi-usages).

C'est probablement pour ces raisons que depuis 2017, en matière d'appareil de cuisson, une part croissante des consommateurs se tourne vers cette tranche dite « Premium ». Elle satisfait en effet cette forte volonté d'investir dans un bien durable, de qualité professionnelle, intégrant les dernières évolutions technologiques et avec une empreinte carbone réduite.

© Delagrave, 2021.

DOCUMENT 3 La conquête du marché français par les pianos de cuisson

Méconnus du grand public il y a encore dix ans, les pianos de cuisson ont conquis le marché français. Avec leur côté rétro, ils séduisent même les amateurs d'intérieurs contemporains. En une décennie, le piano de cuisson a réussi à mettre les amateurs des arts culinaires au diapason. Longtemps réservé à une élite en raison de son positionnement haut de gamme (il n'était pas rare de trouver des modèles à plus de 10 000 euros, comme chez La Cornue), il s'est peu à peu démocratisé. L'arrivée sur le marché français du britannique Falcon, qui propose des modèles à 3 000 euros, n'y est pas pour rien. « *On estime qu'il se vend aujourd'hui environ 15 000 pianos par an en France* », indique Julie Guichaoua, responsable marketing international pour Aga et Falcon. L'engouement est là.

Les raisons qui poussent à adopter cet équipement : outre son prix, un piano de cuisson est le compagnon idéal des amateurs de cuisine. Avec le développement des émissions télévisées, des sites Internet culinaires, de l'ouverture de la cuisine sur le reste du logement, la place d'un piano est toute trouvée, même dans un intérieur des plus contemporains.

L'esthétique n'est pas le seul critère des amateurs de piano de cuisson. En effet, la possibilité de le personnaliser en fonction des goûts, de l'espace disponible (certains modèles font 60 cm de large) et des fonctionnalités attendues est tout aussi déterminante. Les fourneaux, désormais, sous leur belle carrosserie, cachent des équipements de pointe. Brûleurs gaz ultrapuissants, plaque vitrocéramique cinq foyers, feu extensible spécial grands ustensiles ou plaque à induction, four géant accueillant des pièces volumineuses (60 litres minimum) forment des ensembles à composer sur mesure. Sans oublier la connectivité : fours connectés ou tables de cuisson reliées aux hottes pour un meilleur fonctionnement commun.

© Delagrave, 2021.

DOCUMENT 4 Piano de cuisson : un marché très concurrentiel

Depuis plus de 10 ans, le piano de cuisson s'est introduit dans nos cuisines : autrefois réservé aux professionnels ou aux riches amateurs éclairés, il est désormais accessible à presque tous les particuliers. Pour satisfaire les amateurs de bonne cuisine, le secteur des pianos de cuisson peut être divisé en plusieurs segments :

- un segment « ultra premium » qui propose des pianos dits « de prestige » dont les prix, pour certaines marques, peuvent dépasser les 10 000 euros (La Cornue, Lacanche en Bourgogne, Aga...). Sur ce segment très haut de gamme, on trouve également des marques qui proposent des produits à moins de 10 000 euros (Godin, Smeg, Steel...) ;
- un segment « premium » qui propose également des marques de prestige mais dont le prix des pianos de cuisson pour particuliers ne dépasse pas 7 000 à 8 000 euros (Falcon, De Dietrich, Glem...) ;
- un segment « haut de gamme », plus accessible, avec des marques qui proposent des fourneaux entre 1 000 euros et moins de 5 000 euros (Leisure, Delonghi, Bertazzoni...) ;
- les marques distributeurs, comme Boulanger (marque EssentielB), proposent, quant à elles, des pianos entre 700 et 900 euros.

© Delagrave, 2021.

DOCUMENT 5 **Extraits de l'entretien accordé par Benoît Favier, directeur général de La Cornue à *Forbes***

Quel est le nouvel élan de votre Maison pour la création ?

[…] Cyril Kongo [artiste-designer] a créé pour La Cornue une série originale et limitée, représentant les cinq continents et la France, qui s'intègre parfaitement dans des univers culinaires modernes. […] Nous collaborons également avec de grands chefs français : Jean-François Piège et Alain Passard. Ils se sont équipés à titre personnel d'un fourneau La Cornue. Ils nous permettent d'améliorer les performances et les fonctionnalités de nos fourneaux et de rendre l'expérience client encore plus unique. Nos clients sont sources d'inspiration en tant qu'amateurs passionnés […].

Quelles sont les synergies que vous avez développées entre La Cornue et votre actionnaire américain, le Groupe Middleby Corporation dirigé par Selim Bassoul ?

The Middleby Corporation […] est le leader mondial dans l'industrie de l'équipement de la restauration professionnelle. […] Notre société représente […] le segment de l'ultra premium en termes de visibilité, de savoir-faire et d'excellence française. Nous avons identifié quatre synergies :

– La Cornue bénéficie des nouvelles technologies qui ont été mises au point par le groupe pour les cuisines professionnelles ;

– Middleby nous a permis de devenir propriétaire de nos locaux et de faire l'acquisition d'une machine de précision pour poinçonner les tôles inox […] ;

– quant à la distribution, elle a été renforcée aux États-Unis ;

[…]

Quelles sont les attentes de vos clients ?

[…] Quand nos clients deviennent propriétaires d'une La Cornue, ils achètent un objet patrimonial et un réservoir à mémoire culinaire. Ils transmettent de génération en génération un fourneau unique et atemporel, et des recettes de famille […].

Ils sont également sensibles à l'absence d'obsolescence programmée de nos fourneaux compte tenu des matériaux nobles que nous avons sélectionnés pour leur qualité et leur longévité, à l'engagement Responsabilité sociétale de l'entreprise, à l'égalité homme-femme, au salaire des collaborateurs et au respect de l'environnement.

Quelle est votre politique de Recherche et Développement ?

Nous consacrons 10 % de notre chiffre d'affaires à la R&D et nous bénéficions des innovations créées par notre actionnaire. En étant présent dans 70 pays, le respect des contraintes réglementaires et environnementales est un véritable défi, notamment en ce qui concerne la consommation d'énergie. […] La Cornue a déposé un brevet en 2014 pour son four-voûte électrique G4 de dernière génération, classé A […].

En tant qu'Entreprise du patrimoine vivant, comment transmettez-vous votre savoir-faire d'exception ?

Chaque « Château » La Cornue est fabriqué à l'unité par un compagnon qui est seul responsable devant son client. Chaque fourneau est une œuvre originale numérotée. En travaillant en binôme, son savoir-faire de fabrication est transmis à un junior.

Nous sommes également très sensibles à la féminisation des savoir-faire. Le management de notre atelier de production est confié à une femme. La transmission est la priorité de notre société. […] Nous souhaitons présenter un candidat au concours des Meilleurs Ouvriers de France en 2020.

Quelle est votre actualité ?

[…] Nous allons commercialiser une nouvelle table de cuisson à induction de 150 cm dotée de 4 foyers ayant une puissance exceptionnelle. […] Enfin, après deux ans de démarches administratives, nous avons obtenu les homologations pour commercialiser nos fourneaux en Australie. Plusieurs *showrooms* vont ouvrir en juin à Melbourne puis d'ici la fin de l'année à Sydney. […]

Christian Razel, www.forbes.fr, 19 juin 2018.

FAIRE LE POINT

SKETCHNOTE
www.lienmini.fr/30920-sk08

Quels sont les choix stratégiques opérés par l'entreprise ?

Le diagnostic stratégique conduit l'entreprise à...

prendre des

décisions stratégiques

selon un

processus de décision stratégique
fondé sur le modèle d'Herbert Simon :
l'**I**dentification d'un problème,
la **M**odélisation de solutions,
le **C**hoix et le contrôle de la ou les solution(s).
et tenant compte de :
- **la rationalité limitée du décideur** : H. Simon
- du **modèle de la poubelle** : James G. March
(*de la préexistence de solutions en quête de problèmes*)

qui permet à l'entreprise de déterminer des

choix stratégiques

qui vont se traduire par

des modalités de croissance :
- croissance interne
- croissance externe
- croissance conjointe et/ou internationalisation

afin

d'assurer la croissance globale de l'entreprise au moyen d'une **stratégie globale**

Stratégie de spécialisation OU **stratégie de diversification**

et

Stratégie d'intégration OU **stratégie d'externalisation**

et/ou

de développer un avantage concurrentiel grâce à une **stratégie de domaine**

Si la cible est large :
stratégie de domination par les coûts
OU
stratégie de différenciation
Si la cible est étroite :
stratégie de focalisation *(par les coûts ou par la différenciation)*

LEXIQUE

- **Décision stratégique :** décision qui engage la pérennité de l'entreprise sur le long terme. Elle mobilise des ressources importantes, elle est généralement prise par le sommet hiérarchique et est, dans la plupart du temps, irréversible.
- **Domaine d'activité stratégique** (DAS) : couple marché/produit à qui il est possible d'allouer ou de retirer des moyens sans affecter le reste de l'entreprise. Les DAS résultent de la segmentation stratégique. À chaque DAS correspond une stratégie de domaine spécifique.
- **Modalité de croissance des entreprises :** dans le cadre de son développement, une entreprise peut augmenter sa taille selon trois modalités : croissance interne, croissance externe, croissance conjointe.
- **Stratégie globale :** la stratégie globale (corporate) est l'option stratégique générale qui concerne l'entreprise dans son ensemble et qui apparaît la plus opportune à adopter par l'entreprise à un moment donné pour réaliser sa finalité. Igor Ansoff identifie, en fonction du couple marché/produit, la stratégie globale de spécialisation ou de diversification. On distingue également, en fonction du positionnement de l'entreprise sur la filière, la stratégie d'intégration ou d'externalisation.
- **Stratégie de domaine :** une stratégie de domaine est propre à un domaine d'activité stratégique. Selon Michael Porter, trois options de stratégies de domaine sont envisageables : la domination par les coûts, la différenciation, la focalisation.

SYNTHÈSE DU THÈME 6

LES CHOIX STRATÉGIQUES DE L'ENTREPRISE

Les choix stratégiques engagent l'entreprise sur le **long terme** et relèvent d'une démarche spécifique qui suppose de **nombreux arbitrages**.

Les choix stratégiques de l'entreprise

☑ supposent une **réflexion stratégique** préalable sur :
- les **finalités**,
- les **objectifs**,

visant à assurer sa **pérennité** ;

☑ résultent d'une **démarche d'analyse stratégique** :
- formalisable selon le **modèle LCAG**,
- basée sur un **diagnostic stratégique** :
  - un **diagnostic interne** en termes de :
    - forces et faiblesses,
    - **ressources** *(Penrose)*, **compétences** distinctives *(Hamel et Prahalad)*,
    - **avantage concurrentiel** et création de valeur *(**chaîne de valeur** selon Porter)*,
  - un **diagnostic externe** à deux échelles :
    - analyse du **macro-environnement** *(PESTEL)*,
    - analyse du **micro-environnement** *(analyse des forces concurrentielles selon Porter)* ;

☑ supposent une **évaluation des choix stratégiques possibles** résultant :
- de la **rationalité limitée** du décideur *(Simon)*,
- de **négociations entre groupes d'individus** aux objectifs divers *(Cyert et March)* et plus ou moins enclins à collaborer *(Crozier et Friedberg)*,

soumis à des **mécanismes de gouvernance**.

☑ se concrétisent tout d'abord dans sa **stratégie globale**, qui vise à gérer un portefeuille d'activités *(Ansoff)* :
- stratégie de **spécialisation** ou de **diversification**,
- stratégie **d'intégration** ou **d'externalisation** ;

☑ se déclinent ensuite en **stratégies de domaines**, propres à chaque **DAS** *(Porter)* supposant une **segmentation stratégique** préalable à la définition des **stratégies génériques ou concurrentielles** *(Porter)* :
- domination par les coûts,
- différenciation,
- intégration *versus* impartition ;

☑ supposent la définition des **modalités de croissance** pertinentes :
- croissance interne,
- croissance externe,
- croissance conjointe (alliances stratégiques) ;

☑ relèvent le plus souvent d'une **internationalisation** de l'activité :
- exportation,
- investissements directs à l'étranger.

REPÈRES ET MÉTHODE

REPÈRES : COMPRENDRE L'ORGANISATION JUDICIAIRE

Cassation

Cour de cassation

Cette juridiction ne juge pas l'affaire au fond. Elle vérifie que les règles de droit ont été correctement appliquées par les tribunaux et les cours d'appel. Elle peut rendre une décision de cassation (et de renvoi) si elle considère que l'affaire doit être rejugée une nouvelle fois, ou une décision de rejet si elle considère que la décision rendue est conforme au droit. Il n'y a qu'une seule Cour de cassation. Elle joue un rôle essentiel dans l'unification de la jurisprudence.

Appel

Cour d'appel

Lorsqu'une ou plusieurs personnes ne sont pas satisfaites d'un premier jugement, elles peuvent faire appel de la décision de première instance. **La cour d'appel réexamine alors l'affaire au fond. L'appel n'est possible que pour les litiges dont le montant excède une certaine somme, ou dont l'enjeu est suffisamment important.**

Les décisions des cours d'assises peuvent faire l'objet d'un appel devant une nouvelle cour d'assises.

1re instance

Juridictions civiles

- **Tribunal judiciaire** : Tous litiges civils. Les décisions du TJ sont susceptibles d'appel pour les litiges dont le montant est > à 5 000 €.

Juridictions spécialisées

- **Conseil des prud'hommes** : Contentieux individuel entre un salarié (ou un apprenti) et un employeur dans le cadre du contrat de travail.
- **Tribunal de commerce** : Litiges entre commerçants ou sociétés commerciales.

Juridictions pénales

- **Cour d'assises** : Crimes.
- **Tribunal correctionnel** : Délits.
- **Tribunal de police** : Contraventions.

Juridictions de l'ordre judiciaire

LES SOURCES DU DROIT

TEXTES JURIDIQUES ISSUS DU POUVOIR LÉGISLATIF (Parlement)

- CONSTITUTION
- LOIS

TEXTES JURIDIQUES ISSUS DE SOURCES SUPRANATIONALES

- TRAITÉS, au niveau international
- RÈGLEMENTS EUROPÉENS ET DIRECTIVES, au niveau européen

TEXTES JURIDIQUES ISSUS DES AUTORITÉS ADMINISTRATIVES (Gouvernement, ministres, préfets, maires...)

- CONVENTIONS ET ACCORDS COLLECTIFS
- USAGES...

TEXTES JURIDIQUES ISSUS DE SOURCES PROFESSIONNELLES

- CONVENTIONS ET ACCORDS COLLECTIFS
- USAGES...

TEXTES JURIDIQUES ISSUS DU POUVOIR JUDICIAIRE (Cours et tribunaux)

- JURISPRUDENCE

MÉTHODE : LIRE UNE DÉCISION DE JUSTICE

Au cours de votre formation, et pour l'examen, vous serez confronté à la lecture de décisions de justice. Celles-ci peuvent émaner de juridictions du fond (tribunaux d'instance, de grande instance ou encore cours d'appel qui ont la compétence pour trancher les litiges en tenant compte des faits et des prétentions des parties) ou de la Cour de cassation (juridiction unique qui vérifie que le droit a été correctement appliqué).
L'objectif de cette fiche Méthode est de vous aider à sélectionner les informations utiles dans une décision de justice pour les utiliser dans une argumentation.
Toute décision de justice oppose deux parties qui soumettent un différend à un juge.
Devant les juridictions du fond, chaque partie, le demandeur et le défendeur, invoque **des arguments (moyens de fait ou de droit)** pour soutenir ses prétentions (ce qu'elle demande au juge).
Devant la Cour de cassation, le demandeur conteste la décision des juges du fond (tribunal ou cour d'appel) sur le plan de la conformité au droit. Ainsi, seuls **les arguments de droit (moyens de droit)** seront pris en compte. La Cour de cassation n'est pas un troisième degré de juridiction.

▶ STRUCTURE D'UNE DÉCISION

Juridiction - Date - Nom des parties (en distinguant le demandeur et le défendeur)
L'identification de la juridiction est une information essentielle. S'il s'agit d'une décision d'un tribunal d'instance, la portée de la décision n'est pas la même que si la décision provient de l'assemblée plénière de la Cour de cassation.
La date vous renseigne sur l'actualité de la décision. Attention : certaines décisions anciennes ont posé des principes fondamentaux qui restent encore en vigueur aujourd'hui.

Les faits

Vous devez vous attacher à identifier les qualifications juridiques utiles. Il faut retenir les termes de victimes, demandeur, prétention, faute, accident, recours… et se débarrasser de toute mention purement anecdotique.

La procédure antérieure

Dans certains cas, il est possible de retracer l'ensemble de la procédure suivie (première instance, appel, cassation, renvoi en cour d'appel…). À chaque stade de la procédure, vous pouvez repérer les moyens invoqués par les parties et le sens de la décision.
Dans les arrêts de la Cour de cassation, il est important de repérer si la décision de la cour d'appel confirme ou infirme le jugement de première instance.
Dans d'autres décisions, la procédure antérieure n'apparaît, hélas, qu'en filigrane.

Les thèses en présence (ou arguments des parties)
Il faut distinguer les deux positions qui s'affrontent.
Pour les décisions au fond, le demandeur à l'action s'oppose au défendeur à l'action. Les faits autant que les moyens de droit peuvent être contestés.
Pour les arrêts de la Cour de cassation, le demandeur au pourvoi (qui n'est pas forcément le demandeur initial à l'action) s'oppose à la décision des juges du fond (généralement la cour d'appel). C'est ici qu'il faut être vigilant : les contresens sont possibles. La lecture doit être très attentive à la construction des phrases.

La solution retenue

Vous devez impérativement repérer le sens de la décision (le dispositif) et en rechercher l'explication à partir de la décision qui vous est soumise, de vos connaissances et/ou de la documentation qui vous est fournie.

EXEMPLE **Cour de cassation, chambre sociale, 15 décembre 2011**

Attendu, selon l'arrêt attaqué (Metz, 14 juin 2010), qu'engagé le 16 décembre 1996 en qualité d'aciériste par la société Akers France, M. Y a été licencié pour faute grave pour avoir consommé de l'alcool sur le lieu de travail ;

Attendu que l'employeur fait grief à l'arrêt de le condamner au paiement des indemnités légales et conventionnelles de rupture et de dommages-intérêts pour licenciement sans cause réelle et sérieuse, alors, selon le moyen :

1°/ que le règlement intérieur de l'entreprise prohibe expressément l'introduction d'alcool sur le site, ainsi que le fait d'y pénétrer ou séjourner en état d'ivresse ; que dénature les termes clairs et précis de ce règlement et viole les articles 1134* du Code civil et L. 1321-1 du Code du travail la cour d'appel qui considère que ce règlement intérieur de la société Akers ne prohiberait pas formellement toute consommation d'alcool sur le lieu de travail ;

2°/ qu'indépendamment même des stipulations du règlement intérieur, en vertu du contrat de travail, l'employeur est tenu envers le salarié d'une obligation de sécurité de résultat ; qu'en application de ce principe général, la société Akers était en droit de faire usage de son pouvoir disciplinaire à l'encontre d'un salarié dont il était avéré que celui-ci avait consommé de l'alcool sur le lieu de travail, peu important que son état d'ivresse manifeste, en dépit des nombreuses présomptions en ce sens, n'ait pas été formellement établi ; qu'ayant ainsi constaté que M. Y, salarié travaillant sur un site industriel potentiellement dangereux, avait participé à un événement festif non autorisé dans l'enceinte de l'entreprise au cours duquel il avait consommé de l'alcool, viole les articles L. 1221-1, L. 1234-1, L. 1234-5, L. 4121-1 et L. 4122-1 du Code du travail, la cour d'appel qui décide qu'un tel comportement ne présenterait pas un caractère fautif ;

Mais attendu qu'ayant relevé, hors toute dénaturation, que le salarié avait à la fin de sa journée de travail, participé à un « pot » organisé dans l'entreprise sans autorisation de l'employeur et avait consommé modérément des boissons alcoolisées, son état d'ébriété n'étant pas démontré, la cour d'appel a pu décider que le fait reproché à ce salarié qui, en dix années au service de l'employeur, n'avait fait l'objet d'aucune sanction, ne constituait pas une faute grave ; qu'exerçant les pouvoirs qu'elle tient de l'article L. 1235-1 du Code du travail, elle a décidé que le licenciement était dépourvu de cause réelle et sérieuse ; que le moyen n'est pas fondé ;

PAR CES MOTIFS :

REJETTE le pourvoi ;

Condamne la société Akers France aux dépens ;

*Ancienne codification

Juridiction : La Cour de cassation vérifie que le droit a bien été appliqué ; chambre sociale car il s'agit d'un conflit individuel du travail.

Faits : Un salarié conteste son licenciement pour faute grave motivé par la consommation d'alcool sur le lieu de travail.

Procédure antérieure : La cour d'appel retient que le licenciement est abusif, car dépourvu de cause réelle et sérieuse.

Thèse du demandeur : Le demandeur au pourvoi (la société Akers) estime que la cour d'appel a dénaturé le règlement intérieur qui interdit l'introduction d'alcool et l'état d'ivresse, car elle n'a pas conclu que, de fait, toute consommation d'alcool sur le lieu de travail était interdite.
Argument supplémentaire du demandeur au pourvoi : la cour d'appel a violé les textes qui imposent à l'employeur une obligation de sécurité de résultat, en ne lui permettant pas d'utiliser son pouvoir disciplinaire contre le salarié coupable d'avoir consommé de l'alcool.

Thèse de la Cour de cassation : La Cour de cassation confirme la décision de la cour d'appel selon laquelle le salarié n'avait pas commis de faute grave, ayant consommé modérément des boissons alcoolisées et son état d'ébriété n'étant pas démontré.

La solution retenue : La Cour de cassation rejette la demande de la société Akers et la condamne à payer les frais de procédure.

MÉTHODE : ANALYSER L'ENVIRONNEMENT DE L'ENTREPRISE (PESTEL)

Le modèle PESTEL* est un outil de diagnostic stratégique externe qui permet d'étudier et de surveiller les opportunités et/ou menaces que pourrait rencontrer l'entreprise dans son macro-environnement. L'analyse est souvent présentée sous la forme d'un tableau, ce qui rend sa lecture plus efficiente.

*Politique, Économique, Sociologique, Technologique, Environnemental (Écologique, Éthique), Légal.

▶ RÉPONDRE À UNE QUESTION À L'AIDE DE L'ANALYSE PESTEL

1. Deux formulations possibles pour un même cas

- Identifiez les opportunités et les menaces du macro-environnement de la Société des Meubles Palois à l'aide de la méthode PESTEL.
- Analysez l'environnement global (macro-environnement) de la Société des Meubles Palois.

Contexte

La Société des Meubles Palois (SMP), au capital de 1 200 000 €, est une société par actions simplifiée. Cette société spécialisée dans le secteur d'activité de la fabrication de meubles de cuisine est classée parmi les 5 premiers fabricants de cuisines en France avec ses deux marques emblématiques, Cuisilux et BoCuisine.

La SMP propose l'aménagement sur-mesure de cuisines sur un segment moyen/haut de gamme. Pour faire face à la montée du géant suédois IKEA, la SMP a lancé en 1992 l'enseigne BoCuisine, avec une cuisine au prix moyen, hors pose et électroménager, de 3 000 €, contre 6 000 € pour l'enseigne Cuisilux.

Les deux principaux clients de la Société des Meubles Palois sont But et Cuisine Plus (70 % de son chiffre d'affaires). En 2016, la SMP a mis en œuvre de nouveaux modes de production afin de proposer un large choix de produits personnalisables en Europe.

La SMP est engagée en faveur du développement durable. Elle revendique son statut d'entreprise citoyenne, authentique et responsable. Elle veille à s'approvisionner auprès de fournisseurs en bois provenant de forêts gérées durablement et possède la double certification ISO 9001 (qualité) et ISO 14001 (environnement), ainsi que les certifications NF Environnement et Ameublement.

DOCUMENT 1 Le segment du meuble de cuisine en progression mais fortement concurrentiel !

Après trois années consécutives de progression, le marché du meuble voit son activité reculer de 2,7 % en 2018. Seul le segment cuisine enregistre une augmentation de ses ventes et affiche la meilleure performance du marché du meuble (+1,1 %).

La croissance est à mettre principalement au crédit des spécialistes cuisine (Cuisine Plus, Ixina, Schmidt et Cuisinella, Socoo'c, Mobalpa, Envia, Inova Cuisine…).

[…] La concurrence espagnole est bien implantée sur le segment des cuisines entrées de gamme, la concurrence italienne propose des produits intéressants en termes de design, mais c'est principalement la concurrence allemande qui est la plus forte. Les fabricants allemands sont devenus très efficaces et présents sur le marché français au cours des dernières années. Ils ont pour eux l'avantage d'être souvent des firmes industrielles de grandes taille, sans commune mesure avec celle des PME françaises. Aussi, pour ces PME françaises, il n'est pas possible de lutter à armes égales, que ce soit en termes de puissance et volumes de production, de largeur de gamme ou de niveaux de prix.

D'après www.fnaem.fr et www.culturecuisine-lemag.com

DOCUMENT 2 Les Français et la cuisine

Pour plus de 52 % des Français, la cuisine fait partie des deux pièces à vivre où l'on aime passer le plus de temps. Pour 86 % des personnes interrogées, la cuisine est le cœur de la vie familiale, un lieu d'échange. […] La cuisine aujourd'hui c'est, pour 54 % des Français interrogés, une pièce fermée, dotée pour 70 % d'entre eux d'un espace dédié aux repas et, pour 62 %, connectée […]. Mais les Français cherchent avant tout à rendre la cuisine « unique » : exit les aménagements types, bienvenue à la cuisine personnalisable.

D'après une étude réalisée par Ixina et home.by.me, janvier 2019.

DOCUMENT 3 Les meubles de cuisine passent au vert

Les meubles de cuisine doivent disposer de la certification NF Ameublement, cette certification étant plus exigeante que les normes européennes. Elle garantit aux consommateurs outre la sécurité, la durabilité et la qualité de fabrication du meuble, que celui-ci est sans risque pour leur santé et respectueux de l'environnement. [...] D'autre part, les certifications FSC (Forest Stewardship Council) ou PEFC (Programme for the Endorsement of Forest Certification) garantissent que le bois, aujourd'hui une matière première renouvelable à protéger, est issu d'une forêt gérée durablement, selon des méthodes écologiquement responsables, contribuant à lutter contre la déforestation et la destruction des forêts primaires.

D'après www.cotemaison.fr et www.meuble-qualite-certifie.fr

DOCUMENT 4 La cuisine : une pièce du quotidien bientôt connectée

Point intéressant : les jeunes sont beaucoup plus sensibles aux éléments connectés dans une cuisine, notamment à une installation audio pour écouter de la musique (62 %), mais également à un frigo connecté qui prévient lorsqu'il faut racheter un produit ou informe sur la fraîcheur des aliments (50 %), ou encore à un plan de travail intelligent qui leur donne des recettes de cuisine et des conseils pour cuisiner leurs aliments (48 %).

www.officieldelafranchise.fr

2. L'analyse PESTEL sous forme de tableau

<table>
<tr><th></th><th>Montrer en quoi les composantes du macro-environnement sont des opportunités pour l'entreprise.</th><th>Montrer en quoi les composantes du macro-environnement sont des menaces pour l'entreprise</th></tr>
<tr><td>Politique</td><td></td><td></td></tr>
<tr><td>Économique</td><td>Alors que le marché du meuble voit son activité reculer de 2,7 % en 2018, le segment cuisine enregistre une augmentation de ses ventes de 1,1 %. Cette progression est principalement due aux spécialistes cuisine comme « Cuisine Plus », qui est cliente de la SMP.</td><td>La concurrence est principalement allemande car les cuisinistes et les grandes surfaces comme But (cliente de la SMP) cherchent à réaliser de grandes marges, or les concurrents allemands sont des firmes industrielles de grande taille pouvant proposer une plus grande diversité de produits à des prix compétitifs.</td></tr>
<tr><td>Socioculturel</td><td>Pour plus de 52 % des Français, la cuisine est l'une des pièces principales de la maison dans laquelle on aime recevoir ses amis et sa famille. Pour 86 % des personnes interrogées, elle doit être un lieu convivial. La cuisine c'est : une pièce fermée, avec un espace dédié aux repas et, pour 62 %, connectée. Les Français cherchent avant tout une cuisine « unique », personnalisable.
Depuis 2016, la SMP propose un large choix de meubles de cuisine personnalisables.</td><td></td></tr>
<tr><td>Technologique</td><td colspan="2">On constate un attrait des ménages, et en particulier des ménages jeunes, pour l'introduction dans la cuisine d'éléments connectés (réfrigérateur, table de cuisson, four, plan de travail...).
Ce facteur n'est ni réellement une opportunité ni réellement une menace pour la SMP, puisque son métier est de fabriquer des meubles de cuisine. Néanmoins, l'entreprise doit en tenir compte lors de la conception des meubles.</td></tr>
<tr><td>Environnemental</td><td>Fabrication « verte » des meubles de cuisine : respect de l'environnement, matière première issue de forêts gérées durablement. La SMP s'approvisionne auprès de fournisseurs en bois provenant de forêts gérées durablement et possède les certifications ISO 9001 et ISO 14001.</td><td></td></tr>
<tr><td>Légal</td><td>La fabrication doit être respectueuse de normes : certification NF Ameublement et NF Environnement. La SMP possède ces deux certifications.</td><td></td></tr>
</table>

L'objectif de l'exercice méthodologique proposé ici n'est pas de fournir un « modèle » pour aborder l'épreuve dans sa totalité ; il vise à vous accompagner dans les différentes étapes de la démarche à adopter pour traiter les consignes d'une mission d'un sujet de CEJM.
Un sujet de CEJM comportera deux à trois missions, chacune d'elles devant couvrir deux ou trois champs disciplinaires. Ces missions pourront être abordées de manière indépendante.

UN EXEMPLE DE CAS

La pêche responsable

1 Découvrir un exemple contextualisé de mission : contexte, consignes et fonds documentaire

DÉVELOPPER LES APPROVISIONNEMENTS EN SARDINE SELON LE PROCÉDÉ DE LA PÊCHE À LA BOLINCHE

1. Décrire les relations économiques qui s'établissent entre l'entreprise BREQUYA et les agents économiques de son environnement.

ou **1 bis** Classer les parties prenantes avec lesquelles l'entreprise BREQUYA est en relation. **Contexte** et **document 5**

2. Expliquer en quoi l'évolution de la demande sur le marché des produits aquatiques, depuis 2010, peut justifier l'évolution du prix moyen de ces produits sur la période 2010-2015. **Documents 1 à 3**
3. Analyser les effets juridiques que produira le contrat conclu entre l'entreprise BREQUYA et la société Captain pêche. **Document 4**

Contexte

L'entreprise BREQUYA est une conserverie de produits de la mer, créée en 1889 par M. Keman.

Ses produits sont labellisés Artysanal® depuis 2016. Outre des critères environnementaux, ce label intègre des aspects sociaux et économiques tels que préconisés par le Code de Conduite pour une Pêche Responsable des Nations Unies (FAO). Il offre donc des garanties aux consommateurs de conserves de poissons, de plus en plus conscients des impératifs du développement durable et des enjeux de la pêche responsable.

Depuis le début de la décennie 2000, l'entreprise a développé avec succès une large gamme de produits dérivés de la sardine. Du fait de l'augmentation de son activité de transformation des sardines, elle a dû trouver de nouveaux bateaux de pêche à la bolinche.

La pêche à la bolinche est une pêche côtière, conçue pour la capture des poissons tels que le maquereau ou la sardine. Elle est considérée comme durable car ce filet, très rarement en contact avec le fond, n'impacte pas les habitats marins. La bolinche permet aussi de cibler très précisément les bancs de sardines, au mode de vie grégaire et se mélangeant peu avec d'autres espèces, de sorte qu'elle permet d'éviter les prises accessoires (d'autres espèces). Par ailleurs, les pêcheurs pratiquant cette technique rentrent au port après chaque pêche.

Aujourd'hui, l'entreprise BREQUYA, afin de pouvoir répondre rapidement à une demande en hausse sur le marché de ses produits, doit pouvoir augmenter rapidement sa capacité de production. C'est pourquoi elle a conclu un contrat avec un propriétaire de bateau de pêche à la bolinche afin de louer son bateau.

DOCUMENT 1 Les filières pêche et aquaculture

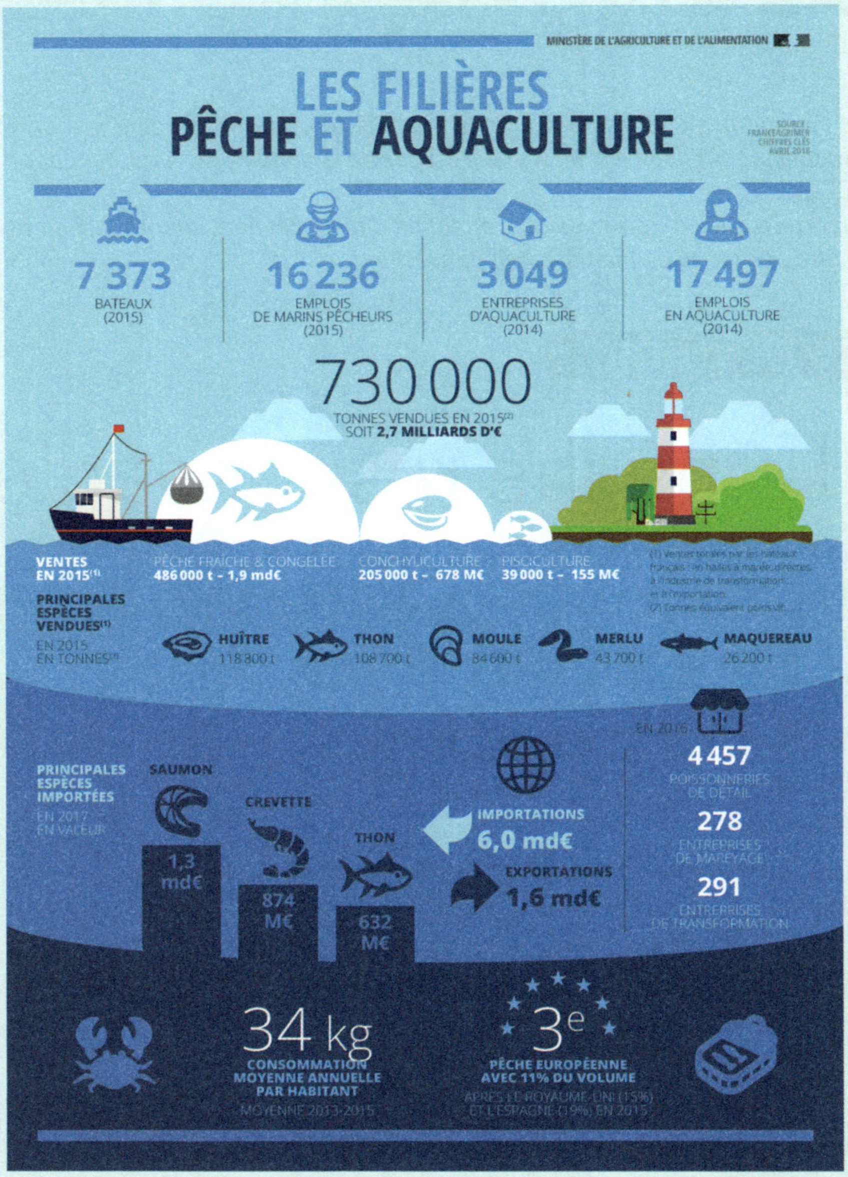

www.agriculture.gouv.fr

DOCUMENT 2 La consommation par habitant de produits aquatiques

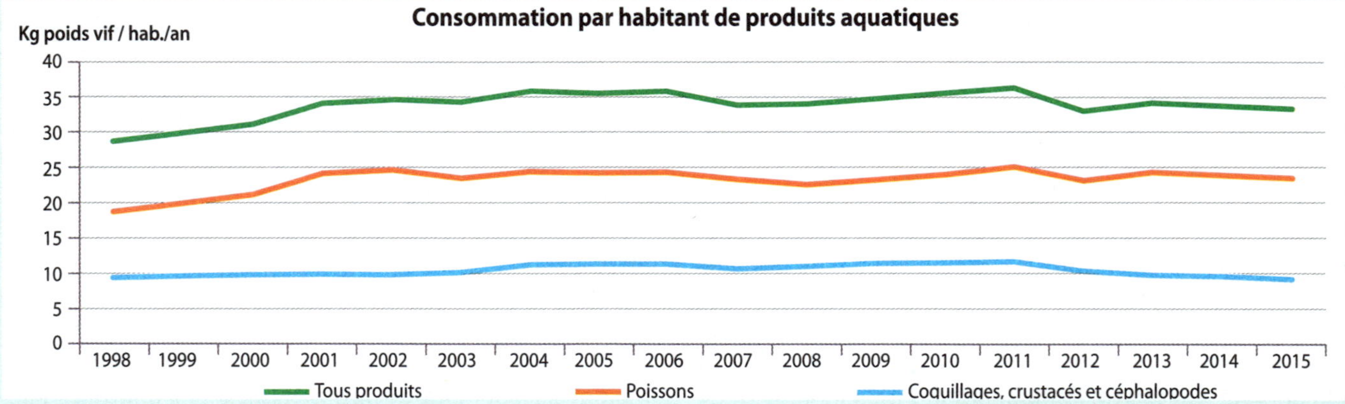

www.franceagrimer.fr

DOCUMENT 3 Les achats de produits aquatiques par les ménages entre 2010 et 2016

TOUS PRODUITS	2011	2012	2013	2014	2015	2016	%16/15
Valeurs (k€)	6 963 961	7 099 140	7 090 354	7 085 568	7 135 737	7 262 070	1,8 %
Prix moyen (€/kg)	10,0	10,2	10,5	10,7	10,8	11,2	3,7 %

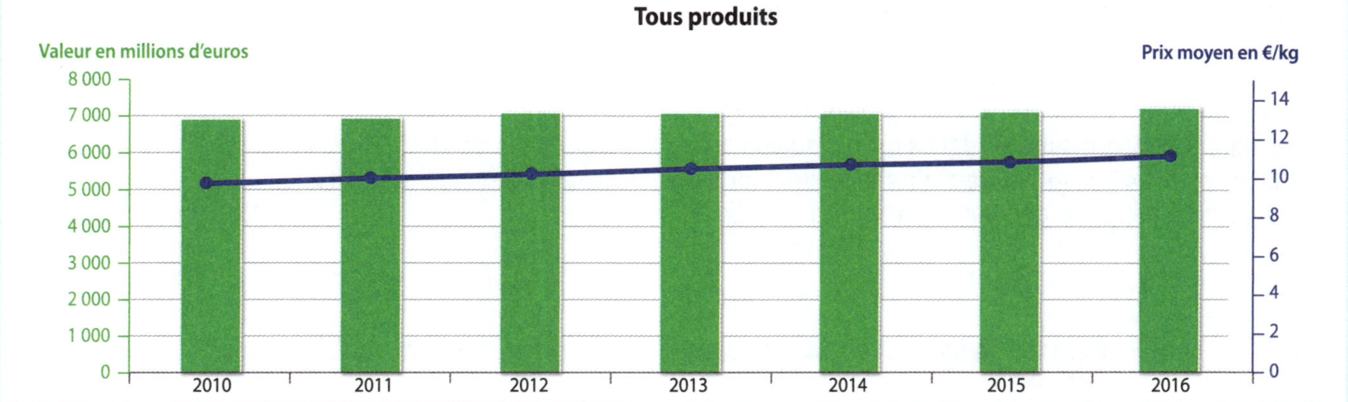

www.franceagrimer.fr

DOCUMENT 4 Contrat de location d'un bateau de pêche

Entre la société Captain Pêche, représentée par le gérant Jacques Lequellec, ci-après désigné « le loueur »,
Et l'entreprise BREQUYA, représentée par M. Keman, ci-après désigné « le locataire »,
Il est convenu la location du bateau « NANA », de type QUICKSILVER 230 ARVOR AS,
Du 4 mai 2020 à 6 heures jusqu'au 11 mai 2020 à 19 heures,
Pour un prix de 750 euros par jour payable selon les conditions de l'article 3 du présent contrat.

Article 1 : Le locataire affirme qu'il possède les permis exigés par les affaires maritimes. À défaut, le loueur se réserve le droit à tout moment de refuser la mise à disposition du bateau.
Article 2 : L'acompte, soit 30 % du prix de la location, est payable à la signature du contrat. Le locataire s'engage à effectuer un deuxième versement de 30 %, deux mois avant l'embarquement. Le solde est payable au plus tard 10 jours avant la prise de jouissance.
En cas d'annulation du contrat de la part du locataire :
– Plus de deux mois avant le départ, le loueur conservera 100 euros à titre de dédommagement.
– Moins de deux mois et plus de dix jours avant le départ, il sera retenu 50 % du montant de la location.
– Moins de dix jours avant le départ, il sera retenu 80 % du montant de la location.

En tout état de cause, si le loueur parvient à louer le bateau pendant la période prévue, la totalité des acomptes sera restituée, déduction faite d'une somme de 100 euros à titre de dédommagement.
Article 3 : Une caution de 2 000 euros est déposée à l'embarquement. Elle constitue une garantie destinée à couvrir la franchise d'assurance, les dégradations anormales du matériel, le délaissement du bateau dans un autre port. Elle sera restituée au plus tard dans la semaine suivant le retour de la croisière, si le bateau et le matériel n'ont subi aucun dommage.
Article 4 : Le propriétaire a souscrit une police d'assurance couvrant les risques de navigation, sous réserve d'une franchise dont le montant est de 2 000 euros, et les dégâts que pourrait commettre le locataire sur le corps du navire. Le loueur conseille au locataire de souscrire une assurance responsabilité civile pour lui et ses équipiers, ainsi que pour les objets personnels.
Article 5 : La libre disposition du bateau sera accordée au locataire lorsqu'il aura reconnu par écrit que le bateau est en bon état de fonctionnement, qu'il aura pointé et signé l'inventaire. Il devra déposer chez le loueur une photocopie de ses papiers d'identité, de son permis de navigation, et la liste des membres d'équipage. Le locataire dispose de

24 heures pour procéder aux essais et contrôles approfondis et faire part au loueur de ses réclamations éventuelles. Passé ce délai, il sera réputé entièrement d'accord sur la conformité du bateau en sa possession et sera responsable de toutes les dégradations.

Article 6 : Tous les combustibles sont à la charge du locataire (essence, fuel, gaz). Le locataire prend garde aux contrôles habituels du moteur (niveau d'huile, eau de refroidissement. eau des batteries.).

Article 7 : Le locataire est tenu de rentrer au port d'embarquement dans les délais prévus au contrat. Dès son retour, le locataire est tenu de signaler sa présence afin de procéder à l'inventaire et à l'inspection du bateau, celui-ci étant au préalable vidé de tous ses occupants bagages, remis en bon état de fonctionnement, en parfait ordre et propreté (intérieur et extérieur), les pleins de gasoil et eau faits, une bouteille de gaz neuve installée. À défaut, les frais de nettoyage et de réparations seront à la charge du locataire et seront déduits de la caution. Chaque heure de retard donnera droit au loueur à une indemnité de 50 euros par heure pour les six premières heures et de 200 euros par jour au-delà de 6 heures.

Article 8 : La sous-location et le prêt du bateau sont rigoureusement interdits.

© Delagrave, 2021.

DOCUMENT 5 **Interview de M. Keman par Mayrielle Elson, journaliste responsable de la rubrique « activités maritimes » d'un site d'information en ligne**

M. Elson : L'entreprise que vous dirigez est restée une entreprise artisanale en dépit du développement de son activité. Est-ce un choix délibéré de votre part ?

M. Keman : Oui. Notre entreprise est une entreprise familiale, qui a été créée en 1889 et qui mise aujourd'hui sur la qualité des produits qu'elle propose aux consommateurs.

E : Comment garantissez-vous cette qualité alors que vous ne maîtrisez pas toutes les étapes de la production ?

K : En effet, nous avons recours à la sous-traitance pour l'activité de pêche de certaines espèces de poissons qui entrent dans la composition de nos produits. Mais ces sous-traitants sont tous des pêcheurs professionnels locaux et la traçabilité de leurs procédés est irréprochable. Ils pratiquent la pêche à la bolinche, la plus respectueuse des écosystèmes marins.

E : Vous affichez votre engagement en faveur du développement durable. Comment choisissez-vous les contenants de vos préparations ?

K : Nos contenants sont à 80 % des boîtes métalliques. Pour les achats des boîtes de conserve, nous traitons avec deux fournisseurs principaux, l'un et l'autre implantés sur le territoire national, respectivement en région Centre et dans le Bordelais. Quant à la logistique aval, elle est assurée par une entreprise située à Vannes, soit à moins de 100 km de notre fabrique. L'impact environnemental du transport est donc limité. Par ailleurs, l'aluminium et l'acier se recyclent à 100 %. Enfin, nos relations avec une association impliquée dans la préservation de la biodiversité marine nous permettent de participer en permanence à la réflexion menée collectivement pour promouvoir un développement harmonieux des activités économiques maritimes.

E : Et votre clientèle ? Est-elle essentiellement locale ?

K : Nous pratiquons un peu de vente directe en « magasin d'usine » à destination d'une clientèle de touristes français ou étrangers, amateurs de produits régionaux, de fabrication artisanale. Mais notre réseau de distribution comprend également des épiceries fines de centre-ville, des entreprises de la grande distribution, un peu partout sur le territoire national. Nous exportons également, essentiellement vers l'Asie.

E : Que diriez-vous de la concurrence ?

K : Nos concurrents les plus redoutables se situent en Bretagne et au Portugal. Ce sont toutes les petites conserveries artisanales de produits de la mer qui ont su conserver un savoir-faire ancestral tout en se modernisant. Bien sûr, les géants du métier, largement référencés dans la grande distribution, nous font aussi de l'ombre…

E : Pour conclure, quels sont vos projets à brève échéance ?

K : Nous étudions la possibilité d'agrandir nos locaux pour équiper la conserverie de deux nouveaux stérilisateurs. Ces machines sont essentielles pour nous car elles permettent le traitement thermique, sous pression, à une température supérieure à 100 °C, des boîtes hermétiquement closes. La performance des machines et les contrôles qualité intégrés tout au long du processus constituent actuellement une source indéniable de compétitivité. Pour la réalisation de cet investissement de 100 000 €, nous devrions bénéficier d'une aide de l'État à hauteur de 25 000 € et envisageons de recourir à un emprunt bancaire, pour la part restante.

© Delagrave, 2021.

2 Suivre une démarche méthodologique pour mettre en œuvre les compétences nécessaires au traitement d'un sujet de CEJM

Identifier les principales compétences à mobiliser pour réussir l'épreuve de CEJM

- Analyser efficacement des consignes et identifier le champ disciplinaire dont chacune relève.
- Repérer, dans le contexte et le corpus documentaire, les informations utiles pour traiter les consignes.
- Mobiliser les notions/savoirs et raisonnements (résultant des apprentissages construits tout au long de la formation) indispensables pour traiter chaque consigne selon une approche par les compétences.
- Mettre en œuvre les compétences acquises, qu'elles soient propres à chaque champ disciplinaire (types d'exercices spécifiques à chaque champ) ou transversales (structuration), pour construire une argumentation propre à chaque consigne.

Analyser les consignes 1 à 3 de la mission (travail à effectuer au brouillon)

Le tableau ci-dessous, correspondant à une mission à trois consignes, peut servir de trame pour cette partie du travail. Cet outil doit vous permettre de décomposer votre réponse conformément aux attendus induits par la formulation de la consigne (verbe directeur, mots-clés) afin de fournir une réponse la plus complète possible.

N° de consigne	Analyse des attendus de la consigne	Champ disciplinaire	Niveaux de compétence			
			Repérer	Analyser	Argumenter	Proposer
1	Consigne 1	Champ Thème Question Compétence Savoir associé				
	Tiret					
	Tiret					
	Tiret					
	Tiret					
2	Consigne 1	Champ Thème Question Compétence Savoir associé				
	Tiret					
	Tiret					
	Tiret					
	Tiret					
3	Consigne 1	Champ Thème Question Compétence Savoir associé				
	Tiret					
	Tiret					
	Tiret					
	Tiret					

Dans le cas présent, le tableau rempli (au brouillon) pourrait se présenter ainsi :

N° de consigne	Analyse des attendus de la consigne	Champ disciplinaire	Niveaux de compétence – Repérer	Analyser	Argumenter	Proposer
1	Décrire les relations économiques qui s'établissent entre BREQUYA et les agents économiques de son environnement.	- Économie - Thème 1 L'INTÉGRATION DE L'ENTREPRISE DANS SON ENVIRONNEMENT - Comment s'établissent les relations de l'entreprise avec son environnement économique ? - Identifier les principaux agents économiques en relation avec l'entreprise et leurs rôles - Les agents économiques et leurs rôles/Les échanges entre les agents économiques				
	Présenter les catégories d'agents économiques de l'environnement de l'entreprise BREQUYA		x	x		
	Décrire les relations de chaque catégorie avec BREQUYA			x	x	
1 bis	Classer les parties prenantes avec lesquelles l'entreprise BREQUYA est en relation.	- Management - Thème 1 L'INTÉGRATION DE L'ENTREPRISE DANS SON ENVIRONNEMENT - De quelle manière l'entreprise s'inscrit-elle dans son environnement ? - Caractériser les différentes parties prenantes de l'entreprise - Les parties prenantes				
	S'appuyer sur la classification des PP (primaires/secondaires et internes/externes) pour présenter celles de l'entreprise BREQUYA		x	x	x	
2	Expliquer en quoi l'évolution de la demande sur le marché des produits aquatiques, depuis 2010, peut justifier l'évolution du prix moyen de ces produits sur la période 2010-2015.	- Économie - Thème 1 L'INTÉGRATION DE L'ENTREPRISE DANS SON ENVIRONNEMENT - Comment s'établissent les relations de l'entreprise avec son environnement économique ? - Présenter le fonctionnement des marchés sur lesquels intervient l'entreprise - Les échanges entre les agents économiques/Le rôle du marché et son fonctionnement				
	Analyser l'évolution de la demande sur la période 2010-2016		x	x		
	Justifier l'évolution du prix moyen sur la période 2010-2016, à partir de la loi de l'offre et de la demande		x		x	
3	Analyser les effets juridiques que produira le contrat conclu entre l'entreprise BREQUYA et la société Captain pêche.	- Droit - Thème 1 L'INTÉGRATION DE L'ENTREPRISE DANS SON ENVIRONNEMENT - Comment les contrats sécurisent-ils les relations entre l'entreprise et ses partenaires ? - Analyser et évaluer les conditions de validité, les clauses et les effets juridiques d'un contrat - Les principes contractuels et leur évolution ?				
	Poser le principe de la force obligatoire du contrat		x	x	x	
	Caractériser le contrat (synallagmatique)		x	x		
	Présenter les obligations réciproques des parties (BREQUYA et Captain pêche)		x			

Notion relevant du champ de l'économie (→ les agents économiques)

Notion relevant du champ du management (→ parties prenantes)

Notion relevant du champ de l'économie (→ demande, le marché, prix)

Notion relevant du champ du droit (→ effets juridiques, contrat)

3 Construire des réponses adaptées en argumentant conformément aux attendus des consignes

► Réponse à la consigne 1

1 - La consigne

1 [Économie] Décrire les relations économiques qui s'établissent entre l'entreprise BREQUYA et les agents économiques de son environnement.
ou **1 bis** [Management] Classer les parties prenantes avec lesquelles l'entreprise BREQUYA est en relation.
Contexte et **document 5**

2 - L'analyse des documents nécessaires au traitement de la consigne

Contexte

L'entreprise BREQUYA est une conserverie de produits de la mer, créée en 1889 par M. Keman.
Ses produits sont labellisés Artysanal® depuis 2016. Outre des critères environnementaux, ce label intègre également des aspects sociaux et économiques tels que préconisés par le Code de Conduite pour une Pêche Responsable des Nations Unies (FAO). Il offre donc des garanties aux consommateurs de conserves de poissons, de plus en plus conscients des impératifs du développement durable et des enjeux de la pêche responsable.
Depuis le début de la décennie 2000, l'entreprise a développé avec succès une large gamme de produits dérivés de la sardine. Du fait de l'augmentation de son activité de transformation des sardines, elle a dû trouver de nouveaux bateaux de pêche à la bolinche.
La pêche à la bolinche est une pêche côtière, conçue pour la capture des poissons tels que le maquereau ou la sardine. Elle est considérée comme durable car ce filet, très rarement en contact avec le fond, n'impacte pas les habitats marins. La bolinche permet aussi de cibler très précisément les bancs de sardines, au mode de vie grégaire et se mélangeant peu avec d'autres espèces, de sorte qu'elle permet d'éviter les prises accessoires (d'autres espèces). Par ailleurs, les pêcheurs pratiquant cette technique rentrent au port après chaque pêche.
Aujourd'hui, l'entreprise BREQUYA, pour répondre à une demande en hausse sur le marché de ses produits, a conclu un contrat avec un propriétaire de bateau de pêche à la bolinche afin de louer son bateau.

DOCUMENT 5 Interview de M. Keman par Mayrielle Elson, journaliste responsable de la rubrique « activités maritimes » d'un site d'information en ligne

M. Elson : L'entreprise que vous dirigez est restée une entreprise artisanale en dépit du développement de son activité. Est-ce un choix délibéré de votre part ?
M. Keman : Oui. Notre entreprise est une entreprise familiale, qui a été créée en 1889 et qui mise aujourd'hui sur la qualité des produits qu'elle propose aux consommateurs.
E : Comment garantissez-vous cette qualité alors que vous ne maîtrisez pas toutes les étapes de la production ?
K : En effet, nous avons recours à la sous-traitance pour l'activité de pêche de certaines espèces de poissons qui entrent dans la composition de nos produits. Mais ces sous-traitants sont tous des pêcheurs professionnels locaux et la traçabilité de leurs procédés est irréprochable. Ils pratiquent la pêche à la bolinche, la plus respectueuse des écosystèmes marins.
E : Vous affichez votre engagement en faveur du développement durable. Comment choisissez-vous les contenants de vos préparations ?
K : Nos contenants sont à 80 % des boîtes métalliques. Pour les achats des boîtes de conserve, nous traitons avec deux fournisseurs principaux, l'un et l'autre implantés sur le territoire national, respectivement en région Centre et dans le Bordelais. Quant à la logistique aval, elle est assurée par une entreprise située à Vannes, soit à moins de 100 km de notre fabrique. L'impact environnemental du transport est donc limité. Par ailleurs, l'aluminium et l'acier se recyclent à 100 %. Enfin, nos relations avec une association impliquée dans la préservation de la biodiversité marine nous permettent de participer en permanence à la réflexion menée collectivement pour promouvoir un développement

harmonieux des activités économiques maritimes.

E : Et votre clientèle ? Est-elle essentiellement locale ?

K : Nous pratiquons un peu de vente directe en « magasin d'usine » à destination d'une clientèle de touristes français ou étrangers, amateurs de produits régionaux, de fabrication artisanale. Mais notre réseau de distribution comprend également des épiceries fines de centre-ville, des entreprises de la grande distribution, un peu partout sur le territoire national. Nous exportons également, essentiellement vers l'Asie.

E : Que diriez-vous de la concurrence ?

K : Nos concurrents les plus redoutables se situent en Bretagne et au Portugal. Ce sont toutes les petites conserveries artisanales de produits de la mer qui ont su conserver un savoir-faire ancestral tout en se modernisant. Bien sûr, les géants du métier, largement référencés dans la grande distribution, nous font aussi de l'ombre…

E : Pour conclure, quels sont vos projets à brève échéance ?

K : Nous étudions la possibilité d'agrandir nos locaux pour équiper la conserverie de deux nouveaux stérilisateurs. Ces machines sont essentielles pour nous car elles permettent le traitement thermique, sous pression, à une température supérieure à 100 °C, des boîtes hermétiquement closes. La performance des machines et les contrôles qualité intégrés tout au long du processus constituent actuellement une source indéniable de compétitivité. Pour la réalisation de cet investissement de 100 000 €, nous devrions bénéficier d'une aide de l'État à hauteur de 25 000 € et envisageons de recourir à un emprunt bancaire, pour la part restante.

3 - La construction de la réponse à la consigne

Consigne 1. [Économie]

Présenter les catégories d'agents économiques de l'environnement de l'entreprise BREQUYA	BREQUYA est en relation avec des consommateurs (ménages), d'autres entreprises françaises et étrangères, des banques et l'administration (État).
Décrire les relations de BREQUYA avec chaque catégorie d'agents économiques	Ménages ➜ clients (achats/ventes) et salariés (prestation de travail/rémunération) Entreprises partenaires ➜ fournisseurs et clients (relations marchandes, achats/ventes de biens et services) Autres conserveries de produits de la mer ➜ relations de concurrence Banques ➜ services bancaires, dont les crédits/paiements d'intérêts ou de frais financiers État ➜ services publics, subventions, impôts et taxes Reste du monde ➜ exportations/règlements obtenus des clients étrangers

Consigne 1 bis. [Management]

S'appuyer sur la classification des PP (primaires/secondaires et internes/externes) pour présenter celles de l'entreprise BREQUYA	Les parties prenantes de BREQUYA sont tous les individus ou groupes concernés, directement ou indirectement, par la réalisation des objectifs de l'entreprise. Deux classifications a priori possibles : primaires/secondaires et internes/externes (présenter son choix avant de proposer la réponse). **Première distinction (plus pertinente)** **PP primaires :** la société « Captain Pêche » propriétaire du bateau de pêche, les sous-traitants « pêcheurs », les fournisseurs de boîtes métalliques, la société de transport, la banque, les clients, les salariés de l'entreprise BREQUYA, le dirigeant actuel de l'entreprise. **PP secondaires :** les pouvoirs publics (État), l'organisme labélisateur Artysanal®, l'association impliquée dans la biodiversité marine, les concurrents. **Seconde distinction (possible malgré tout)** **PP internes :** les salariés de l'entreprise BREQUYA, le dirigeant actuel de l'entreprise. **PP externes :** la société « Captain Pêche » propriétaire du bateau de pêche, les sous-traitants « pêcheurs », les fournisseurs de boîtes métalliques, la société de transport, la banque, les clients, les pouvoirs publics (État), l'organisme labélisateur Artysanal®, l'association impliquée dans la biodiversité marine, les concurrents.

▶ Réponse à la consigne 2

1 - La consigne

2 Expliquer en quoi l'évolution de la demande sur le marché des produits aquatiques, depuis 2010, peut justifier l'évolution du prix moyen de ces produits sur la période 2010-2015. **Documents 1 à 3**

2 - L'analyse des documents nécessaires au traitement de la consigne

DOCUMENT 1 **Les filières pêche et aquaculture**

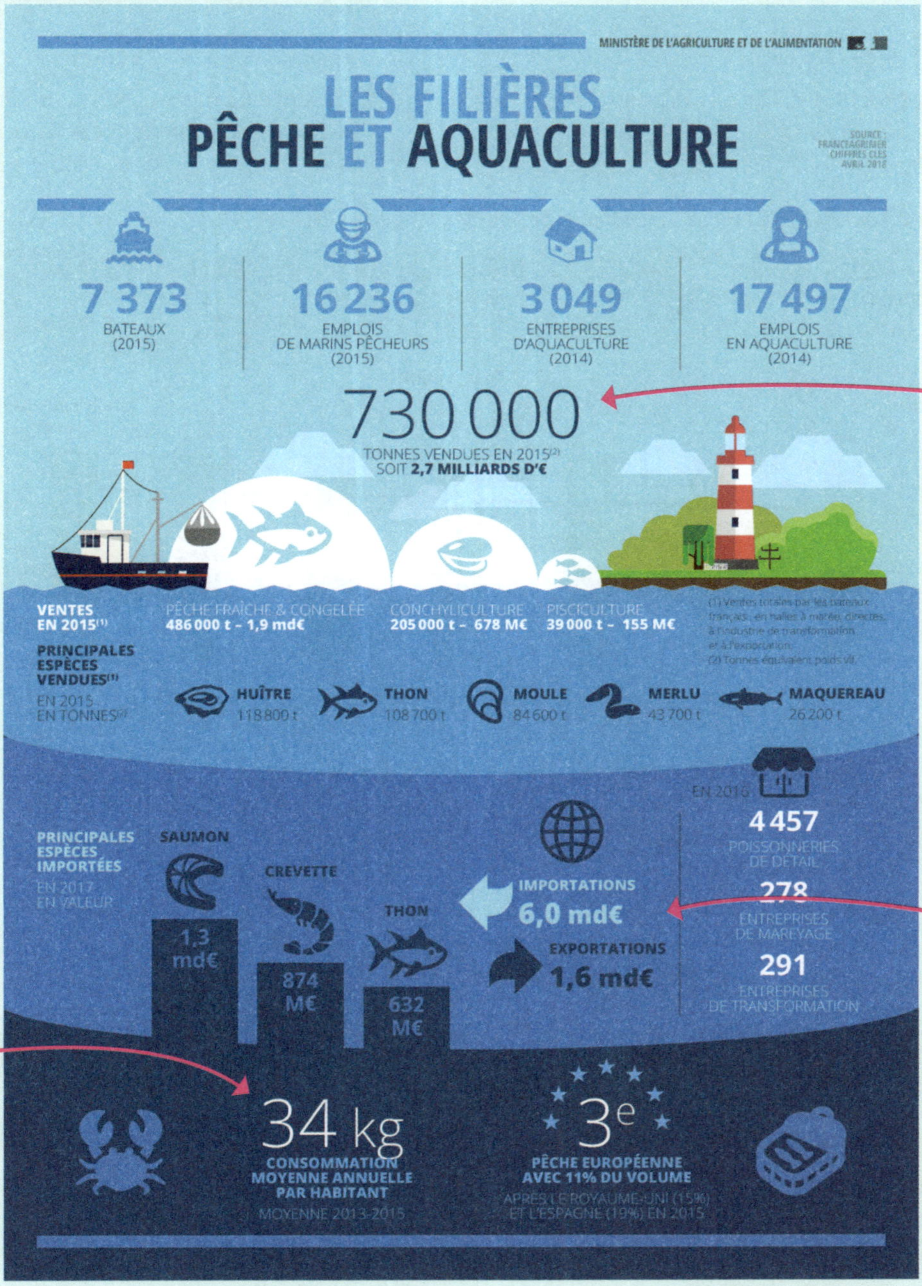

www.agriculture.gouv.fr

La production des filières françaises *Pêche* et *Aquaculture* vendue en 2015, en volume et en valeur

Le montant des exportations françaises de produits de la pêche et de l'aquaculture, en valeur, en 2017

La consommation annuelle moyenne française de produits de la pêche et de l'aquaculture par habitant en 2013-2015

Unité = kg de poisson vif par habitant et par an

Seule courbe à prendre en compte dans l'analyse, et seulement sur la période 2010-2015

DOCUMENT 2 La consommation par habitant de produits aquatiques

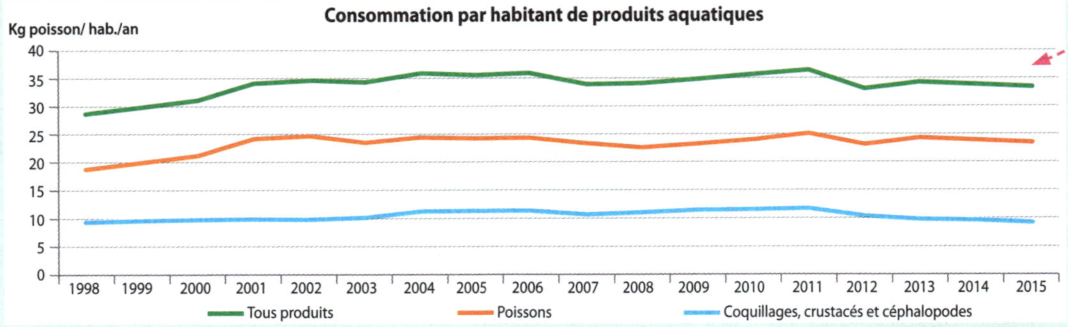

Source : www.franceagrimer.fr

❷ Attention aux différentes unités. Dans le tableau, valeurs en K€, et dans le graphique, valeurs en millions d'euros. Nécessité d'une conversion (cf. tableau d'analyse du graphique 4).

❶ Présence de deux échelles et correspondance entre :
→ *les histogrammes et l'échelle de gauche*
→ *la courbe des prix et l'échelle de droite*

DOCUMENT 3 Les achats de produits aquatiques par les ménages entre 2010 et 2016

TOUS PRODUITS	2011	2012	2013	2014	2015	2016	%16/15
Valeurs (k€)	6 963 961	7 099 140	7 090 354	7 085 568	7 135 737	7 262 070	1,8 %
Prix moyen (€/kg)	10,0	10,2	10,5	10,7	10,8	11,2	3,7 %

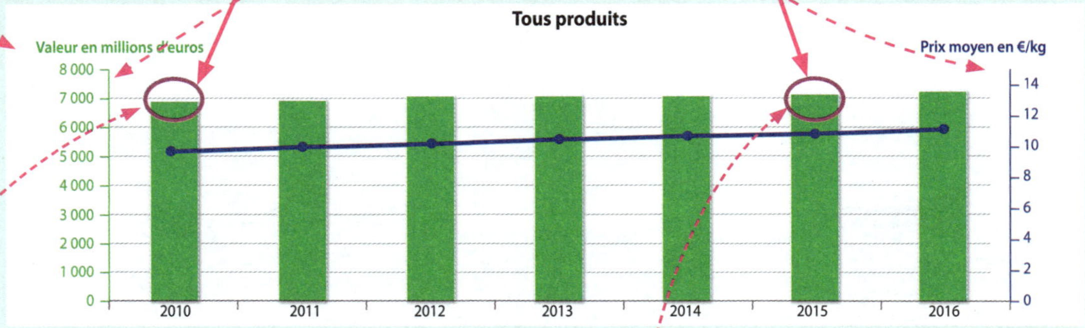

www.franceagrimer.fr

❸ La valeur correspondant au sommet de l'histogramme 2010. Montant exact non fourni dans le tableau (inférieur à celui de 2011 : 6, 963 milliards).

❹ Correspondance entre la valeur du sommet de l'histogramme 2015 et la valeur fournie dans le tableau pour la même année.

3 - La construction de la réponse à la consigne

Analyser l'évolution de la demande sur la période 2010-2015	Attention, il y a une différence fondamentale entre les deux graphiques : Doc. 2 ➜ Consommation par habitant Doc. 3 ➜ Consommation globale au niveau national Dans le document 2, on observe : - relative stabilité de la consommation moyenne d'un habitant sur la période 2010-2015, - légère baisse entre 2011 et 2012. Dans le document 3, on observe : - évolution de la demande en valeur ➜ tendance à l'augmentation entre 2010 et 2015, - évolution du prix moyen de 10 € le kg en 2010 à 10,80 € en 2015 ➜ augmentation du prix moyen.

Proposer une explication de l'évolution du prix moyen sur la période 2010-2015, à partir de la loi de l'offre et de la demande	1. Prendre appui sur la loi de l'offre et de la demande qui prévoit que le prix est le résultat d'une comparaison entre le niveau de l'offre et celui de la demande. Lorsque la demande est supérieure à l'offre, le prix a tendance à augmenter. 2. Appliquer à la situation étudiée. La demande augmente sur la période, le prix moyen également. ➜ Explication proposée : l'offre a augmenté moins vite que la demande sur la période.

▶ Réponse à la consigne 3

1 - La consigne

3 Analyser les effets juridiques que produira le contrat conclu entre l'entreprise BREQUYA et la société Captain pêche. **Document 4**

2 - L'analyse des documents nécessaires au traitement de la consigne

- Vous pouvez vous constituer une grille d'analyse en incorporant les points suivants :

nom du contrat – objet - identification des parties en présence – obligations de chaque partie – date d'effet – durée – sanctions en cas de mauvaise exécution ou d'inexécution.

- Vous pouvez ensuite rechercher les différents caractères du contrat :

– consensuel ou solennel ou réel ;
– de gré à gré ou d'adhésion ;
– unilatéral ou synallagmatique ;
– à titre gratuit ou à titre onéreux ;
– à exécution instantanée ou à exécution successive…

DOCUMENT 4 Contrat de location d'un bateau de pêche

Entre la société Captain Pêche, représentée par le gérant Jacques Lequellec, ci-après désigné « le loueur »,
Et l'entreprise BREQUYA, représentée par M. Keman, ci-après désigné « le locataire »,
Il est convenu la location du bateau « NANA », de type QUICKSILVER 230 ARVOR AS,
Du 4 mai 2020 à 6 heures jusqu'au 11 mai 2020 à 19 heures,
Pour un prix de 750 euros par jour payable selon les conditions de l'article 3 du présent contrat.

Article 1 : Le locataire affirme qu'il possède les permis exigés par les affaires maritimes. À défaut, le loueur se réserve le droit à tout moment de refuser la mise à disposition du bateau.

Article 2 : L'acompte, soit 30 % du prix de la location, est payable à la signature du contrat. Le locataire s'engage à effectuer un deuxième versement de 30 %, deux mois avant l'embarquement. Le solde est payable au plus tard 10 jours avant la prise de jouissance.
En cas d'annulation du contrat de la part du locataire :
- Plus de deux mois avant le départ, le loueur conservera 100 euros à titre de dédommagement.
- Moins de deux mois et plus de dix jours avant le départ, il sera retenu 50 % du montant de la location.
- Moins de dix jours avant le départ, il sera retenu 80 % du montant de la location.

En tout état de cause, si le loueur parvient à louer le bateau pendant la période prévue, la totalité des acomptes sera restituée, déduction faite d'une somme de 100 euros à titre de dédommagement.

Article 3 : Une caution de 2 000 euros est déposée à l'embarquement. Elle constitue une garantie destinée à couvrir la franchise d'assurance, les dégradations anormales du matériel, le délaissement du bateau dans un autre port. Elle sera restituée au plus tard dans la semaine suivant le retour de la croisière, si le bateau et le matériel n'ont subi aucun dommage.

Article 4 : Le propriétaire a souscrit une police d'assurance couvrant les risques de navigation, sous réserve d'une franchise dont le montant est de 2 000 euros, et les dégâts que pourrait commettre le locataire sur le corps du navire. Le loueur conseille au locataire de souscrire une assurance responsabilité civile pour lui et ses équipiers, ainsi que pour les objets personnels.

Article 5 : La libre disposition du bateau sera accordée au locataire lorsqu'il aura reconnu par écrit que le bateau est en bon état de fonctionnement, qu'il aura pointé et signé l'inventaire. Il devra déposer chez le loueur une photocopie de ses papiers d'identité, de son permis de navigation, et la liste des membres d'équipage. Le locataire dispose de 24 heures pour procéder aux essais et contrôles approfondis et faire part au loueur de ses réclamations éventuelles. Passé ce délai, il sera réputé entièrement d'accord sur la conformité du bateau en sa possession et sera responsable de toutes les dégradations.

Article 6 : Tous les combustibles sont à la charge du locataire (essence, fuel, gaz). Le locataire prend garde aux contrôles habituels du moteur (niveau d'huile, eau de refroidissement. eau des batteries.).

Article 7 : Le locataire est tenu de rentrer au port d'embarquement dans les délais prévus au contrat. Dès son retour, le locataire est tenu de signaler sa présence afin de procéder à l'inventaire et à l'inspection du bateau, celui-ci étant au préalable vidé de tous ses occupants bagages, remis en bon état de fonctionnement, en parfait ordre et propreté (intérieur et extérieur), les pleins de gasoil et eau faits, une bouteille de gaz neuve installée. À défaut, les frais de nettoyage et de réparations seront à la charge du locataire et seront déduits de la caution. Chaque heure de retard donnera droit au loueur à une indemnité de 50 euros par heure pour les six premières heures et de 200 euros par jour au-delà de 6 heures.

Article 8 : La sous-location et le prêt du bateau sont rigoureusement interdits.

3 - La construction de la réponse à la consigne

Les quatre premiers éléments vont vous permettre de poser le contexte, les trois derniers d'analyser les effets juridiques que produira le contrat conclu.

Identification du contrat	Contrat de location
Objet du contrat	Bateau de pêche
Parties au contrat et leur qualité	Société Captain Pêche, représentée par le gérant Jacques Lequellec, le loueur. L'entreprise BREQUYA, représentée par M. Keman, le locataire.
Date d'effet du contrat	4 mai 2020
Durée du contrat	Du 4 mai 2020 à 6 heures jusqu'au 11 mai 2020 à 19 heures (8 jours)
Caractères du contrat	Contrat consensuel (le contrat est formé dès l'accord des parties), synallagmatique (chaque partie a des obligations), à titre onéreux (chacune des parties s'engage à fournir une prestation en échange d'une contre-prestation). Ce contrat a valeur de loi entre les parties (article 1103 du Code civil).
Obligations des parties (BREQUYA et Captain pêche)	– Loueur : mise à disposition du bateau en bon état de fonctionnement (article 5) du 4 mai 2020 à 6 heures jusqu'au 11 mai 2020 à 19 heures, avoir souscrit une police d'assurance (article 4). – Locataire : paiement du prix 450 €/jour et de la caution 2000 euros (article 3), détention du permis bateau (article 1), inventaire lors de la prise de possession (article 5), restitution au moment fixé (article 7).
Sanctions en cas d'inexécution	Prise en charge des dommages par le locataire (ou par l'assurance), pénalités en cas de retard dans la restitution du bateau (article 7).

LEXIQUE DES VERBES DIRECTEURS

1. OBSERVER / REPÉRER

Verbe directeur	Traitement de la consigne
Identifier	Repérer, reconnaître.
Nommer	Citer, désigner par un nom.
Mettre en évidence	Montrer, faire apparaître.
Citer	Mentionner, évoquer ; donner en exemple ; donner la liste.
Décrire	Dépeindre sans jugement, refléter.
Indiquer	Désigner, signaler, mentionner, notifier.
Présenter	Montrer, exposer, mettre en évidence.

2. ÉVALUER / MESURER / CLASSER

Verbe directeur	Traitement de la consigne
Associer	Réunir, regrouper selon des critères déterminés.
Comparer	Rechercher/présenter les ressemblances et les différences entre des éléments.
Convertir	Transformer, exprimer dans une autre unité (monétaire par exemple).
Mesurer	Évaluer, estimer.
Regrouper	Rassembler, mettre ensemble des éléments, réunir.
Sélectionner	Choisir, trier selon un (des) critères déterminé(s).
Caractériser	Dégager les traits principaux, les signes distinctifs, les particularités.
Distinguer	Différencier, faire apparaître des spécificités, opposer.
Différencier	Établir une distinction, une séparation en se basant sur des caractéristiques.
Apprécier	Estimer, juger, donner la valeur.
Classer	Trier par catégorie, hiérarchiser.
Déterminer	Estimer, juger, évaluer (apprécier la valeur).
Mesurer	Évaluer, estimer, comparer.

3. ANALYSER / ÉTUDIER / EXPLIQUER / FAIRE COMPRENDRE

Verbe directeur	Traitement de la consigne
Énoncer	Exprimer en termes précis.
Illustrer	Clarifier, proposer des exemples pour démontrer.
Interpréter	Donner un sens, une signification ; exprimer à partir de connaissances ou d'observations antérieures.
Préciser	Clarifier, détailler, expliciter, souligner (des particularités).
Analyser	Chercher, faire apparaître (les causes), étudier, examiner.
Expliquer	Exposer les causes et les effets d'une situation, faire comprendre, fournir des éclaircissements.
Expliciter	Expliquer en détail.
Justifier	Montrer le bien-fondé, démontrer, prouver.

POUR PRÉSENTER UNE ARGUMENTATION

4. SYNTHÉTISER

Verbe directeur	Traitement de la consigne
Récapituler	Résumer, rappeler, reprendre de manière condensée ce qui a été dit.
Rédiger	Écrire sous forme structurée, organisée ; transcrire.

5. EXPOSER / PRÉSENTER

Verbe directeur	Traitement de la consigne
Exposer	Présenter de manière circonstanciée (détaillée), retracer.
Présenter	Montrer, exposer.
Proposer	Présenter, soumettre, avancer (une interprétation, une explication).
Construire	Assembler, agencer des idées de manière structurée ; organiser, structurer un écrit.

Abus de position dominante : fait, pour une ou plusieurs entreprises disposant d'une place prépondérante sur un marché, d'exploiter cette situation en adoptant des comportements restreignant le jeu de la concurrence.

Acceptation : consentement à une offre de contracter.

Accord de branche : convention collective signée par les organisations représentatives des salariés et des employeurs au sein d'une branche professionnelle.

Action collective : activité réalisée par plusieurs individus qui s'associent et constituent un groupe. Les membres de ce groupe poursuivent et partagent alors un objectif commun.

Action en concurrence déloyale : action en responsabilité civile extracontractuelle intentée par un commerçant contre une personne qui tente de détourner sa clientèle par des manœuvres déloyales.

Action en contrefaçon : action en justice intentée par le titulaire d'un droit de propriété intellectuelle contre celui qui reproduit tout ou partie d'une création protégée sans son autorisation.

Agent économique : unité institutionnelle qui se caractérise par sa contribution à l'activité économique. *Ex. : les ménages qui consomment, les entreprises qui produisent.*

Apport : élément constitutif du capital social d'une société sous forme de numéraire, de bien mobilier ou immobilier, d'activités. La valeur des apports détermine le montant des parts sociales et l'étendue des droits et de la responsabilité de chaque apporteur.

Artisan : travailleur indépendant dont l'activité principale est manuelle et qui ne spécule pas sur le travail d'autrui.

Associé : membre d'une société. Les associés s'appellent actionnaires dans les sociétés anonymes.

Asymétrie d'information : situation de marché déséquilibrée du fait que l'offreur et le demandeur ne disposent pas des mêmes informations sur le bien ou le service échangé.

Automatisation : phénomène à l'œuvre dans la transformation numérique basée sur l'utilisation de logiciels pour créer des instructions et des processus reproductibles dans le but de remplacer ou de réduire l'interaction humaine avec les systèmes informatiques.

Autorité de la concurrence : autorité administrative indépendante (AAI) française chargée de lutter contre les pratiques anticoncurrentielles et d'étudier le fonctionnement des marchés.

Avenant : modification apportée par les parties à un contrat conclu antérieurement.

Barrière à l'entrée : obstacle (technique, juridique...) rencontré par une entreprise pour accéder à un marché.

Besoin en fonds de roulement (BFR) : représente le montant prévisible dont l'entreprise a besoin pour financer son cycle d'exploitation.

Bilan : document qui représente la situation patrimoniale d'une entreprise à une date donnée en termes d'emplois et de ressources. Il permet une analyse de la situation financière du cycle d'exploitation et du cycle d'investissement de l'entreprise.

Brevet : document attestant un droit exclusif d'exploitation détenu sur une invention par son auteur ou des ayants droit à condition que cette invention soit nouvelle, corresponde à une activité inventive et soit susceptible d'application.

Budget de l'État : ensemble des recettes (impôts et taxes) et des dépenses (de fonctionnement et d'investissement) de l'État, telles qu'elles sont votées chaque année par le Parlement dans le cadre de la loi de finances.

Business model : modèle économique ou modèle d'affaires conditions dans lesquelles une entreprise envisage de développer et d'exploiter, grâce à des moyens et des méthodes de gestion, un avantage concurrentiel susceptible de créer et de gérer de la valeur ajoutée.

Cadre européen de la politique économique : système de coordination et de surveillance des politiques économiques nationales des pays membres de l'Union européenne et de la zone euro qui leur impose des règles de « bonne conduite ». *Ex. : limitation des déficits publics.*

Capacité juridique : aptitude à être titulaire de droits et d'obligations (capacité de jouissance) et à pouvoir les exercer (capacité d'exercice).

Capital social : ensemble des apports effectués par les associés à la personne morale.

Chaîne de valeur : outil d'analyse reposant sur la distinction entre activités principales et activités de soutien, et qui permet d'identifier les différentes activités clés, créatrices de valeur pour le client et génératrices de marge pour l'entreprise.

Chômage : situation de déséquilibre qui, sur le marché du travail, se traduit par une offre de travail supérieure à la demande.

Clause : phrase ou ensemble de phrases contenu dans le texte d'un acte juridique (un contrat) où sont définis les droits et les obligations des parties.

Clause abusive : clause imposée à un consommateur et qui procure un avantage excessif au contractant professionnel. Elle peut être réputée non écrite par le juge.

Clause contractuelle : phrase ou paragraphe contenu(e) dans un contrat précisant les droits et obligations des cocontractants.

Clause d'indexation : clause qui prévoit que le prix mentionné au contrat évoluera de manière automatique en fonction de l'évolution d'une autre donnée.

Clause de mobilité : disposition contractuelle ou conventionnelle qui prévoit que le salarié accepte par avance que son lieu de travail puisse être modifié.

Clause de non-concurrence : disposition contractuelle ou conventionnelle qui oblige le salarié à ne pas exercer une activité professionnelle susceptible de concurrencer son employeur.

Clause de renégociation : clause qui prévoit l'obligation pour les parties de renégocier le contrat si des données essentielles à son équilibre viennent à changer.

Clause de réserve de propriété : clause qui permet au créancier de conserver la propriété du bien vendu jusqu'à complet paiement.

Clause limitative ou exclusive de responsabilité : clause par laquelle le débiteur d'une obligation décide de limiter ou d'exclure par avance sa responsabilité en cas de mauvaise exécution ou d'inexécution du contrat. Cette clause est valable si elle est librement négociée et qu'elle ne vide pas de toute sa substance l'obligation essentielle du cocontractant.

Clause pénale : clause qui détermine à l'avance la sanction pécuniaire applicable au cas où l'une des parties n'exécuterait pas ses obligations.

Clause résolutoire : clause qui prévoit qu'en cas de manquement à une obligation contractuelle de l'une des parties, le contrat sera résilié de plein droit. Cela permet d'éviter d'avoir recours à la justice.

Combinaison productive : association, dans des proportions variables, des facteurs de production mis en œuvre dans le processus productif, principalement le travail et le capital, et qui s'avère plus ou moins capitalistique.

Commerçant : toute personne juridique qui fait à titre habituel des actes de commerce dans un cadre professionnel.

Commettant : personne exerçant une autorité sur une ou plusieurs autres et étant en mesure, par exemple, de donner des ordres ou des consignes.

Compétences : aptitudes à combiner des ressources diverses dans le cadre de processus organisationnels, grâce à des savoir-faire individuels et collectifs.

Compétitivité : pour une entreprise, c'est sa capacité à maintenir ou à accroître ses parts de marché, son aptitude à faire face à la concurrence.

Compte de résultat : document comptable synthétisant l'ensemble des charges et des produits d'une entreprise au cours de l'exercice comptable. Il permet de déterminer le résultat net de l'exercice, qui peut être un bénéfice ou une perte.

Concentration : opération juridique résultant généralement d'un accord conclu entre deux ou plusieurs entreprises ou groupes d'entreprises qui parviennent à contrôler tout ou partie des entreprises d'un secteur d'activité.

Concurrence : relation de compétition entre des entreprises qui offrent des biens ou services permettant de satisfaire le même besoin.

Concurrence déloyale : agissements fautifs de la part d'un concurrent consistant, par exemple, en des actes de dénigrement des produits ou de confusion entraînant un préjudice pour l'entreprise victime.

Conditions générales de validité [d'un contrat] : l'article 1128 du Code civil prévoit trois conditions essentielles à la validité du contrat : le consentement « libre et éclairé » des parties ; la capacité des parties à contracter ; un contenu licite et certain.

Conjoncture économique : ensemble des éléments constitutifs de la situation économique d'un secteur d'activité (agriculture, industrie, services, tourisme, secteur bancaire…), d'une branche, d'une région ou d'un pays à un moment donné.

Consentement : volonté de s'engager des parties. Le consentement doit être libre et éclairé. Il ne doit pas être vicié par un vice du consentement (erreur, dol ou violence).

Contenu licite et certain : la chose, l'objet du contrat, doit exister ou être futur, déterminé ou déterminable (certain) et doit être conforme à la loi (licite).

Contrat : accord de volonté entre deux ou plusieurs personnes destiné à créer, modifier, transmettre ou éteindre des obligations. Celui qui doit exécuter une prestation est le débiteur. Celui au profit duquel la prestation est exécutée est le créancier. Ce sont les parties au contrat.

Contrefaçon : imitation (produit identique mais de marque différente) ou usurpation (produit identique de marque identique) d'un produit, d'une marque, d'un dessin ou modèle ou de toute autre création protégée.

Contre-pouvoirs des parties prenantes : possibilité qu'ont les parties prenantes de conserver une marge de manœuvre vis-à-vis de l'autorité pour préserver leurs intérêts en augmentant leur « zone d'incertitude » (Michel Crozier et Erhard Friedberg).

Convention collective : texte négocié entre un employeur ou une ou plusieurs organisations représentatives des employeurs et une ou plusieurs organisations syndicales représentatives des salariés traitant des conditions d'emploi et de travail des salariés.

Coopération : relation établie par une entreprise avec d'autres entreprises dans une logique de partenariat, de complémentarité.

Coopérative : forme d'organisation de sociétaires fondée sur le principe de la coopération. Elle a pour objectif de servir au mieux les intérêts économiques de ses membres (sociétaires ou adhérents). La prise de décision repose sur le principe démocratique « un homme = une voix ».

Coûts de production : charges supportées par l'entreprise du fait de la mise en œuvre du processus productif, qui suppose notamment des consommations intermédiaires et la rémunération des salariés. Les coûts de production se décomposent en coûts fixes et coûts variables.

CPAM (Caisse primaire d'assurance maladie) : organisme en charge des droits à l'assurance maladie.

CPF (Compte personnel de formation) : compte permettant d'acquérir des droits à la formation professionnelle.

Croissance économique (de la France) : évolution de la richesse produite (sur le territoire français) entre deux années ou entre deux trimestres, mesurée par le taux d'évolution du PIB.

Cycle d'exploitation : ensemble des opérations réalisées, de l'achat des biens et services nécessaires à l'activité de production de l'entreprise jusqu'à l'encaissement des ventes.

Cycle d'investissement : ensemble des opérations qui concernent l'acquisition et l'utilisation des immobilisations nécessaires à l'activité de production de l'entreprise.

Décision stratégique : décision qui engage la pérennité de l'entreprise sur le long terme. Elle mobilise des ressources importantes, elle est généralement prise par le sommet hiérarchique et est, dans la plupart du temps, irréversible.

Dématérialisation : processus basé sur des échanges de données et de documents divers par voie électronique – résultat de ce processus.

Dénigrement : action qui consiste à jeter le discrédit sur une entreprise ou ses produits.

Désintermédiation : phénomène de mise en relation directe des acteurs économiques susceptibles de réaliser des transactions les uns avec les autres.

Déterminants économiques des coûts de production : paramètres économiques qui influent sur le niveau des coûts de production. *Ex. : le niveau des salaires sur le coût du travail, le taux d'intérêt sur le coût du capital.*

Développement durable : développement économiquement efficace, socialement équitable et écologiquement soutenable ; les trois piliers : économique, social et écologique (ou « environnemental » au sens étroit).

Développement économique : ensemble de changements (productifs ou sociaux) dont le résultat est d'améliorer les conditions d'existence d'une population donnée dans son ensemble.

Diagnostic stratégique : c'est une démarche qui permet à l'entreprise d'analyser les différentes variables qui peuvent influer sur son activité. Le diagnostic stratégique se décompose en deux parties :

- le **diagnostic stratégique externe**, qui permet d'analyser les variables du macro-environement et du micro-environnement afin d'en cerner celles porteuses d'opportunités ou de menaces pour l'entreprise ;

- le **diagnostic stratégique interne**, qui permet d'analyser les ressources et compétences de l'entreprise afin de déterminer celles qui constituent les forces ou les faiblesses de l'entreprise.

Dol : manœuvre frauduleuse destinée à tromper l'une des parties à un contrat en vue d'obtenir son consentement.

Domaine d'activité stratégique (DAS) : couple produit-marché à qui il est possible d'allouer ou de retirer des moyens sans affecter le reste de l'entreprise. Les DAS résultent de la segmentation stratégique. À chaque DAS correspond une stratégie de domaine spécifique.

Données personnelles : toute information identifiant directement ou indirectement une personne physique (nom, numéro d'immatriculation, numéro de téléphone, photographie, date de naissance, commune de résidence, empreinte digitale...).

Droit d'auteur : ensemble des droits (moraux et patrimoniaux) dont dispose un auteur ou ses ayants droit sur des œuvres de l'esprit originales.

Droit des dessins et modèles : protection juridique de l'apparence des produits.

Droit de la marque : protection juridique d'un « signe » permettant de distinguer les produits ou prestations de services d'une entreprise de ceux de ses concurrents.

Droit *sui generis* : protection du contenu de la base de données.

DUER (Document unique d'évaluation des risques) : recense l'ensemble des risques pour la santé du personnel dans l'ensemble de l'entreprise.

Échanges : relations sur un marché qui se traduisent par des flux physiques et monétaires entre des agents économiques.

Économie collaborative : système de mutualisation et d'échange de services, de ressources, de biens, de temps, de savoirs et de compétences entre différents acteurs.

Économie sociale et solidaire : ensemble d'entreprises organisées sous forme de coopératives, mutuelles, associations ou fondations, dont le fonctionnement interne et les activités sont fondés sur un principe de solidarité et d'utilité sociale. Ces entreprises adoptent des modes de gestion démocratiques et participatifs.

Économie de l'usage : système privilégiant l'usage plutôt que la vente d'un produit, orientée vers le développement de solutions intégrées de biens et services dans une perspective de développement durable et dans lequel des usagers consentent à payer une valeur d'usage.

Effet relatif du contrat : principe selon lequel seules les parties à un contrat sont tenues par celui-ci. Sauf exception, un contrat ne produit donc pas d'obligations envers les tiers.

Entente : accord ou action collective concertée entre des entreprises ayant pour objectif de porter atteinte au libre jeu de la concurrence.

Entreprise individuelle : entreprise qui est la propriété exclusive d'une personne physique. L'entrepreneur exerce son activité sans avoir créé de personne juridique distincte. Les différentes formes d'entreprises individuelles sont : commerçant, artisan, profession libérale, agriculteur.

Entreprise individuelle à responsabilité limitée (EIRL) : régime qui s'adresse aux entrepreneurs individuels qui décident de limiter l'étendue de leur responsabilité en constituant un patrimoine d'affectation, dédié à leur activité professionnelle, sans constituer de société.

Entreprise unipersonnelle à responsabilité limitée (EURL) : SARL constituée d'un seul associé. Elle est donc soumise aux mêmes règles qu'une SARL classique, exception faite des aménagements rendus nécessaires par la présence d'un associé unique.

Équilibre financier : principe exigeant que les capitaux mobilisés par l'entreprise pour répondre à un besoin de financement soient d'une durée proportionnelle à la durée de vie ou d'utilisation du bien acquis.

Erreur : appréciation inexacte d'un élément du contrat par l'une des parties

Exception d'inexécution : fait de ne pas exécuter ses obligations si le débiteur n'exécute pas les siennes.

Exécution en équivalent : paiement d'une somme d'argent afin de compenser l'absence d'exécution en nature du contrat. Il s'agit en fait des dommages et intérêts.

Exécution forcée en nature : fait de contraindre le débiteur à exécuter l'obligation qu'il n'a pas ou qu'il a mal exécutée.

Exonération : dispense que la loi ou le créancier accorde à son débiteur de fournir la prestation qui était due.

Externalités : effets indirects, non recherchés et non comptabilisés qui résultent de l'activité d'une entreprise et ne sont pas pris en compte par le marché. Certaines externalités sont positives, d'autres négatives.

Externalités de réseau : phénomène d'augmentation de l'attractivité d'une place de marché observée lorsque le degré de connexion des agents « adopteurs » augmente (externalités de revenu, externalités pécuniaires, externalités technologiques).

Facteurs de motivation : pour Frederick Herzberg, les facteurs de motivation sont le contenu même du travail, le degré d'autonomie, la responsabilisation, la reconnaissance, la possibilité de promotion. Les facteurs d'hygiène ne sont pas véritablement source de motivation, mais ils peuvent être source de satisfaction ou de démotivation lorsqu'ils ne sont pas satisfaits. Pour Abraham Maslow, les facteurs de motivation au travail sont l'ensemble des moyens permettant de satisfaire les besoins individuels, la satisfaction de ses besoins pouvant influer sur les comportements au travail. Il hiérarchise les besoins et part du postulat que le salarié ne peut accéder au besoin supérieur que si le besoin inférieur est satisfait.

Facteurs de production : éléments entrant dans le processus productif permettant l'élaboration des biens ou services proposés par l'entreprise. On distingue : capital (dont matières premières et connaissances qui correspondent respectivement à du capital matériel et à du capital immatériel) et travail.

Fait d'un tiers : lorsque qu'un tiers est partiellement ou totalement responsable du dommage subi.

Fait générateur : cause d'un dommage pouvant entraîner la responsabilité de son auteur.

Faute : en droit civil, attitude d'une personne qui, par imprudence, négligence ou malveillance, ne respecte pas ses engagements ou cause un dommage à autrui.

Faute de la victime : lorsque la victime est partiellement ou totalement responsable du dommage qu'elle a subi.

Finalités de l'entreprise : buts et objectifs poursuivis par l'entreprise. Peter Drucker précise que la finalité première d'une entreprise est de satisfaire le besoin du client avec des produits de qualité. Pour ce faire, elle doit poursuivre une finalité sociale (conditions de travail, formation, promotion,...) et sociétale (application des principes du développement durable). C'est ainsi qu'elle réalise une finalité économique (lucrative).

Flexibilité : caractérise la souplesse de l'organisation et des moyens de production d'une entreprise pour répondre aux fluctuations rapides de la demande et aux évolutions de l'environnement.

Fonds de roulement (FR) : ressource durable (stable) qui permet de financer les investissements et les emplois du cycle d'exploitation.

Force majeure : événement imprévisible, insurmontable et extérieur.

Force obligatoire : principe selon lequel le contrat a force de loi entre les parties. Les parties s'engagent à respecter les obligations contractées sous peine de sanctions.

Freemium : modèle économique très utilisé pour les jeux sur mobiles ou sur les réseaux sociaux (on parle alors également de « *free-to-play* » ou F2P) consistant à offrir un produit ou un service gratuitement afin d'attirer un grand nombre d'utilisateurs à qui on propose ensuite des améliorations payantes (accès à des niveaux supplémentaires, biens virtuels achetables dans le jeu ou services d'accélération du temps).

Gains de productivité : amélioration de la productivité des entreprises, notamment grâce à l'innovation, qui va ensuite se traduire, au niveau global, par l'amélioration des performances de l'économie nationale.

Gestion des talents : le talent est « une combinaison rare de compétences rares » émotionnelles et cognitives (Cécile Dejoux). La gestion des talents ou le management des talents est un investissement humain réalisé par l'entreprise dont l'objectif est de détecter et de valoriser les compétences particulières d'un individu pour en faire une « personne clé » pour l'entreprise.

GPEC (gestion prévisionnelle des emplois et des compétences) : dispositif de gestion des ressources humaines qui a pour objectif, en tenant compte des évolutions de l'environnement et des stratégies de l'entreprise, d'adapter qualitativement (compétences) et quantitativement les ressources humaines.

Impartition : externalisation qui consiste, pour une entreprise, à confier à des partenaires extérieurs la réalisation de ses activités non stratégiques.

Indicateurs de performance : les indicateurs traditionnellement et communément utilisés pour analyser la performance d'une entreprise sont les indicateurs financiers, principalement la rentabilité financière et la profitabilité. Cette conception de la performance est réductrice et ne permet pas une analyse du couple valeur-coût. Il convient donc d'analyser aussi la performance sociale et sociétale.

Inexécution : non-réalisation par l'une des parties de ses obligations contractuelles.

Inflation : augmentation du niveau général des prix qui se traduit notamment par une baisse du pouvoir d'achat des revenus monétaires.

Innovation : processus qui consiste à entreprendre, à déployer sa créativité et à expérimenter, afin d'incorporer des connaissances nouvelles dans des produits ou des services créatifs et ainsi de favoriser la croissance économique (croissance endogène).

Innovation : mise en œuvre, au sein de l'entreprise, d'une invention dans le domaine économique et commercial. L'OCDE, dans le *Manuel d'Oslo*, définit quatre catégories d'innovations : l'innovation de produit (introduction d'un bien ou d'un service nouveau) ; l'innovation de procédé, (mise en œuvre d'une méthode de production ou de distribution nouvelle ou sensiblement améliorée) ; l'innovation d'organisation (mise en œuvre d'une nouvelle méthode organisationnelle dans les pratiques, l'organisation du lieu de travail ou les relations extérieures de la firme) et enfin, l'innovation de marketing, soit la mise en œuvre d'une nouvelle méthode de commercialisation.

Institut national de la propriété industrielle (INPI) : institution publique indépendante dont la fonction principale est d'assurer et de protéger les droits sur les titres de propriété industrielle.

Jurisprudence : ensemble des décisions rendues par les tribunaux et les cours. Les décisions de la Cour de cassation sont parmi les plus importantes. Néanmoins, en application des principes de la séparation des pouvoirs, les juges ne disposent pas du pouvoir de « faire » la loi.

Liberté contractuelle : le consentement étant essentiel dans la formation du contrat, les parties sont toujours libres de contracter ou non, ou en tout cas libres de choisir leur contractant dans le cas des contrats obligatoires. *Ex. : assurances responsabilité civile automobile.*

Licenciement pour motif économique : rupture du contrat de travail à l'initiative de l'employeur pour un ou plusieurs motifs non inhérents à la personne du salarié résultant notamment de difficultés économiques, de mutations technologiques, d'une réorganisation de l'entreprise nécessaire à la sauvegarde de sa compétitivité ou de la cessation d'activité de l'entreprise.

Licenciement pour motif personnel : rupture du contrat de travail à l'initiative de l'employeur reposant sur la personne du salarié (comportement, résultats...). La cause du licenciement doit être réelle et sérieuse.

Lien de causalité : lien mécanique entre une cause identifiée et un effet dont il est la conséquence. En matière de responsabilité civile, le demandeur doit prouver le lien de causalité entre le dommage et le fait générateur.

Logique entrepreneuriale : état d'esprit et une dynamique d'action et d'innovation permanente. L'entrepreneuriat est un processus qui consiste à prendre le risque d'investir des moyens pour mener un projet économique dont le but est de réaliser des profits et d'assurer le développement de l'entreprise sur le long terme.

Logique managériale : complément indispensable à la logique entrepreneuriale. Elle est assurée par le manager qui dirige, définit des buts, coordonne, gère et optimise les ressources de l'entreprise afin qu'elle atteigne les objectifs préalablement fixés.

Macro-environnement : éléments extérieurs à l'entreprise, dont l'évolution influence sa situation et sur lesquels elle agit difficilement.

Marché : lieu de rencontre entre l'offre et la demande d'un bien ou d'un service et dont le fonctionnement est basé sur la loi de l'offre et de la demande. Il vise à aboutir à un prix d'équilibre.

Marché financier : lieu de rencontre entre l'offre et la demande de capitaux destinés au financement externe des investissements.

Marché du travail : lieu de rencontre entre l'offre de travail (par les salariés) et la demande de travail (par les entreprises) :
- offre de travail : prestations de travail apportées par les salariés (= demandes d'emplois) ;
- demande de travail : postes de travail proposés par les entreprises (= offres d'emplois).

Marché externe (du travail) *versus* **marché interne** (du travail) : compartiment concurrentiel du marché du travail *versus* compartiment non soumis à la concurrence (régi par des règles internes aux entreprises).

Marché primaire (du travail) versus **marché secondaire** (du travail) : compartiment de marché correspondant à des emplois stables *versus* compartiment relatif aux emplois précaires.

Marque : signe distinctif, susceptible de représentations graphiques, permettant à un commerçant, à une entreprise, de singulariser et d'identifier un produit ou un service. Elle vise à attirer et fidéliser la clientèle.

Mécanisme de coordination : système d'échanges et de fonctionnement propre à une entreprise qui permet de répartir les tâches et de coordonner le travail à réaliser (Henry Mintzberg et sa typologie des mécanismes de coordination).

Mise en demeure : acte par lequel le créancier d'une obligation demande à son débiteur de s'exécuter avant une date donnée. C'est un préalable nécessaire à toute action contre le débiteur contractuel.

Modalité de croissance des entreprises : dans le cadre de son développement, une entreprise peut augmenter sa taille selon trois modalités : croissance interne, croissance externe, croissance conjointe.

Mode de coordination (mécanisme de coordination) : système d'échange et de fonctionnement propre à une entreprise qui permet de répartir les tâches et de coordonner le travail à réaliser (Henry Mintzberg).

Modes de financement : ensemble des solutions de financement internes et/ou externes à l'entreprise pour financer les besoins actuels et/ou futurs de ses cycles d'exploitation et d'investissement. Les choix des modes de financement sont contraints par le respect de l'équilibre financier.

Mondialisation : phénomène d'interconnexion des économies nationales qui accroît leur interdépendance.

MSA (Mutualité sociale agricole) : organisme assurant la couverture sociale de l'ensemble de la population agricole.

Mutuelle : groupement à but non lucratif menant des actions de prévoyance, de solidarité et d'entraide dans l'intérêt de ses membres, moyennant le versement d'une cotisation.

Négociation précontractuelle (pourparlers) : phase durant laquelle plusieurs personnes négocient aux fins d'aboutir à un accord, le contrat. Il s'agit d'une phase de discussion comprenant proposition(s) et contre-proposition(s) matérialisées par des échanges oraux, parfois écrits (courriers électroniques ou postaux) en vue d'aboutir à la conclusion d'un contrat.

Nullité : sanction du non-respect des conditions de validité du contrat. Le contrat est censé n'avoir jamais existé. La nullité sanctionne le contrat.

Obligation : lien de droit en vertu duquel une ou plusieurs personnes sont tenues envers une ou plusieurs autres personnes de donner, faire ou ne pas faire quelque chose.

Obligation d'information : notion en vertu de laquelle celui qui sait est tenu d'informer son cocontractant qui ignore.

Offre : proposition faite à une personne déterminée ou indéterminée, comprenant les éléments essentiels du contrat envisagé et exprimant la volonté de son auteur d'être lié en cas d'acceptation.

OPCA (Organismes paritaires collecteurs agréés) : organismes chargés de collecter, mutualiser, distribuer les fonds consacrés à la formation professionnelle.

Partenaires sociaux : acteurs économiques impliqués dans des négociations sociales. Il s'agit des organisations syndicales représentatives des salariés et des employeurs.

Parties prenantes : pour Edward Freeman (1984), une partie prenante est « *tout individu ou groupe qui peut affecter ou être affecté par la réalisation des objectifs de l'organisation* ». À partir de cette vision large, il est possible d'affiner la notion de partie prenante en précisant qu'il s'agit de « *tout groupe identifiable dont l'organisation dépend pour sa survie à long terme* » (Stanford Research Institute). Les acteurs sont alors les dirigeants, salariés, fournisseurs, clients, pouvoirs publics, banques, associations…

Performance : selon Philippe Lorino : « *est performance dans l'entreprise tout ce qui, et seulement ce qui, contribue à atteindre les objectifs stratégiques* ».

C'est donc tout ce qui, et seulement ce qui, contribue à améliorer le couple valeur-coût. N'est pas performance ce qui contribue isolément à diminuer le coût ou à augmenter la valeur.

Personnalité juridique : aptitude à avoir des droits et des obligations. La personnalité juridique permet de distinguer la personne physique (tout être humain) et la personne morale (tout groupement de personnes cherchant à atteindre un objectif commun, avec des droits et des obligations distincts selon les membres).

Personnalité morale : attribut des groupements de personnes ou des collectivités disposant de la personnalité juridique. Comme les personnes physiques, les personnes morales disposent d'un nom, d'un domicile, d'une nationalité.

PESTEL : modèle qui permet d'analyser le macro-environnement de l'entreprise en termes d'opportunités et/ou de menaces au travers des facteurs politiques, économiques, socioculturels, technologiques, environnementaux, et légaux.

Place de marché : lieu virtuel d'échanges entre offreurs et demandeurs de biens et/ou de services, qui repose le plus souvent sur la sécurisation des transactions et des paiements.

Plan de sauvegarde de l'emploi : dispositif légal ayant pour objectif de limiter les conséquences des licenciements collectifs.

Politique conjoncturelle : mesures prises par un gouvernement afin de maintenir ou de retrouver les équilibres économiques du « carré magique ».

Politique de demande : ensemble de mesures visant à favoriser la consommation des ménages grâce à une augmentation de leur pouvoir d'achat.

Politique d'offre : ensemble de mesures visant à améliorer les conditions de production des entreprises (notamment pour abaisser leurs coûts de production).

Politique économique : ensemble de mesures prises par un État pour réguler l'activité économique à court terme (CT) et favoriser la croissance économique à long terme (LT).

Politique structurelle : mesures prises par un gouvernement afin d'agir durablement sur les structures d'une économie.

Politiques actives (de l'emploi) : mesures en faveur de l'emploi qui incitent au retour à l'emploi.

Politiques de l'emploi : ensemble des interventions publiques qui visent à corriger les déséquilibres qui se manifestent sur le marché du travail.

Politiques passives (de l'emploi) : mesures d'indemnisation du chômage et/ou de financement des préretraites.

Préjudice : traduction juridique du dommage. En droit, on distingue le préjudice patrimonial (directement évaluable en argent) du préjudice extrapatrimonial (prix de la douleur, préjudice d'agrément, préjudice moral…) entièrement lié à la personne de la victime. On distingue également le dommage matériel du dommage corporel. Un préjudice ne peut faire l'objet d'une indemnisation que s'il est personnel, certain et direct.

Préposé : personne placée sous l'autorité d'un commettant. *Ex. : le salarié dans le cadre du contrat de travail.*

Prescription : moyen d'acquisition ou d'extinction d'un droit du fait du temps qui passe. *Ex. : agir en justice.*

Processus : ensemble d'activités corrélées ou interactives qui transforment des éléments d'entrée en éléments de sortie (processus productifs, processus de support et processus de pilotage).

Propriété industrielle : ensemble des droits intellectuels relevant soit d'une création nouvelle (brevet d'invention, dessin et modèle), soit représentant un signe distinctif (marque, nom commercial, appellation d'origine). Dans une conception plus large, on peut y intégrer les droits d'auteur régissant les logiciels informatiques, les films et l'édition (livres, presse).

Ratio d'équité : calcul effectué par un individu afin d'évaluer si son engagement dans l'entreprise est « justement » valorisé. Ce calcul ne repose pas sur des variables concrètes (John Stacey Adams).
Ratio d'équité = Rétribution / Contribution

Régime juridique : ensemble de règles juridiques applicables à une situation, une personne, une chose...

Régulation de l'activité économique par l'État (dans le cadre de la politique économique) : ensemble de dispositifs permettant à l'État de contrôler, renforcer ou rétablir les performances de l'économie nationale dans le cadre de ses trois fonctions (allocation, distribution, stabilisation).

Réintermédiation : apparition de nouveaux types d'intermédiaires au sein de l'économie numérique dont le rôle est de faciliter le traitement, par les clients ou usagers, de l'information disponible en ligne. *Exemple : outils d'aide à la sélection (moteur de recherche), rôle de tiers de confiance (outils de sélection, notation des produits, comparateurs internes, certification des fournisseurs...), fournisseur d'assurances sur le niveau et les conditions de prestation de service clients...*

Relations d'échange : transactions de toutes natures réalisées par Internet entre les différentes catégories d'acteurs de l'économie numérique et qui, selon les co-échangistes, correspondent à des relations *B to B*, *B to C*, *C to C*, *B to G*.

Relations marchandes : transactions réalisées au prix du marché (notion applicable aux transactions numériques).

Relations non marchandes : transactions gratuites ou supposant un prix inférieur au coût de production (notion applicable aux transactions numériques).

Résiliation : fin du lien contractuel pour l'avenir. La résiliation concerne donc les contrats pour lesquels les obligations sont étalées dans le temps. *Ex. : contrat de location.*

Résiliation judiciaire : possibilité d'un co-contractant de demander à un juge de résilier un contrat pour cause d'inexécution des obligations nées de ce contrat.

Résolution : annulation des effets obligatoires du contrat en raison, généralement, de l'inexécution de ses obligations par l'une des parties. La résolution concerne les contrats à exécution instantanée.

Responsabilité : fait de répondre de ses actes.

Responsabilité civile : responsabilité engagée soit en raison de l'inexécution d'un contrat, soit en raison d'un acte volontaire ou non entraînant, pour la personne qui est fautive ou qui est légalement présumée fautive, l'obligation de réparer le dommage qui a été subi par une ou plusieurs autres.

Responsabilité civile contractuelle : obligation de réparer les conséquences d'un dommage né à l'occasion de l'exécution d'un contrat.

Responsabilité civile extracontractuelle : obligation de réparer les conséquences d'un dommage né en dehors d'une situation contractuelle.

Responsabilité pénale : obligation faite à une personne de répondre d'une infraction commise (contravention, délit ou crime) ou dont elle est complice, et de subir la sanction pénale prévue par le texte qui les réprime.

Responsabilité sociale des entreprises (RSE) : la Commission européenne a défini la responsabilité sociale des entreprises comme « *un concept qui désigne l'intégration volontaire, par les entreprises, de préoccupations sociales, environnementales et économiques à leurs activités commerciales et leurs relations avec leurs parties prenantes* ».

Ressources : actifs tangibles ou intangibles spécifiques mobilisés par l'entreprise (ressources financières, physiques, humaines, technologiques, organisationnelles, réputation).

Risque : éventualité d'un événement qui peut causer un dommage.

Rupture conventionnelle : modalité de rupture d'un contrat de travail à durée indéterminée (CDI) dans laquelle l'employeur et le salarié conviennent d'un commun accord des conditions de la rupture du contrat.

Segmentation du marché du travail : existence de compartiments distincts aux caractéristiques différentes sur le marché du travail.

Société anonyme (SA) : forme juridique des grandes entreprises nécessitant des capitaux importants. Le capital est divisé en actions. Les actionnaires sont responsables à concurrence de leurs apports.

Société à responsabilité limitée (SARL) : forme juridique mixte dans laquelle la responsabilité financière est limitée aux apports, mais qui comprend un « *intuitu personae* » fort (la cession des parts nécessite l'accord d'autres associés).

Société par actions simplifiées (SAS) : forme juridique caractérisée par une très grande liberté contractuelle : le nombre d'associés est indifférent ; les associés sont des personnes physiques et/ou des personnes morales, y compris des associations ; la SAS peut être unipersonnelle ; l'organisation et les attributions des organes de direction sont fixées par les statuts.

Stratégie de domaine : une stratégie de domaine est propre à un domaine d'activité stratégique. Selon Michael Porter trois options de stratégies de domaine sont envisageables : la domination par les coûts, la différenciation, la focalisation.

Stratégie délibérée : une stratégie est dite délibérée lorsqu'elle est construite et planifiée par la direction générale de l'entreprise à l'issue d'une phase de diagnostic stratégique (Henry Mintzberg).

Stratégies émergentes : ces stratégies proviennent des évolutions non prévues de l'environnement qui peuvent être sources d'opportunités ou de menaces pour l'entreprise auxquelles elle doit réagir. Des **stratégies** émergentes se dessinent alors qui vont conduire l'entreprise à infléchir sa stratégie délibérée pour aboutir à la **stratégie réalisée** (Henry Mintzberg).

Stratégie globale : la stratégie globale (corporate) est l'option stratégique générale qui concerne l'entreprise dans son ensemble et qui apparaît la plus opportune à adopter par l'entreprise à un moment donné pour réaliser sa finalité.

Igor Ansoff identifie, en fonction du couple marché/produit, la stratégie globale de spécialisation ou de diversification. On distingue également, en fonction du positionnement de l'entreprise sur la filière, la stratégie d'intégration ou d'externalisation.

Structure : architecture organisationnelle qui prévoit la répartition du pouvoir, la division du travail et les mécanismes de coordination.

Style de management : manière d'exercer le pouvoir de direction au sein d'une entreprise. Il existe quatre styles de direction, selon Rensis Likert : autoritaire exploiteur, autoritaire paternaliste, consultatif, participatif.

Système d'information (SI) : ensemble organisé de ressources (matériel, logiciel, personnel, données, procédures…) permettant d'acquérir, collecter, stocker, traiter et diffuser des informations (sous forme de données, textes, images, sons, etc.) dans et entre des organisations.

Tensions sur le marché du travail : situation de déséquilibre qui, sur le marché du travail, se traduit par une demande de travail supérieure à l'offre, de sorte que des postes ne sont pas pourvus.

Trésorerie : ensemble des sommes d'argent disponibles en caisse ou placées sur des comptes bancaires.

Ubérisation : phénomène économique tirant son nom de l'entreprise Uber qui se caractérise par la remise en cause du modèle économique d'une entreprise ou d'un secteur d'activité par l'arrivée d'un nouvel acteur proposant les mêmes services à des prix moindres, effectués par des indépendants plutôt que des salariés, le plus souvent via des plateformes de réservation sur Internet.

VAE (Validation des acquis de l'expérience) : processus permettant à toute personne justifiant d'un an expérience d'obtenir une certification en relation avec cette expérience professionnelle.

Vice du consentement : fait venant altérer le consentement d'une partie au contrat et empêchant son consentement libre et éclairé. *Ex. : dol, erreur, violence.*

Violence : pression physique ou morale exercée sur une personne afin de l'obliger à contracter.

Crédits photographiques

Couverture : Den Rise / Shutterstock ; Coloures-Pic / Adobe Stock; SFIO CRACHO / Adobe Stock - p. 9 : P. Eoche / Getty Images - p. 11 : Rawpixel / Adobe Stock - p. 12 : CDiscount - p. 15 : CDiscount - p. 18 : Alfred pasieka / Science photo library / Photononstop - p. 19 : IBM Corporation 1994, 2019. - p. 21 : Rawpixel.com / Shutterstock - p. 23 : Corgarashu / Shutterstock ; Geogif / Shutterstock - p. 25 : Rawpixel.com / Shutterstock ; Vector_master / Adobe Stock - p. 28 : Sergey Nivens / Adobe Stock - p. 31 : Kite_rin / Adobe Stock ; Scar1984 / iStockphoto - p. 33 : Stnazkul / Adobe Stock - p. 35 : Vladdeep / Adobe Stock - p. 37 : Sebastien ORTOLA / REA - p. 38 : SOPA Images / Getty Images - p. 39 : CallMeTak / iStockphoto - p. 42 : Ministère économique et financier de Bercy - p. 45 : Apple - p. 47 : Brostock / Shutterstock ; Tero Vesalainen / Shutterstock - p. 50 : Latecoere - p. 51 : Lydie LECARPENTIER / REA - p. 53 : Latecoere / Arnaud Spani - p. 56 : Georges Bartoli / Divergence - p. 57 : My Good Images/ Shutterstock - p. 58 : www.mon-sejour-en-montagne.com / Ecole du Ski Français - p. 59 : JACQUES Pierre / hemis.fr - p. 60 : Tim Hall / Cultúra / Photononstop - p. 61 : Jérome Labouyrie / Shutterstock - p. 63 : Gilles ROLLE / REA - p. 65 : JEAN-FRANCOIS MONIER / AFP - p. 66 : FRANCOIS LO PRESTI / AFP ; Baptiste FENOUIL / REA - p. 67 : MSSA / Shutterstock - p. 68 : Michel GAILLARD / REA - p. 69 : Halfpoint / Adobe Stock ; Bloomberg / Getty Images - p. 71 : Djrandco / Shutterstock - p. 72 : Web Atrio - p. 73 : LIGHTFIELD STUDIOS / Adobe Stock - p. 75 : Richard Villalon / Adobe Stock - p. 77 : Plainpicture / Caiaimages / Paul Bradbury ; Andrei / Adobe Stock - p. 78 : Berean / Adobe Stock - p. 80 : Assurance Maladie AMELI - p. 82 : Ministre du Travail, de l'Emploi, de la Formation professionnelle et du Dialogue social - p. 85 : Boonchoke / Shutterstock - p. 86 : Chrupka / Shutterstock - p. 87 : Rawpixel.com / Shutterstock - p. 88 : Rogerphoto / Adobe Stock - p. 89 : Sabthai / Shutterstock - p. 91 : DURIS Guillaume / Adobe Stock - p. 93 : Picture alliance / Getty Images - p. 95 : Lydie Lecarpentier / REA - p. 96 : Bloomberg / Getty Images - p. 98 : Picture alliance / Getty Images - p. 101 : Patrick Allard / REA - p. 104 : Kzenon / Adobe Stock - p. 106 : Goodluz / Adobe Stock - p. 107 : Ministre du Travail, de l'Emploi, de la Formation professionnelle et du Dialogue social - p. 110 : Cyril Entzmann / Divergence - p. 111 : SeventyFour / iStockphoto - p. 113 : Chaire pour les femmes en sciences et en génie au Québec - p. 116 : Techné - p. 117 : Jean Claude MOSCHETTI / REA - p. 118 : Techné - p. 120 : Techné - p. 122 : AP Photo / Ubisoft Toronto / Ubisoft Entertainment / Sipa Press ; Ubisoft - p. 125 : Neilson Barnard / Getty Images - p. 126 : Pe3k / Shutterstock - p. 127 : Xavier POPY / REA - p. 128 : Ubisoft - p. 131 : Ubisoft - p. 134 : Soudan / Alpaca / Andia.fr - p. 135 : Ubisoft - p. 136 : Ubisoft Motion Pictures - p. 137 : Parc du Futuroscope ; Ubisoft - p. 139 : Arletta Cwalina / Alamy - p. 140 : Ubisoft ; Soudan / Alpaca / Andia.fr - p. 141 : Ubisoft - p. 142 : Sean Gallup / Getty Images - p. 146 : Bruno Levesque / IP3 - p. 150 et 151 : Ubisoft - p. 153 : DENIS / REA - p. 154 : La cornue ; La cornue - p. 155 : La cornue - p. 156 : La cornue - p. 157 : La cornue ; La cornue

Couverture : Véronique Lefebvre
Maquette intérieure : Véronique Lefebvre
Mise en pages : Sabine Beauvallet
Responsable éditorial : Sébastien Lejean
Édition : Reine Bellivier, Claire Jaubert
Iconographie : Magali Doineau
Cartographie : Marie-Christine Liennard et Florent Amat

Dépôt légal : Avril 2021 - N°éditeur : MAGSI20200711
Achevé d'imprimer en Avril 2021 par L.E.G.O. S.p.A. (Italie)